书魂寻踪

寻访藏书家之墓

Shu Hun Xun Zong Xun Fang Cang Shu Jia Zhi Mu

韦力◎撰

国家图书馆出版社

历代的藏书家，为了不使古书消亡，苦心孤诣，倾其所有来保护典籍，可称得上是「费尽移山心力」。正因为有这些把典籍视若生命的藏书家，才使得华夏文明的历史，得以有详尽的文献佐证。

目录

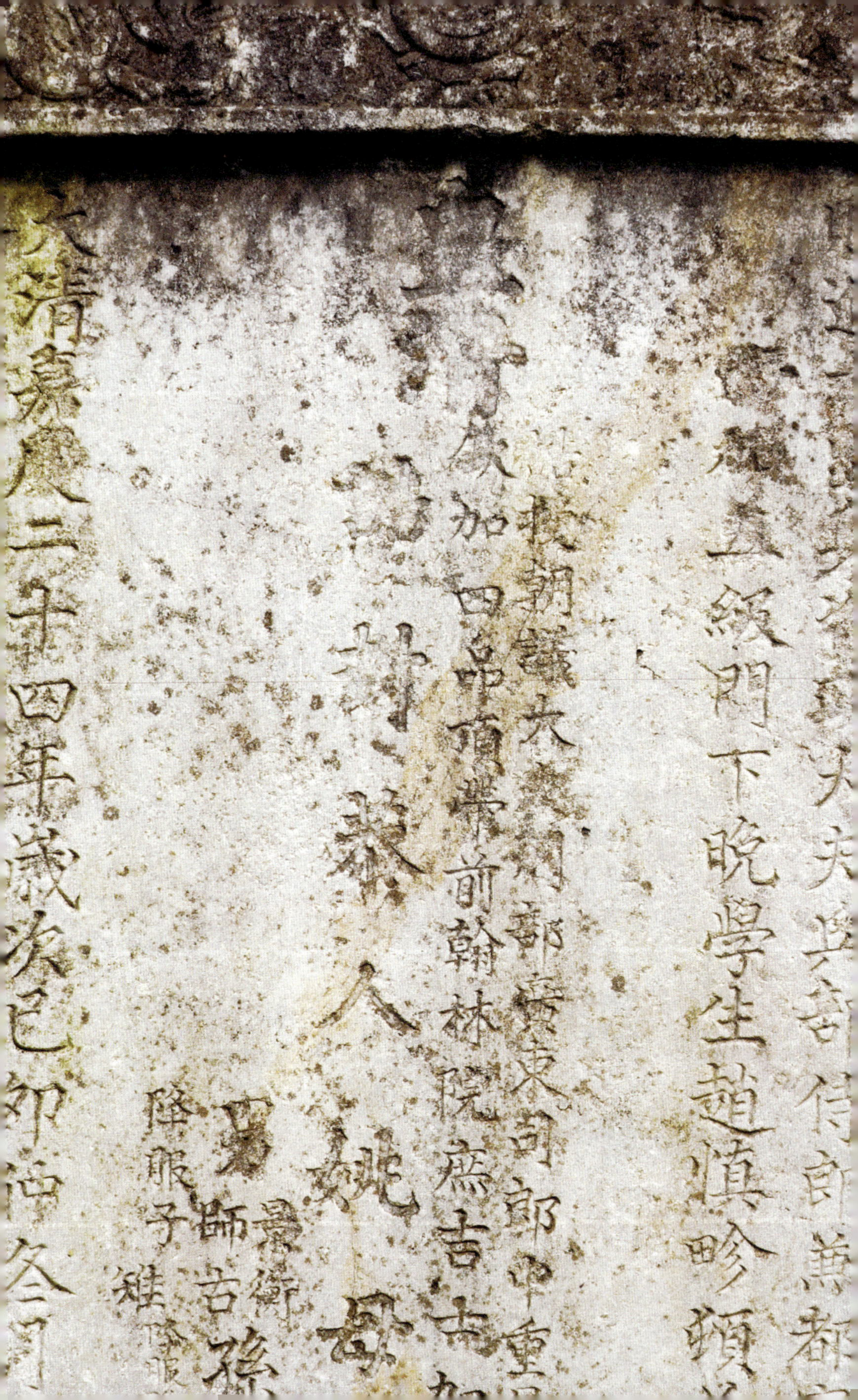

大清嘉慶二十四年歲次己卯□□冬□□

五經門下晚學生趙慎畛頓□□

本朝議大夫□部愛東司郎中重□
加四品頂帶前翰林院庶吉士□□

孝人姚母

男
景衛
隆派子師古
孫
雄

书魂寻踪

序言

　　我喜欢读跟书有关的所有的书，不仅仅是书跋、书话或者读书录，即使是历代藏书家的书目也能让我读得津津有味。但我对这类书的喜爱却基本限于中国人所写的相关书，读外国人写的此类书，读来好像就没有那么兴奋，读完之后，甚至还有些许的失落。日本汉学家内藤湖南有句名言："凡汉皆好。"就凭这一句，我觉得他对中国古代文化的热爱程度比我高百倍。他是个域外人士，能把中国历史上的东西都看出好来，这样的赞美高度，至少我说不出口，我多少觉得自己民族的历史还是精华与糟粕并存。我跟别人聊天时，也引用过内藤先生的这句名言，但我觉得自己在念叨他这句话时，多少有点底气不足，可惜我没有读过内藤先生写的书话，否则，一定能颠覆我对外国人写书跋的偏见。总之一句话，我还是喜欢中国人所写的关于书的书，而对外国人，尤其是西方人所写的的这类书，我很难感觉到发自内心的喜爱。

　　究其原因，一者可能是所藏之书着眼点不同，书籍的流通史不同，致使产生的藏书观念也不同；二来更可能的原因，是翻译这些书的译者都不藏书。因为不藏书，使得他们在翻译这些作品时，有着超然物外的客观冷静，按理来说，这应该是好的品质，可惜的是，这个好品质用在藏书这件事上却是一个致命伤。就藏书这件事而言，

无痴无佞之人绝不可能在藏书这条道上走出多远。既然藏书家是痴汉，那么他们写出的书话，也一定是痴语，但恰恰是这种痴人说梦似的真情，才能写出让同道人读来如痴如醉的书话。而翻译家，无论他们的外语水平和中文功底如何高超，也不论他们的翻译何等的信达雅，因为他们没有对书的痴情，这对翻译书话就成为了致命伤。

我对国内翻译外国人所写的书话的另一个不满，是译者对底本的选择。不知出于什么原因和心理，国内所译的几本书话，从内容上看，大多把藏书家视之为吸毒的瘾君子，把爱书之情深视为一种不可治愈的毒瘾，对藏书家因爱书而显现的种种独特行为，极尽嘲讽之能事，这让我读之十分不爽，并且越读心理越受打击，直至不忍卒读。

我承认，自己对古书，甚至任何古物都有一种天然的亲近感，套用内藤先生的话来说，那就叫"凡古皆好"。我不知道黄丕烈前辈的"佞宋"，是否也源于他的佞古之心。反正我看到古书，尤其流传有绪的古本，在打开书卷的那一刻，心中的兴奋感非同道人绝难体会到，完全可以用"妙处难与君说"来形容，尤其看到书里钤满历代藏书家的印章，那种朱墨粲然的美感，对我而言，绝对要超过欣赏《蒙娜丽莎》带来的震撼。比如宋版《金石录》几百年来的传奇

递藏，三十卷本的全书仅余其中的十卷，虽然是部残书，但因为全本未曾发现，故这部名著大受后世藏书家的珍爱，每入一新藏书家之手，皆被视若拱璧，必刻一"金石录十卷人家"的印章，郑重地钤在书上，一代代地递传，使得该书的卷首所钤印章几无隙地。我从这些印章中品读出的，是历代藏书家对典籍的珍爱之情。虽然后世又在南京甘氏津逮楼发现了另一部宋刻《金石录》全本，虽然它是全本，但因为没有那么多的递传故事，使得它的影响力远不如仅剩十卷本的那部残本。到这时，爱书人的完缺之见得到了完全的泯灭。

纸本书可以说是历代文物中最"娇嫩"的一个品种。古人云，水火无情，纸质书既怕水，又怕火，蠹鱼也可使之损毁。中国的历史曲折跌宕，而书籍的命运也随着朝代的更迭同兴同亡。然而，历代的藏书家，为了不使古书消亡，苦心孤诣，倾其所有来保护典籍，可称得上是"费尽移山心力"。正因为有这些把典籍视若生命的藏书家，才使得华夏文明的历史，得以有详尽的文献佐证。且不论他们尽其所有地购书、修书、抄书、刻书，仅在保护典籍这一点而言，就不应受到那些以功利心看待一切的达人们的嘲笑。这些为传统文化做出贡献的藏书家们，我们有什么理由可以忘却他们呢？鲁迅曾说："夜正长，路也正长，我不如忘却，不说的好罢。但我知道，即使不是我，将来总会有记起他们，再说他们的时候的。"

我写这本书，就是觉得到了应该再说他们的时候了。我始终不能理解，人们为什么对藏书家总是冷嘲热讽，比如"智者不藏书"等偷换概念的话，视藏书家为蠹物等等。我觉得这就是时代的功利心渗透到当今人们血液中的折射。当今的中国人，已开始了对传统文化的回归，而对于传统文化的寻根之爱，必然以重读历史典籍为切实手段，"吃水不忘挖井人"，那么我们也应当记住那些为保护这些典籍呕心沥血的藏书家们。

"临渊羡鱼，不如退而结网"。我明白夸夸其谈没有任何意义，自己应当用行动为历代的藏书家们做些有实际意义的事。当今社会，纪念着太多的历史文化名人，但对历代藏书家的关注和寻访却少之又少，应当去寻找他们遗留至今的痕迹，以此来表示后世对他们保护历代典籍所付出的辛劳的致敬。于是，我开始查找资料、寻觅线索、确定方位、制定计划、实地探访、拍照记录，再最后谋篇成文，这个过程中所经历的艰辛与困顿，绝难一语而蔽之。

我所做的第一步工作，是系统研读跟中国文献历史有关的所有参考资料及相关专著，从中确定下来我要寻访的名单，然后对此名单进行仔细推敲，以确定哪些人是重点寻访对象，哪些人属于次要的从属地位。在中国的历史上纯粹为藏书而藏书的人并不多见，历史上的这些藏书家除了我所喜爱的藏书事迹之外，他们大多还在其他领域有着自己的地位与建树。这就需要我旁及其他门类的相关著述，从中找出其在藏书上的贡献与事迹。

寻访名单确定之后，我所做的第二步，是从各种史料中确认遗迹所在。这首先要翻阅地方文献。一般而言，历史上有名的乡贤都会记录于当地的乡邦文献，尤其是地方志中的文苑传。而这些乡邦文献中，往往也记录传主去世后的墓葬情况，大多还标有具体的方位。然而这些方位和地名很多都与今天的实际情况不同，我所做的第三步，则是换算和确认这些古地名在今天的名称及位置。这种查找除了网上的搜索之外，更多是透过朋友找到当地的文史办或地名办，向当地专家了解与这些古地名相对应的今况，并确认这些墓葬的遗址是否仍然存在。由于历史的原因，尤其是"文革"的破坏，许多留存几百年，甚至上千年的古墓被彻底毁损。即使如此，我仍然会不死心地想办法了解到被毁之墓的旧址所在。此外，我还需要找到当地的朋友帮我确认所寻访之地的交通情况与路线，当然还有很多地方根本找不到朋友，或者有的朋友出于各种原因，我并不想惊动他，那就更加需要我自己在前期工作上做足功课，尽量让自己少跑冤枉路。

经过两年的准备，我开始了寻访之旅。在实地的走访过程中，我不断地调整思路和计划，而前期的寻访经验，又给后期的走访带来了扬长避短的便利。每程出门寻访之前，我都要做这一程的完整计划，让自己少走重复之路，尽量提高效率。每到一地，先包下一辆出租车，之后的数天载我四处探寻，这样做的益处是能让司机晚上回家后替我查证第二天的路线走法。因为要了解中国的公路状况，尤其是在乡村、山区，绝非靠导航就能解决，有些路况之差远超想象，到处的修路工程绝不会有任何的提前预告，而当地司机则对这些熟悉很多。

因为需要拍摄图片，故每日的走访必须安排在白天，这就需要我在很短时间内紧锣密鼓地多跑几处。每日天黑之后回到住处，必须将在寻访途中随手记下的片言只语整理成寻访草案，以防备自己日久忘掉某些细节；同时要将一天的图片拷入电脑，以防备在下一程寻访中发生各种意外，比如相机丢失、图片误删等。做完当天的整理工作，还要继续查看地图，重新制订次日的行程细节，因为每到一地的实际的路段跟地貌，都与事先想象的差异很大，需要随时调整。每次出门寻访期间，日与夜紧张的更替，毫无喘息之机，但是这个过程紧张而充实，自有一种快乐所在，而每当自己寻找到一处未见前人提起的藏书家遗迹时，就会感到为之所付出的辛苦瞬间荡然无存。

有一些重要的先贤，我用尽各种办法都查不到具体的遗迹所在，这个时候只能求助于朋友。虽然有些朋友对此并不了解，但他们都会帮我辗转打听到有价值的线索，还有的朋友会专门请假陪我一同寻找。比如苏州马骥兄，他自己对文献史就很有兴趣，在这方面有很多自己独特的研究，为了我的寻访，他动用了自己的层层关系，让我对这些先贤的遗迹九转而得；嘉兴的范笑我兄提前要到我在嘉兴的寻访名录，待我到当地与他见面时，他已安排好了所有的路程和每日的寻访计划，并且建议我增加对一些乡贤的寻访；还有南浔的郑宗男先生等等；他们都帮助我完成了自己的寻访，朋友之情自当铭记心中。

我有一个幼稚的想法，认为当人们做一件对大家都有益的事时，必然会得道多助。但现实告诉我这个知天命年纪的人：这个想法很白痴，若令他人得不到实惠，还想让别人给你开方便之门，这种想法无异于痴人说梦。我喜欢读含锋不露的文章，因此对于自己在寻访过程中所遇到的刁难和阻挠，在写成小文时，也想尽量心平气和，不要写得那么丑陋，但自己的涵养不高，感觉到不可忍时，仍然会

在文中发出怨声，这正是我修养浅薄的真实显现，希望能在未来的日子里有所进步。

寻访回来之后，我根据自己的寻访笔记写成这一篇篇的小文，并以藏书家所处年代的先后作为排序，夫妇或父子，则会写在同一篇内，唯有秦朝的焚书台，它不是以藏书家为对象，但焚书坑儒，对中国文化影响深远，中国经学体系的不同派别，也因此事而衍生出来，故仍将这个遗址列入此书的范畴，并排在首位。

整个寻访之旅，可以用"痛并快乐着"来形容，虽然在此过程中遇到了这样那样的不快，但发现的快乐却是无法替代的。在我的这些寻访之前，少有人提及这些安息于地下的藏书之魂。我能历尽艰辛找到他们，能在他们的墓前鞠躬致敬或献上一束野花，已经感到了大满足。有时我会坐在这些墓旁守候一刻，静静地坐在旷野之中，静听山风吹过松林，心中那种不悲不喜的宁静，难以用文字描绘得清楚。每当此时，我心中都会想起那句话——"微斯人，吾谁与归？"

韦力

2014 年 5 月 16 日

焚书台

即便是没有任何遗迹，能够拍一张写着『灰堆村』的村牌，也可以沾上一点历史的尘埃。

帝皇始秦

秦始皇（前259—前210）即嬴政。中国历史上伟大的政治家、战略家、改革家、军事家。首次完成中国统一，秦朝开国皇帝。

　　焚书台位于陕西省渭南市临渭区区委党校东北角，相传是秦始皇当年焚书的地方。壬辰年春节刚过，我开始寻访之旅，照理说焚书台是古书的火葬场，跟藏书家之墓似乎完全是南辕北辙，但是秦始皇焚书坑儒对中国的历史进程影响极大，既然访到渭南，我不能对它视而不见。这本小书的书名叫做《书魂寻踪》，所收集的都是这几年中所寻访的藏书家的墓葬，其本意是纪念那些守护传统典籍的英魂，如果当年真的有许多典籍在此化为灰烬，那么，书魂所在，我理当去拜祭。

　　从西安古城上连霍高速，经过灞桥收费站不久即是灞河，水面开阔平坦如镜，河中的沙洲上长满了三春柳，树影倒映在河镜中时，看上去虚幻而美丽，令我想起古人灞桥折柳的别情。车行57公里后，驶上了渭南市主街朝阳大街，我开始向人打听区委党校在哪里，但是很少人知道，后来遇到一位退休干部模样的老者，他不仅说出了详细路线，还告诉我说："你说的这个党校早就停办了，校址不知是卖了还是租了，反正现在只剩下一个看门的，你去找了也没人。"我没有时间告诉他自己要找的不是某个人，而是秦始皇的焚书台。按照老人所指，我找到了区委党校，大门上挂着"中共渭南市临渭区委党校"的红色单位名牌，奇怪的是大门旁边的宣传墙上写的却是"让每个学生成长，使每位家长放心，帮每户家庭致富"。

　　我心存疑惑走进大门，门口有牌写着"出入登记"，但是门房里空无一人，距离校门不远的一排平房前立着许多高矮不一的拴马桩，校园颇大，有好几排校舍，却看不见什么人。因为资料写明焚书台在校园的东北角，我直接往东北角走去，果然看见一个大土堆，大约两三层楼那么高，但是没有任何标识，甚至连围栏都没有，土堆下几只山羊在吃草，旁边还架着一排炒锅，显然是给人练手用的，

焚书台全貌

从一进校门看过来，我已经明白现在这里已经改成了职业学校。难道眼前这个大土堆就是大名鼎鼎的焚书台？这也太儿戏了吧！但是整个学校里除了校舍和平地，也只有这一个大土堆。围着土堆转了一圈，发现还有条小路可以盘旋上去，我沿着小路上到了顶上。土堆顶上是一个小小的平台，约百余平米，长满了杂草和灌木，随处扔满了垃圾，看得出当初曾经沿着土堆的外围种过一圈小柏树，但存活的并不多，显然学校没有将这个土堆当成一回事。

从土堆上下来，见到两位老师模样的人在不远处说话，我赶紧上前请教，他们说这的确就是焚书台："当初建这个党校时，文物部门就要求不能动这个土台，都知道它是焚书台。但是经过这些年的考证，又有人说这实际上是当年焚书时的观礼台，秦朝的官员们是在这个台上监督焚书，而不是在这个台子上焚书。真正焚书的地方在沈河对面。你到土堆顶上去看河对面，正对着观礼台的那个村子才是当年焚书的地方，那个村子叫灰堆村，就是书烧成灰的意思。这个村的名字两千多年都没有变过，一直就叫灰堆村。"这番话让我颇为意外，继续追问道："既然是历史上这么有名的地方，为什么连个标牌都没有呢？"两位老师对望了一眼，有些无奈地笑着说："当局不重视。反正一直不让动，建校之前就不让动，但实际上以前比这高多了。这要是在河南，早就炒得火热了。"我谢过他们，又登了一次焚书台，正对着沈河看过去，想象或许当年焚书的时候，李斯在这高台上遥看对岸毁灭文明的烈焰，露出满脸的得意之情，秦始皇也会在这高台上吗？他应该想不到，由他制造的中国历史上第一次全国性的毁灭文明之举，开启了中国文化史上两千多年的学术争论，就是因为这场焚书运动，使得汉代统治者为了恢复国家秩序和传统，展开了第一次全国性的征集遗书活动，而献书过程中真伪并陈，又由此掀开了中国古文经学与今文经学的辨伪与争正统的大幕，这场争论一直延续到清末。

向两位老师请教了过河的具体路线后，我准备去看看那个名叫灰堆的小村，出校门时被一位面色不善的中年人拉住，厉声问我是干什么的，为什么要进去拍照，一连串的质问同时，紧盯着我手中的相机，我马上体会到新闻记者们为什么要拼命保护相机，我只好指着刚才请教的两位老师，说是来找他们打问一个地名，中年人将信将疑，真走向那两位老师，似乎是要问个究竟，我赶紧趁机离开学校，请司机前往灰堆村。

按照指引，我回到朝阳大街，从第二个红绿灯右转，西行将近两公里来到一个村庄，正好隔河对着刚刚登上的焚书台。但是这个村子不见村牌，也没有任何标识，与所有的村庄别无二致，我问过路的村民，村民说这里就是灰堆村，我试探性地问他："就是当年秦始皇焚书的地方吗？"村民一脸不置可否："谁知道是不是！"再问哪里可以看见村牌，我想即便是没有任何遗迹，能够拍一张写着"灰堆村"的村牌，也可以沾上一点历史的尘埃。可是村民说这个村子

灰堆村中医诊所牌
匾，为现在灰堆村内
唯一所见标志性实物

也没有村牌，现在都租给外地人了，本村的没几家，都搬走了。我
不死心，没有村牌，门牌总有吧，否则何以证明这里就是灰堆村
呢？我在村子里转了几圈，一家一家门楣上看去，又是一层失望，
许多民居都是新修的宅院，大门上并无门牌号码，只有几家破旧未
翻新的民居上贴着门牌，却是"李家堡五组"。我又找到另一位村民，
问他有关秦始皇焚书的事，他说："早年还听说有些遗迹，具体是什
么，我也不知道。村名嘛，上面总是改来改去，反正我们都叫它灰堆
村。你要找焚书的遗迹，去对面党校吧，他们说那就是烧书的地方。"

这像是一个圆，又绕回起点，我来到河边眺望对岸，沈河上薄
雾弥漫，对面的高台影影绰绰，一如历史。想到这个村子两千多年
里一直以"灰堆村"的名字卧在这里，不管政府如何更名，村民们
始终称它"灰堆村"，竟然有些感到万幸，若不然，这些历史在现实
中如何落脚呢？一番感慨之后，我正准备离开时，看见旁边有一家
小中医诊所，门口的广告牌上写着其所主治的几种疾病，其中有"瘰
疬"二字，不明白这是一种什么疾病，正琢磨间，又无意看到下面
小字写着地址"灰堆2号"，这让我大喜过望，它证明我来到的这个
村子的确就是灰堆村，只是没想到能给这个旷绝古今的历史事件提
供有力佐证的，竟然是这样一个乡间小诊所。

事实上，我似乎过于多情了。寻访归来后，回到书斋重新查找资料，发现关于焚书台和灰堆村的传说有着好几个版本。有说焚书台是观礼台的，有说这个大土堆是汉武帝郊祭的密畤台，还有说灰堆村是项羽火烧咸阳时留下的遗迹，然而事实上根据考古发现，这座土台是仰韶文化半坡类型遗址所在，关于秦始皇焚书台的传说，自明清始有流传，所以唐代活跃于渭河平原一带的诸位大诗人，如李白、白居易、李商隐和贾岛等人，写过各种怀古诗，却无一人写过近在咫尺的焚书台，因为当时这座土台还没有附会成秦始皇的焚书台。

可是我并不觉得失望，即便它成为传说仅三百来年，但它同样记载着秦始皇那一场愚民运动。经过时代更迭而沉淀下来的传说往往反映着人们的诉求与纪念，两千多年前的焚书坑儒是值得我们永远记住的。此行我还寻访到了苍颉墓，苍颉是介于神话与传说中的人物，我知道现实中那座墓与苍颉相联系的也一定只是传说，不可能是真的苍颉墓冢，但传说并不影响人们对他的纪念，将纪念化为具体的可见物，是我们表达情感的一种方式。对于焚书台的附会，也许正好从侧面印证了人们对于被摧毁的文明之惋惜。

焚书台全貌

焚书台

13

刘德墓

清代早期的皇帝为了笼络读书人，每次南巡经过献县时，都会吟咏河间献王，仅乾隆吟咏献王的诗作就有 16 首之多，民间文人为献王陵赋诗者更是多不胜数。

刘德，景帝之子，武帝之异母兄，公元前 155 年封河间王。刘德搜集整理先秦典籍，为中国历史文化的传播做出了突出贡献。

刘德墓位于河北省沧州河间市献县西八册屯村。进入河间，感觉该市交通极乱，街面上热闹而嘈杂，车流与行人互不搭理，结果就是彼此都走得不痛快，有人居然站在大马路的十字路口正当中拦截出租车，上车动作之洒脱一如拍好莱坞动作片。路过该市百货大楼，其外观既有飞檐又带琉璃，古意十足，与楼前的嘈杂显得极不协调。百货大楼正对面的市文化馆却是极为普通的一座办公楼，毫无文化可言，大楼外墙上面贴的居然是最常见的厕所瓷砖，两相比较，足以证明文化干不过市场。三十年前我曾认识该馆的工作人员李泗，那时我还是个高中生，因为喜欢藏书，每周日到集市式的文化市场去转悠，当时有个三十多岁的男士每次带着成麻袋的民国纸币在市场交易，圈内人都管他叫李四，当时那个市场中，似乎也只有他有那么大的征集能力，我总认为李四是他的假名，如同张三一样，是个代号，多年后才知道他是这个"泗"。这次路过河间文化馆时，想到李泗和他的大麻袋，如果能够再遇见他，说不定也算得上奇遇。

带我前往刘德墓的小伙子，是前一天晚上在沧州火车站兜客时兜到我的。当时从火车站出来，一辆正规出租车都没有，全部都是黑车，小伙子见我犹豫，使劲地拉我，连声说自己是正规出租车，但是来到其车前，发觉仍然是黑车，但已经无可奈何，好在小伙子看上去并不奸诈，到酒店的车资要价也不高，于是放下心来，与他谈好次日继续租车之事，并提前告诉了他准备寻访的几个地方。次日，小伙子一早来到酒店门口等我，递上一张名片，看上去像是银行贵宾卡，上面还有他的明星表演照，出租车司机的名片做成这样，颇显高端大气上档次。还没等我开口，小伙子就在半小时内将家底全部给我"交待"了。原来他是吴桥人，当地以杂技闻名，其父有个杂技班，他自己也是杂技演员，还上过央视抖空竹，没有演出的时候就出来开黑车赚点钱。据他说，当地人都不喜欢读书，小孩子无心读，大人也不怎么支持孩子读，常说"念书有什么用？早点下来挣钱吧"，于是孩子们通常念到三四年级就不再念了。当地人结婚也早，他的一个堂弟十八岁结婚，十九岁就当了爹。"我今年都二十一了，下半年结婚，在我们这里这就算晚的了。媳妇跟我同岁，在城里做物业，一个月一千块钱，不包吃不包住。我们这里结婚了就出来单过，房子嘛谁有钱谁买，我们是媳妇家买的。彩礼？两万！嫌少？不能坏了规矩呀！"

上路后，发觉小伙子开车极为鲁莽，抢道、超车，既不认识路也不会看地图，全凭导航系统摆布，但是他的导航版本太过落后，多次将我们导到前不着村后不着店的地方，害得我一路上极为疲惫，也不敢稍事休息，幸而全程尚算顺利，只是略跑了一些冤枉路而已。访完韩婴墓后，他问我下一个要找谁，我告诉他要去寻访献王陵，他又问王是谁？我告诉他献王是西汉时期的藏书家，汉景帝刘启的第三个儿子，被封为河间王，自幼喜欢读书，《汉书》载其"修学好古，实事求是"。自从秦始皇焚书坑儒之后，典籍极度乏缺，刘德向民间征求善本，每得一书，必定令人精心抄写一份，然后将原书留下，将抄本还给献书者，另外赏赐以金帛，于是四方民众不远千里来到咸阳，纷纷献书给刘德，日久之后，刘德藏书之富甚至可以与当时的官方藏书相比肩。更为难得的是，刘德所收藏的典籍中，多有秦始皇焚书之前的古文，如《周官》《尚书》《礼记》等，价值极高。与其同时代的淮南王刘安也喜藏书，但在质量上却远远比不上刘德。

刘德对于典籍，不仅仅致力于收藏，还亲自参与整理校勘。他在自己的封国内建起日华宫，专门招待四方饱学之士，一起整理、校勘征集来的典籍，而这些招集来的儒士中，不乏对于儒家经典研究极深的大学者，毛苌就是其中的一位。毛苌曾经跟随毛亨学习《诗经》，相传孔子删写《诗经》后，传给了子夏，子夏传给曾申，曾申传给李克，李克传给孟仲子，孟仲子再传给根牟子，根牟子传给荀卿，荀卿又传给毛亨。传到毛亨时，毛亨重新整理，写出了《诗经诂训传》，然后传给了毛苌，后人将毛亨、毛苌整理出的《诗经》称之为"毛诗"，称毛亨为"大毛公"，毛苌为"小毛公"。最早为《诗经》作注的共有四家，分别为齐、鲁、韩、毛，唯有毛诗为古文诗，其余三家皆为今文诗。如今齐、鲁、韩三家皆已失传，唯有毛诗得以流传至今，就是刘德的功劳。

刘德还曾将征集来的典籍献给朝廷，《隋书·经籍志》载："汉初，有高堂生传《十七篇》，又有古经，出于淹中，而河间献王好古爱学，收集余烬，得而献之，合五十六篇，并威仪之事。"又载："汉初，河间献王又得仲尼弟子及后学者所记一百三十一篇献之，时

刘德墓

刘德墓远景

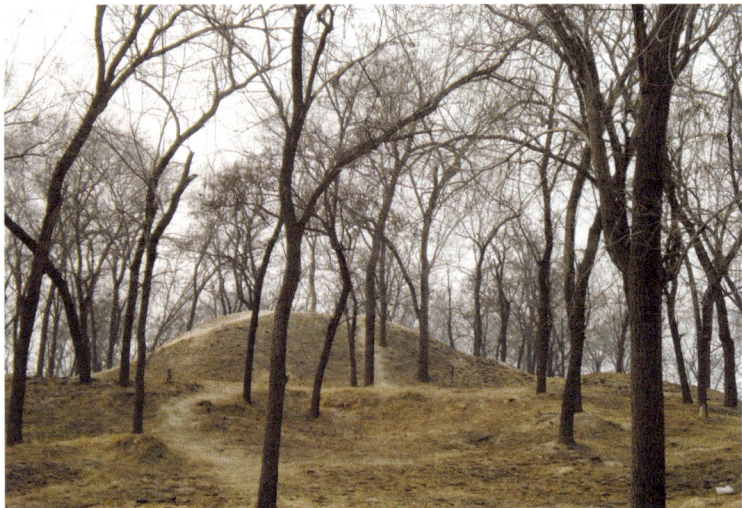
刘德墓近景

亦无传之者。"可惜的是，因为猜忌，武帝并没有重用声望出众的刘德，反而警告他不要仿效商汤王、周文王，以地方小国而夺取天下，对于刘德所献之书，也只是搁在了一边。刘德受到猜忌与警告之后，不久便抑郁以终，死后被谥为"献王"，民间多称其为"河间献王"。

穿过河间市区再向南 20 公里，我们到达献县。一路的寻访已经让我积累出许多经验，一片平整的农田中如果突然出现一片茂密的树林，那么极有可能就是我要找的古墓，果然不久我就看见一片极密匝的树林出现在广袤的黄土地上，远远望去，这片树林聚在一起，与周围的荒凉形成鲜明对比，凭着经验，驶近这片树林，果然看到一块文物保护标牌，上面写着"献县汉墓群——献王陵"，立牌时间为 1996 年 11 月。标牌底部刻着一段说明："献王陵，西汉河间献王刘德的陵墓。刘德，景帝之子，武帝之异母兄，公元前 155 年封河间王。刘德搜集整理先秦典籍，为中国历史文化的传播做出了突出贡献。在位 26 年，谥号'献'，意为'聪明睿智'。班固《汉书》称其'修学好古，实事求是'。献王陵占地近 4 万平方米，是献县汉墓群面积最大的一座。明代建有献王祠，1946 年被毁。"

原来这一整片被树林覆盖的区域就是献王陵。春节刚过，植物尚未回青，气温极低，行在林中衰草上，别有一种萧瑟之感。整个献王陵相对陵区以外地势较高，形似平台，正中间又隆起一块，状如墓冢，使得整个王陵远望起来形似竹笠。据说在明朝，献王陵还高如山丘，方圆百里的官绅都会前来祭祀。清代早期的皇帝为了笼络读书人，每次南巡经过献县时，都会吟咏河间献王，仅乾隆吟咏献王的诗作就有 16 首之多，民间文人为献王陵赋诗者更是多不胜数，其中清末学者王先谦所咏，则高度概括了刘德一生藏书搜佚之功德："汉承秦火余，古籍半散亡。学官不尽立，搜遗赖贤王。藐彼千金赏，珍此寸简藏。承先道斯存，待后功乃彰。"

我在献王陵中徘徊怀古时，开车的小伙子也没有闲着，前一天告诉了他今天要访的几个地点，并请他做好路线安排，结果并没有发现他做什么出行准备，反而是带上了一个数码相机，兴奋地对我说："你要去的这些地方我都没去过，所以我就当是旅行了，拍回去也让我女朋友看一看。"于是每到一处，我拍照，他也拍照，各自都忙得不亦乐乎。拍完照他看了看保护标牌上的"汉墓群"三个大字，这时他已经忘了我告诉他的刘德是谁，指着"汉墓"两个字说："这个汉墓是指汉族吗？这么大个墓，那得埋多少汉人啊。"

刘德墓文保牌　　　　　　毛苌像

刘向墓

作为版本目录学的祖师爷，其墓不知所终，其碑沦为涂鸦场，久处深山，一年里也不知究竟会有几个人专程上来拜祭，不知刘向是否会觉得寂寞，然而版本目录之学，本来就是寂寞的。

刘向（约前77—前6），字子政，本名更生，后改名向，是汉高祖刘邦弟弟刘交的四世孙，西汉时期著名的经学家、文学家及版本目录学家。

刘向墓位于江苏省徐州市九里山，壬辰年夏天前往寻访，一路上见到麦田虽然欲黄未黄，但成熟气息扑面而来，令人心怡。寻访刘向墓之前在淮安寻访桓谭藏书遗迹，未果，颇担心寻访刘向墓亦不得，因为仅查找到其墓遗迹在九里山，却不知在山上具体哪个方位。刘向与其子刘歆是中国目录学的创始者，对于我而言，可以称得上是祖师爷的祖师爷，如果寻访不得，我会极其遗憾。

刘向字子政，本名更生，后改名向，是汉高祖刘邦弟弟刘交的四世孙，西汉时期著名的经学家、文学家及版本目录学家，十二岁做辇郎，二十岁任谏议大夫，之后因官场政治斗争失利，一度隐居八年，在此期间撰写了《疾谗》《救危》《世颂》《摘要》等著述，以期利国救民。公元前26年，汉成帝刘骜鉴于典籍收藏不多，且多散佚，利用不便，下令陈农至全国各地搜求遗书，同时命刘向整理国家藏书。从这一年开始，直至公元前6年去世，刘向在这十九年里将全部心血倾注于整理、校勘古籍及编撰书录，即后来的解题与提

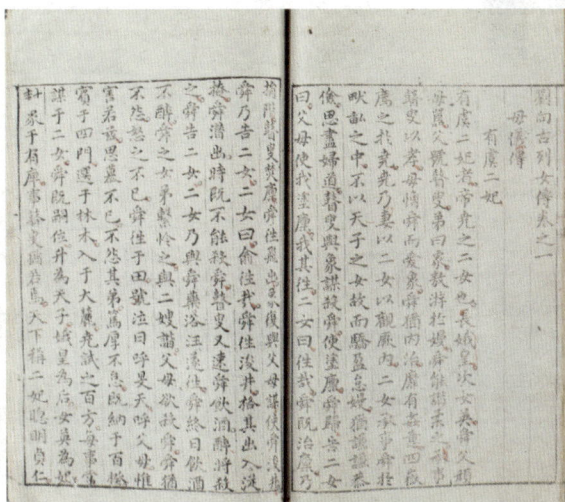

《刘向古列女传》明
万历三十四年（1606）
唐锦池文林阁刻本

刘向碑亭所在的九里山入口处

要。刘向所撰写的书录大致内容有三个方面，其一是列述定本的篇目，其二是记述校订情况，其三是讲述定本旨意，并简述作者情况及其时代背景和学术源流，这些书录后来被集中在一起命名为《别录》。然而在校书编目的工作即将结束时，刘向病逝了，汉哀帝遂命其子刘歆继承其业。

刘歆是刘向的第三子，字子骏，后更名秀，更字颖叔，是西汉末年古文经学派的创始者，同时也是一位天文学家，曾经著有《三统历谱》，从二十六岁起与父亲一同校勘典籍，于六艺群书无所不究。刘向去世时，刘歆已经四十七岁，又经过两年的整理，刘歆在《别录》的基础上整理提炼出《七略》。所谓"略"，指的是篇幅较《别录》大为减少，《别录》共有 20 卷，《七略》仅 7 卷，共著录典籍 603 家，13000 余卷，这些典籍又被分为六大类：六艺略、诸子略、诗赋略、兵书略、术数略、方技略，六略之前再加上序言辑略，故名《七略》。《汉书·艺文志》中曾经记载这段历史："诏光禄大夫刘向校经传诸子诗赋，步兵校尉任宏校兵书，太史令尹咸校数术，侍医李柱国校方技。每一书已，向辄条其篇目，撮其指意，录而奏之。会向卒，哀帝复使向子侍中奉车都尉歆卒父业。歆于是总群书而奏其《七略》。"

《七略》发明了中国最早的图书分类法，是中国历史上第一部综合性目录，同时也是我国首部国家藏书目录，刘向父子则是中国目录学的创始者与奠基人。《七略》的产生，早于西方目录学之父吉士纳的万象图书分类法 1500 多年，对于后世的目录学有着极其深远的影响，史学家范文澜曾评价称："西汉有《史记》《七略》两大著作，在史学史是光辉的成就。"对于目录学上如此重要的人物，吾辈后学，理当亲身前往拜祭。

但是能找到刘向墓吗？我其实并没有把握。九里山东西长九里，故名九里山，又名九嶷山，自古以来为著名军事要塞，据说楚汉相争时，韩信曾在此伏兵与楚军鏖战，大困项羽，可以想见当年地势之险。关于刘向墓，最早有郦道元《水经注》记载："彭城北三里，有石冢被开，传言楚元王之孙刘向冢"。民国《铜山县志·古迹考》亦载："城西北二里演武场南，墓侧旧有祠。黄河南徙，墓在北岸，距河十数步。道光二年圮于河，今迁于徙山口迤南。"又查得资料称，当地政府曾于解放前重建纪念墓于火车站北部，解放后又将墓迁往九里山，如今墓已被毁，仅有一块明嘉靖年间的墓碑还在山上。

刘向墓

快到九里山时，我开始担忧，刚才在淮安寻找桓谭藏书处而不得的经历让我颇为不快，非常希望能够找到刘向墓，因为刘向尚有墓碑可寻，刘歆墓已经是全无遗迹，如果连刘向墓都找不到，那会成为我寻访之旅中的极大遗憾。沿311国道进入徐州后，我请司机沿着九里山边开边打听，一位老者自称从小就生活在此地，却从未听说过刘向墓，闻言颇令我绝望，但我仍然不死心，继续找人打听。大多数人一听我要找古墓，马上指我去"龟山汉墓"，看来此墓在当地极为有名，可惜不是我要找的对象。最后无奈，请司机将车停在九里山的入口处，硬着头皮徒步登山寻找。

上山不多久，即见一岔道，左边有间寺庙，侧门上写着"白云寺"，右边一条小径隐于林中。我选择了右边的小径，前行未久，看见前面有墓碑，大喜过望，连忙跑过去细看碑文，却是空欢喜一场，虽是墓碑，却与刘向无关。略觉失望之余，仔细打量前路，感觉不像是有古迹的样子，于是掉转头回到刚才的岔道上，决定去白云寺打问。重新回到白云寺时，门口坐着一位老者，我不抱希望地向他请教是否知道刘向墓，没想到他居然说："刘向墓没有，不在这山上。但是有个跟他相关的石碑在那边，得从这里下山，从那边再往上，跟这寺是同一个方向，但是两座山。你难得找啰。"我大概明白了方位，但是仍然怕找不到，看他说得这么详细，有心掏钱请他带路，又生怕自己的唐突伤到他的自尊，看他比划的样子，似乎山路不近，也不是顺便能做的事，一咬牙自力更生，下山请司机开到另一条山路入口处，重新上山。

　　走了一段羊肠小径后，眼前出现一个村子，奇怪的是村子里极安静，有心找人问路，却一个人影都不见，反而是看见好几个猪圈，里面圈着不少的大肥猪。我当然知道向猪是打听不到路的，继续向村中走去，真是奇怪的村子，一个人影都没有，不知从哪里窜出一条狗，冲我吠了两声之后，甚觉无趣，又懒得理我了。我当然知道向狗也是打听不到路的，但狗一定有主人，我跟着狗来到一家小院前，果真看见一位中年妇女在院中劳作，总算看到了人烟！我马上

刘向碑亭

刘向碑全貌
及亭上涂鸦

向她打听刘向墓，她指了指穿村而过的小路说，就在这村后的山坡
上，沿着这条路上去就是。谢过她，继续沿着小路上山，小路不断
出现歧路，但是已经无人可以打听了，只好凭着感觉选择，好在事
实证明每次选择都是对的。来到最后一个歧路时，方犹豫间，忽然
见到左侧的树影中隐约有一亭角伸出，大喜过望，如果在这种地方
出现亭子，那么一定与刘向墓有关！

　　果然再上一段，就看见了完整的刘向碑亭，从样式看，应当为
近十年所建，但已尽显斑驳，显然无人管理，亭正中立着一块大石
碑，上面用白石灰涂着巨大的"篮球天才"及"NBA"，走进亭子中
间再看，才发现不仅仅是石碑上涂满文字，整座亭子里外上下凡可
以涂字的地方全都涂满了莫名其妙的文字和人名，连亭子顶上正中
间的梁柱上都是，令人叹为观止。这应该就是刘向墓的遗迹了，我
努力辨识碑文，碑额上有"汉楚元宗刘氏墓表"双行八字，下面的

刘向碑额正面题字

小字已难以辨识，背后碑额上有"大明后续宗枝"。这就是今天能够找到的与刘向墓相关的唯一遗迹，看着这涂满字的碑与亭，我有些感慨。于今天而言，100个年轻人中，估计有99个都知道NBA，但恐怕知道刘向的，百人中不见其一。作为版本目录学的祖师爷，其墓不知所终，其碑沦为涂鸦板，久处深山，一年里也不知究竟会有几个人专程上来拜祭，不知刘向是否会觉得寂寞，然而版本目录之学，本来就是寂寞的。

从刘向碑亭下来，重新穿过小村，忽然想到碑亭是找到了，可是这碑亭的具体地址应该如何写呢？于是我重新找到刚才的小院，那位妇女面无表情，等着我继续开口问话。我解释说想知道这个村庄的名字，因为刚才穿村而过，既没看见村牌，也没看见门牌。她告诉我说这里叫猪窝村，我以为自己听错了，刚才的确看见许多猪窝，难道这个村子真的这么名副其实？我掏出纸笔递给她，请她写给我看，她羞涩地笑了一下，说："不好浪费你的纸。"接过笔在自己手心里写出了"猪窝村"三个字，并略带歉意地说："我的字写得不好。"这回轮到我羞涩了，因为她写的三个字工整端庄，反而我的

刘向碑额背面题字

字歪歪斜斜。

　　回到家后我继续查找相关资料，无意间查到刘向碑亭所在具体地址，按官方的说法是九里村 5 组，但那位妇女端端正正写下"猪窝村"的情景让我印象极深，这又让我想起在灰堆村遇到的一位村民，不管政府将村名怎么改来改去，他们一直称呼自己所在的小村为灰堆村，可能猪窝村也是这样吧，不知刘向更喜欢哪个村名。

班固墓

现实清清楚楚告诉我，那个最难以接受的小土堆，就是班固墓。我极失望，却说不出失望的是什么，就像一个人怀抱着热血想要干一番事业，血沸腾了，却没有人告诉他事业是什么。

班固（32—92）字孟坚，出身于「家有藏书，内足于财」之家，所著《汉书》是中国第一部纪传体断代史。

班固墓位于陕西省宝鸡市扶风县太白乡浪店村，其墓之寒碜，令人大为意外，甚至怀疑其真假。

大多数人都知道作为史学家的班固，因为他所著的《汉书》是中国第一部纪传体断代史，与《史记》《后汉书》《三国志》并称为"前四史"。但他同时也是目录学的开山人物，"目录"一词，最早就是出现在班固《汉书·叙传》中："刘向司籍，九流以别，爰著目录，略叙洪烈。"刘向撰写了中国历史上的第一部书录《别录》，其子刘歆在《别录》的基础上撰写了《七略》，成为中国历史上第一部综合性目录，但是这两部书都没有流传下来，早在唐代就已经失传，仅有《七略》可在班固的《汉书·艺文志》中窥得一斑。

班固字孟坚，生于汉建武八年（32），卒于永元四年（92），出身于"家有藏书，内足于财"之家。《汉书》这部史学巨著并非凭班固一人之力，而是靠班氏一族的众人之力，始得以大成。班氏成为史学世家之始，起于班固的伯族班斿，班斿曾任汉朝的秘书之副，参加过刘向主持的校书工作。班斿之弟班彪即班固的父亲，字叔皮，出身儒学世家，专心史籍。司马迁作《史记》之后，许多人采集时事以续《史记》，但多有狗尾续貂之嫌。班彪博学多才，长于著述，搜集前史遗事，撰有《史记后传》，成文六十五篇，但书未成而人先逝。班固整理父亲遗稿时，发现《史记后传》

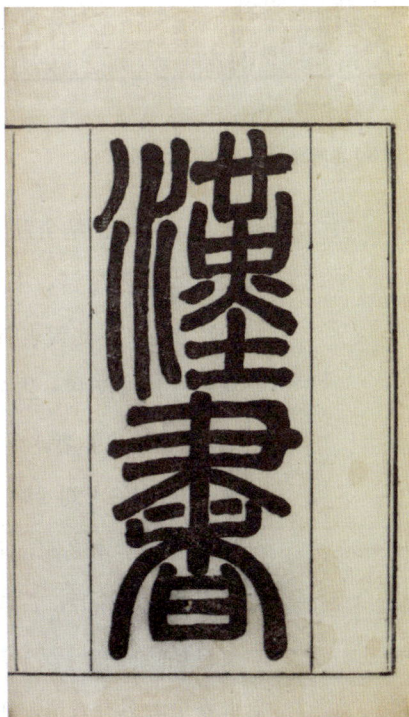

《汉书》卷首，有庾良朱批

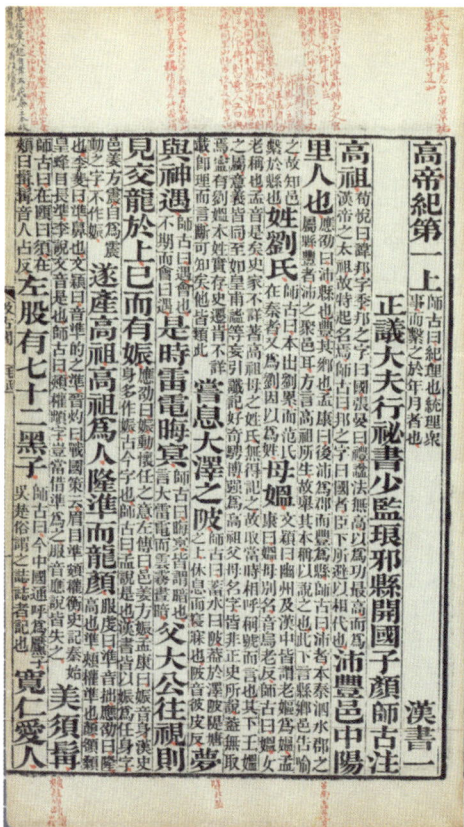
《汉书》清同治八年（1869）金陵书局刻本

记述不详，且有遗漏，于是另起炉灶，在《史记后传》的基础上，开始撰写《汉书》。在撰写期间，班固曾因有人告其私改国史而入狱，后经其弟班超多方奔走始得获释，后来汉明帝看了班固的书稿，很是赞赏，决定重用，于是自永平六年（63），班固在东汉政府图书馆兰台开始了典校秘书的工作，并撰写国史《汉书》。然而《汉书》尚未完成，班固又因窦宪兵变事件株连，死于狱中，之后其妹班昭在马续的协助下，继续整理、续写，终于完成了《汉书》。

《汉书》于史学而言，是一部皇皇巨著，而其中的《艺文志》，却无意间开启了史志目录学的一片新天地，同时也是全世界现存最早的图书目录。《艺文志》中"艺"代表着"六艺"：诗、书、易、春秋、礼、乐，"文"则指文学百家，"艺文"二字在此代表着包括六艺百家在内的一切书籍。清代学者金榜曾评价《汉书·艺文志》："不通《汉书·艺文志》，不可以读天下书。《艺文志》者，学问之眉目，著述之门户也。"章学诚在《校雠通义》中称："刘《略》班《志》，乃千古著录之渊源……《艺文》一书，实为学术之宗，明道之要。"姚振宗更进一步评价说："今欲求周秦学术之渊源，古昔典籍之纲纪，舍是志无由津逮焉。"

自从班固在《汉书》中加入了单独记录典籍的《艺文志》后，后世修史者多有效仿，在史志中加入"艺文志"或"经籍志"，从汉到清，各种正史艺文志及补史艺文志、经籍志等，有近50种之多，形成了中国正史中独特的史志目录。对于目录学如此重要的一位人物，却一直被其史名所掩，人们提到班固时，仅仅停留在史学家的层面，确实有些遗憾。在我最初的寻访计划中，也是将班固列入史学类寻访名单，但进入扶风县后，班固的形象在脑海里越来越清晰，于我等热爱典籍者而言，去见班固，又怎能仅仅把他当成是史学家！

出发前曾在书斋里查找班固墓的资料，称班固葬在扶风县张家沟，即今天的扶风县太白乡浪店村。进入扶风县后，沿104国道西行，虽然称为国道，却路况极差，沿途极少见到路牌，村名牌更是一块都没有见到，只好不断停车向人问路，后来问到一位老者，一时说错了嘴，本来要问浪店村，结果问成了张家沟怎么走。老者仿佛看穿了我的心思，风趣地说："前面5公里就是张家村，但是没沟。路边北侧有班固墓，过了墓不远的村庄就是。"不问而自答，让我喜出望外，连声谢过，回到车上继续向前。时值三月，正是春寒料峭，

班固墓就在马路边上

此刻又下起了细雨，开始担心相机会受到影响。果然没走多远就看见路边北侧有一座墓冢，的确紧挨马路，与记载一模一样，可是这座墓冢怎么看都是新坟，整个墓冢与周围的泥土都是翻动过的新土，似乎刚刚堆起来不久，而且周围空空荡荡，没有墓碑，没有护栏，没有松柏，有的只是周围青青的小麦。

带着怀疑，我还是下车去看了看，这座新坟没有墓碑，只是突兀地出现在路边的麦田里，但距离墓冢两三米远、紧靠马路的地方有块近乎正方形的小小水泥碑，弯腰看去，居然清清楚楚写着"班固墓"。眼前所见让我极为震惊，班固墓居然如此模样，这也太儿戏了吧！我甚至怀疑这只是民间为了纪念班固，自发堆起来的衣冠冢、纪念冢之类，并不是真正的班固墓，但是水泥碑上又清清楚楚刻着"陕西省重点文物保护单位"，以及"公布单位：陕西省人民政府"，和"公布时间：一九五六年八月六日"，立碑单位则是宝鸡市人民政府，这难道正应验了《好了歌》中所唱的："古今将相在何方？荒冢一堆草没了。"我有些茫然，一时接受不了，总觉得这不是真的，看看周围，不远处的麦田里还有几座墓冢，看上去似乎都要陈年许多，而且都有着高大漂亮的墓碑，旁边都种着一两棵树。我决定去看看那几座墓冢，也许那里面才有真正的班固墓。

但是这些墓冢全部都分散在麦田里，中间并无小路可通，我只能从麦田里小心翼翼地穿过，尽量不要踩到麦苗。然而连日的阴雨，使得麦田里泥土极松软，每一脚下去，再抬起来都是千斤之重，带起来的泥土很快就糊到了裤子上，至于鞋子，早就沦陷得一塌糊涂，但也顾不上这些，不证明一下，我实在难以接受班固墓的现状如此寒碜。可是事实让我更加沮丧，这几座墓都和班固无关，有清代的，也有民国的，现实清清楚楚告诉我，那个长满荒草的小土堆，就是班固墓。我极为失望，却说不清失望的是什么，就像一个人怀抱着热血想要干一番事业，血沸腾了，却失去了目标。我回到班固墓前

班固墓

再一次审视那块文保牌，并安慰自己说，也许正因为班固墓年久失修，当地政府刚刚培过土，所以才显得如此新，可是即便是刚刚培过土了，也只有半人高，比周围民间百姓的墓冢要小得多。一代鸿儒竟是这等结果，让我颇生幻灭之感。

孙觌墓

寻访孙觌墓当日适逢大雨，俚语有云『下雨天，留客天』，是日果然就被留下做客了，留我者，正是孙觌后人。

孙觌（1081—1169）字仲益，别号庆庄居士、鸿庆居士、宋徽宗大观三年（1109）进士，后举词学兼茂科，为秘书省校书郎。

　　孙觌墓位于江苏省常州市武进区礼嘉镇姜家头村，其纪念馆位于礼嘉镇驳岸上 35 号旁边。孙觌（1081-1169）字仲益，别号庆庄居士、鸿庆居士，宋徽宗大观三年（1109）进士，后举词学兼茂科，为秘书省校书郎。建炎中擢吏部、户部尚书，后因官声恶，罢归隐居太湖。孙觌因曾经诽谤岳飞、抵毁李纲等事，颇为后人不齿，朱熹曾撰《记孙觌事》专门讽刺其人。然其品行虽有瑕，于目录之学却颇有造诣，曾主持增修《崇文总目》，较原书多出数百家、数万余卷。

　　《崇文总目》为中国现存最早的一部国家书目，其上承唐代《开元群书四部录》，下讫清代《四库全书总目》，是八百多年间唯一一部体例完备之官修目录。该书始修于北宋景祐元年（1034），宋仁宗命翰林院校定整理秘阁藏书，去芜存菁，编成书目，阅七年，成书六十卷，赐名《崇文总目》。至宋徽宗政和七年（1117），孙觌等重修《崇文总目》，因宋神宗将崇文院更名为秘书省，故该书重修后更名为《秘书总目》。《文献通考》有载："政和七年，校书郎孙觌言：'太宗皇帝建崇文殿为藏书之所，景祐中，仁宗皇帝诏儒臣即秘所藏，编次条目，所得书以类分门，赐名《崇文总目》。神宗皇帝以崇文院为秘书省，厘正官名，独四库书尚循《崇文》旧目。顷因臣僚建言，访求遗书，今累年所得《总目》

孙觌纪念馆外景

之外凡数百家，几万余卷。乞依景祐故事，诏秘书省官，以所访遗书讨论撰次，增入《总目》，合为一书。乞别制美名，以更崇文之号。'乃命觌及著作佐郎倪涛、校书郎汪藻、刘彦通撰次，名曰《秘书总目》。"袁褧《枫窗小牍》亦载此事，且较为详细："崇宁二年五月，秘阁书写成二千八十二部，未写者一千二百十三部，及阙卷二百八十九，立程限缮录。政和七年十一月十四日戊戌，校书郎孙觌奏四库书尚循崇文旧目，顷访求遗书，总目之外，凡数百家，几万余卷，请撰次增入总目，合为一卷。诏觌等撰次，名曰《秘书总目》。及汴京不守，悉为金虏辇去。"

孙觌为江苏常州人，常州亦是东坡终老之地，至今尚有东坡终老处遗址，就在赵翼故居附近。历朝笔记中多有人称孙觌为苏东坡小妾之子，又有人考证此乃误传，众口纷纭，堪作谈资。最早传出此言者，似为南宋葛立方，《韵语阳秋》有载："坡归宜兴，道由无锡洛社，尝至孙仲益家。仲益年在龆龀。坡曰：'孺子习何艺？'孙曰：'学对属。'坡曰：'试对看。'徐曰：'衡门稚子璠玙器，'孙应声云：'翰苑神仙锦绣肠'。坡抚其背曰：'真璠玙器也，异日不凡！'"。明代蒋一葵转述此说，将之记于《尧山堂外纪》："孙觌，字仲益。相传东坡南迁时，一妾有娠不得偕往，出嫁吾常孙氏，比归，觅之，则仲益生六七龄矣。命名曰觌，谓卖见也。后官尚书。"蒋一葵之后，又有冯梦祯信以为真，忽略蒋一葵文中"相传"二字，将孙觌确认为"东坡遗体"，清初王士禛《香祖笔记》亦载此事："冯祭酒具区（梦祯）《跋孙觌尚书尺牍》云：'阳羡孙老得东坡弃婢而生尚书，实坡公遗体。予跋《鸿庆集》，既辩之矣。顷又考得一事，坡往阳羡，憩村舍，见一童子颇聪慧，出对句云：衡门稚子璠玙器。童子应声曰：翰苑仙人锦绣肠。坡喜之。童子即觌也。然则遗体之说，益知其妄矣。'予《跋鸿庆集》，惜未睹此，故再著之"。民国时期安徽藏书家刘声木以讹传讹，将冯梦祯之语理解错误，于《苌楚斋续笔》中称："南宋孙觌，公然自认为苏东坡遗体，自记于家谱中，见于《快雪堂集》跋语中。"

然亦有不信传言者，孙觌同乡赵翼考此事，称"东坡遗体"之说出自孙觌，欲以攀附名流，赵翼于《陔余丛考》记载："吾郡宋时有尚书孙觌，相传为东坡遗体，冯具区祭酒所云阳羡孙老得坡公弃婢而生者也。觌所著有《鸿庆集》。今郡城外有降子桥。城中有观子巷，云是弃婢生觌，以觌见坡之遗迹。王阮亭则力辨之，谓坡往阳羡，见一童子颇聪慧，出对句云：'衡门稚子瑶玙器。'童子对曰：'翰苑仙人绵绣肠。'即孙觌也。坡甚喜之。据此，则觌非坡子明矣。然是时已传播其事，至以之名桥巷，何耶？岂宋人好名，如童贯自托于韩魏公所出，梁师成自谓坡公所出耶？按觌在靖康时附耿南仲倡和议，有不同议者，则欲执送金人；又草表媚金，极其笔力。高宗初，召为中书舍人、知制诰。绍兴二年，又知临安府，以赃败，编管象州。则觌本非端士。所云东坡子者，盖即出于觌之自言，欲以攀附名流，而不以中匄为耻也。"

赵翼考得孙觌并非东坡之子，然依何而断此说源于孙觌自己，却并未举出证据。如今常州与孙觌、东坡、赵翼相关之遗址皆有迹可循，常州人文之荟萃，可见一斑。寻访孙觌墓

孙觌纪念馆燕诒堂
孙觌纪念馆内景及孙觌像

当日适逢大雨，俚语有云"下雨天，留客天"，是日果然就被留下做客了，留我者，正是孙觌后人。当日驱车前往礼嘉镇，于大雨中访到孙觌纪念馆，此馆同时亦为孙氏祠堂，为两栋民宅之间的空隙因地就简而建，故未有门牌号码，其大门正对一条小河，名曰采菱河，大门上贴着对联"鸿庆家声远，燕诒世泽长"，典型的祠堂或者世家门联。祠堂旁边的民宅门开着，一位妇女在里面劳作，我上前打问这纪念馆里有些什么，可否进去看看，妇女说不清楚，找来一男子，该男子又说钥匙在谁谁手里，几经辗转，最后找来一位掌管钥匙的长者，开门让我进去，在此过程中，看热闹的村民渐渐围至七八人之多，大门打开后，他们一进去很自然就燃香叩拜，无论男女。整个祠堂面积不大，因为是就着两间民宅的外墙空地建起，固呈长方形，前一半为小院，两边墙上分别刻着孙觌纪念馆碑记与孙觌生平，

后一半加上屋顶成为祠堂，门楣上写着"燕诒堂"三字。里面正中为孙觌画像，像前供着香案，一个极简易的祠堂，因随之进来的后人叩拜而变得肃穆。祠堂里还挂着有关孙觌故事的绘画，孙氏宗亲祭祖的超大合影，以及孙氏谱系和孙觌年表，年表中宋高宗建炎四年（1130）为："复徽猷阁侍。收藏哲宗御制文集。相似今日之档案馆、图书馆类。"长者非常娴熟地向我讲解孙觌的生平，

孙觌墓文保牌

书魂寻踪

寻访藏书家之墓

40

并强调墙上的《滁州重建醉翁亭记》为孙觌所写。我请教他孙觌墓可在这附近，老人家马上说："我带你去"。我看老人家头发已经花白，实在不好意思让他在这样的大雨里带路，请他另换一人，可他一副舍我其谁的样子，不容置说上了车。后来我才知道，他们不仅建立了孙觌纪念馆，还成立了孙觌研究会，老人家正是孙觌研究会的研究员。

于是大家一起上车，由老人家指路，向孙觌墓驶去。孙觌墓位于姜家头村，距纪念馆约十分钟车程，靠近墓冢的村道上立有文物保护标牌，由此下车往田野里走，不远处有一片非常葱郁的树林，孙觌墓就在这树林中。由村道通往孙觌墓的小径非常窄小，虽然是专门为了孙觌墓而辟出，但因为鲜有人行，兼大雨滂沱，小径变得泥泞不堪，小路尽头为一小丘，丘上种满桃树，老人家打着伞走在前面，令我极担心，尤其是登上小丘的路连台阶都没有，需要攀着树往上登。登上去即见墓碑一块，上书"宋吏部尚书、户部尚书孙

宋吏部尚書
戶部尚書 孫覿公之墓

孙觌墓碑为宋代原碑

觌公之墓"，下署"乾道五年乙丑畅月　子琮珀璠立"。看到下款署"乾道五年"，我非常奇怪，这是南宋的年号，难道这块墓碑还是宋代的原碑吗？墓碑完好无损，如同新立。但是老人家说，这的确是宋代的原碑，我不由得又细细观瞧，从石质上看的确年代久远，然而因保存完好，未曾开裂，碑上的文字近期曾用黑漆重新描过，难怪乍看上去像是新立不久。

关于这块墓碑还曾有过一段故事。原孙觌墓高三丈，范围之广为现在的数倍，且自宋至清一直保存完好，直至 1958 年，墓碑被移去修建姜家码头，村民们建屋、修路、开辟菜园，都从这里取土，以至墓冢越来越小，仅剩眼前一个小丘。更离奇的是，由于孙觌墓素有好风水之说，所以有不少姜姓村民来"借风水"，将自家先人的墓冢建在孙觌墓之上，成为一座大墓上叠有数座小墓的奇观。1999年重修孙氏祠堂，有人说起孙觌墓碑当年被移去修建姜家码头，于是大家前往姜家码头寻找，果然寻得，而且完整无缺，未曾砸烂。然而事过境迁，孙觌墓所在位置早已划归姜家村管辖，其墓上所建的小墓亦多属姜姓，因而孙觌墓碑并未回到原冢，而是由孙氏后人捧原冢泥土至礼嘉西街桂香田公墓，另建衣冠冢，将墓碑立于衣冠冢前。至 2010 年，孙觌墓修复工程启动，经政府部门介入，几经协

孙觌墓修复规划图

商，姜家村终于答应合作，解决相关土地使用问题，孙觌原碑才回到原墓之上。然而批文上的工程启动是一回事，现实又是一回事，建于大墓之上的几座姜姓小坟始终不肯搬迁，孙姓也奈何不得，修复工程只好停在那里，以致三年过后，唯一的变化就是墓前多了一条小径通往村道而已。

拍完照片送老人家回纪念馆的路上，老人家给我讲述着相关历史与故事，并不停地感谢我，认为我是在为孙觌发扬光大，令我极难为情。为了哄老人家高兴，我也不停

孙觌墓近景

地说着孙觌的文采与功绩。老人家非常厚道，在讲述过程中很注意措词，对于两姓之间的僵持说得很隐讳，只说是姜家不肯迁，并未多敷笔墨，但是我知道，迁坟在农村一向是大事。回到驳岸边，正值午饭时间，送老人家下车后，刚才一起进入祠堂的村民们怎么也不让我离开，一定要留我吃餐便饭，更有村民直接站在车前，说这样的大雨来访孙觌，作为后人怎么也应该招待一下，我只好随着他们进去，看见桌上摆着一盆黄灿灿的大闸蟹，盛情难却啊。

郑樵墓

时值冬春之间，气温尚未回升，料峭风中，一束白色鲜花端端正正摆在郑樵墓前，忽然让我有些感动。

郑樵（1104-1162）字渔仲，号夹漈先生，又号溪西逸民，为宋代史学家兼目录学家，曾任右迪功郎、枢密院编修官。

郑樵墓位于福建省莆田市涵江区白沙镇白沙村尖尾峰山麓。郑樵（1104-1162）字渔仲，号夹漈先生，又号溪西逸民，为宋代史学家兼目录学家，曾任右迪功郎、枢密院编修官。郑家为当地的名门望族，数代为官，郑樵十五岁时父亲去世后，家道开始中落，他与胞弟、堂兄一起结庐于越王峰下南丰草堂，闭门读书，不久移至城北的夹漈山，筑屋三间，命名"夹漈草堂"，继续寒窗苦读。在他十五岁至四十五岁的三十年里，读书之余，广游名山大川，四处搜奇访古，每到一处，必访当地藏书之家，每至一家，又必借宿读尽方休，自称："欲读古人之书，欲通百家之学，欲讨六艺之文而为羽翼，如此一生则无遗恨。"

郑樵一生著述宏富，计有84种，1000余卷。遗憾的是这些著述大都散佚，流传至今的只有《通志》《六经奥论》《尔雅注》《夹漈

夹漈草堂外观

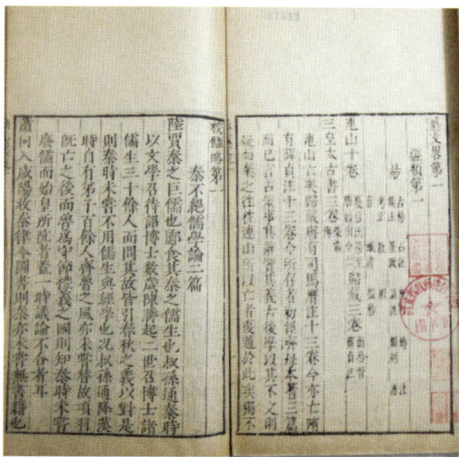

郑樵撰《艺文略》及《校雠略》明刻本

遗稿》和《诗辨妄》等数种。这些传世著述中，最能代表其成就的是《通志》。《通志》总计二百卷，是一部规模宏大的纪传体通史，内容包括帝纪十八卷，后妃传二卷，年谱四卷，世家三卷，略五十二卷，列传一百零六卷，载记八卷，四夷传七卷，全书网罗繁富，才辨纵横，后人将该书与唐代杜佑的《通典》、元代马端临的《文献通考》并称为"三通"。梁启超评价郑樵与《史通》时称："自有史学以来二千年间，得三人焉：在唐则刘知幾，其学说在《史通》；在宋则郑樵，其学说在《通志·总序》及《艺文略》《校雠略》《图谱略》；在清则章学诚，其学说在《文史通义》。"被梁启超列为"三人"之一的章学诚又有评价前辈之语："（郑樵）独取三千年来遗文故册，运以别识心裁，盖承通史家风，而自为经纬，成一家言者也。"

《通志》还是第一部设专门记载典籍的通史，首开通史"艺文志"先例，在此之前的《史记》《通典》和《资治通鉴》等史书均无专记典籍的部分，元代马端临《文献通考》中的《经籍考》就是仿其例而行。《通志》全书两百卷，全书精华尽在《校雠略》《艺文略》《图谱略》和《金石略》这四略。此四略中又以《校雠略》最为著称，它基本上概括了郑樵全部的目录学思想，并对后世产生了极深的影响。在此略中，郑樵提出对书籍进行详细分类，这是目录学史上第一次有人系统地阐述图书编目的理论、原则和方法。它提出记古今、记亡书，记卷数、存图谱等，还提出了八种图书收集方法，这一点更是前人极少涉及："求书之道有八：一曰即类以求，二曰旁类以求，三曰因地以求，四曰因家以求，五曰求之公，六曰求之私，七曰因人以求，八曰因代以求，当不一于所求也。"明代藏书家祁彪佳曾在郑樵的故里莆田任职，对于郑樵的观点极为推崇，特意将自己的藏书楼命名为"八求楼"。

《通志》现存最早版本为元大德福州路三山郡庠刻本，九行二十一字，双鱼尾，每页有刻工。国内自有古籍拍卖以来，拍场中曾经出现过数册元大德本《通志》，可惜皆为残册，整部的元刻元印本从未出现。国内公馆中藏有该书的也不少，但我看过的几部皆为递修本。寒斋书缘非厚，仅收得两册残本，可喜的是虽为残本，却是元刊元印，于今而言，也颇值得自矜。这两册书均非拍卖而来，一册得自天津古籍书店，当时标价一万块，因为我是老主顾，经理特批，给了七折，当时一口气买了数十部善本，此仅为其一。因是残册，其实并不喜欢，买下它只是觉得《通志》是名著，又是初版本，买个残本也算聊备一格吧。当时彭经理一边让员工替我打包，一边翻看我买的书，翻到此书时，听我有些犹豫，他回答说："虽然是元刻残册，但毕竟是初印本，比递修的邋遢本好多了，还是留下吧，也算难得。"我听了他的劝告，又见到书上钤有"鬻及借人为不孝"，于是把这本书留了下来，多年以后果真极少再见到该书的初印本。如今想起来，真该感谢他的善意，否则在今天书源几近枯竭的市场上，恐怕再也无缘得到这样的佳本。

寒斋藏的另外一册元刻《通志》残本也是初刻本，如今已想不起是何时得来，印象中2003年文化遗产书店开业时，我曾经买过几册宋元残本，很有可能就是那一次买来。该书以黄麻纸刷

郑樵撰《晋隐逸传》签条，元大德刻本

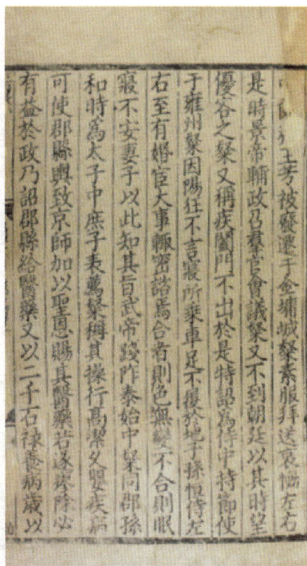

郑樵撰《晋隐逸传》内页

印，几百年过去，纸性依然有弹力，尤其对折握在手中时，手感极佳。买来时书上附有旧签条，我请人修书时，特意将旧签揭下，装裱在副页上。题签的许鹤年不知为何人，字体古香可爱，尤其下面钤的那方银铤状印章，我看了多遍，却不能释读，真是惭愧。让我觉得遗憾的是，虽然寒斋藏有两册元刊元印的《通志》，可都非《校雠略》。《通志》体量庞大，内容丰富，但我最看重的仍然是它对校雠和藏书方面的诸多发明，真盼望有一天能够再得到一册《通志》残本，恰好就是《校雠略》，我觉得只要有信心一直等下去，应该有金石为开的一天。

元本之后，该书的明刻本未见著录，今日得见的明刻本都是《通志》的节本《通志略》，《通志》全本还有清乾隆十二年（1747）武英殿校刻本、咸丰九年（1859）仿武英殿本、光绪二十二年（1896）

郑樵墓前的享堂

浙江书局本、光绪二十七年（1901）图书集成局本、学海堂本等。文化遗产书店开业前，该店的名称是中国书店第三门市部，业界简称"三门"。当时店内的格局与后来完全不同，仅在一楼进门处的西南角设有专卖线装古籍的地方，印象最深的是在入口处摆着一套带木匣的"十通"，其中的《通志》是乾隆殿版，整部书品相上乘，标价好像是十几万，以当时而言，这个价格略高于行市，并且"十通"中，其中"四通"我有同样的版本，感觉为了买一部

享堂内的郑樵石像

乾隆殿版的《通志》，而搭上一大堆自己已有的复本，似乎有所不值，于是打消了购买欲望。没想到此后十年，我再没有遇到全套的武英殿本《通志》，每念及此，都会后悔自己当时不买复本的成见。

郑樵去世后，其墓葬在莆田县南崇仁里越王山下，时人极为痛惜，清代《兴化县志》载："太学生三百人为文以祭，归正之人感先生德，莫不惜哭之。"不久丞相陈俊卿又将墓迁于白沙灵源寺，直至现在。前往寻访郑樵墓时，我心存疑惑，这么久远的宋墓，真的还在吗？从莆田前往白沙镇时，出租车司机一直在抱怨道路如何难走，但在我看来，这条路已经比我曾经走过的许多高山峻岭要好得太多。不到一小时我们就来到了白沙镇白沙村，下车打问，许多村民都不知道郑樵墓所在，有人指了远处的一位老人家说，去问他，他肯定知道。正说着话，这位老人家就慢慢地走过来了，我上前向他请教，果然老人家了然于胸，详细地告诉司机应该如何走，在哪里转弯，司机说记不住这么多，不如请老人家带路，并表示愿意付十元钱的带路费。老人家笑了笑，没回答他，转而对我说，请等一等，他

郑樵墓

要先去把家门锁了再带路。然后只见他走到沿街的一排门脸房，一间一间上锁，总共五间，这让我和司机目瞪口呆，没想到老人家这么有钱。见到我们一脸的诧异，老人家又笑了，说："房子太多，大部分都出租了，剩下这几套房，留着自己活动活动身骨。"

前往郑樵墓的路上沿途没有任何标记，如果没有人带路，的确很难找到。到一座山下，我让司机陪着老人家在山下等我，打算独自上山，老人家坚持说自己上得动，边说边往上走，司机马上过去扶他，他摆着手说："不用不用，我才八十岁，没问题。"沿着山坡往上走，几十个台阶之后，眼前出现一间类似乡村祠堂的建筑，老人家说这是村里的家庙，但是村里已经没有郑姓后人了。过了家庙继续上行，不远处即看见郑樵墓的文保牌，牌后刻有："乾道间，迁葬于此，墓于清嘉庆丁丑重修。"文保牌后又是一座小庙状的建筑，

敞开式的中厅，中间供着一个真人大小的古装石像，走近看，基座上写着"郑樵石像"，下面刻着捐赠人，为南湖郑氏委员会会长，时间是 2007 年。我明白这应该就是享堂，享堂内外柱子上刻有两副对联，从措词看，应是今人所撰，其中一副是"史书自作风格老，通志长留天地间"。两边墙上悬挂着与郑樵相关的一些简介，正中间的梁上悬挂着一条缀有五彩流苏的"金玉满堂"横额。奇怪的是，石像前的香炉吊在半空中，比我还要高，这种烧香方式还是第一次见到，不知其中是否有着什么寓意。

从祠堂转出来，郑樵墓就在后面的山坡上，墓庐保护得非常完整，虽然有些地方能看出是经过近代的修整，但基本上仍然是清代嘉庆间重修的原状。整个郑墓呈"风"字形，墓在正中间，两

郑樵墓碑刻

边有台阶，墓碑在墓冢后壁正中："宋枢密院编修夹漈郑先生之墓"，墓冢两旁的墙裙尽处，檐头以石条雕成龙形，这也让我有些不解，无论是宋代还是清朝，民间墓冢饰以龙形，似乎都有些不妥。时值冬春之间，气温尚未回升，料峭风中，一束白色鲜花端端正正摆在郑樵墓前，忽然让我有些感动。从白沙村一路过来，除了我和老人家，一个行人都没有遇见，可知此地之僻静。但如此僻静之地，仍然有人专程前往，足以见前贤感召的力量。

拍照完毕之后，我请司机将老人家送回到刚才上车的地方。因为刚才见老人家一连锁了五间门面房，我都不好意思再提带路费，司机一咬牙把带路费加了一倍，拿出 20 元钱要递给老人家。我赶紧将他的手按住，掏出 200 元钱递给老人家，说不好意思让您辛苦一趟，如果不是您带路，我还不知要费多少周折。老人家又是淡淡地一笑，说："我不要钱。那么多钱有什么用啊，我还要谢谢你俩，陪我上山散步呢。"我只好讪讪地把钱收回来，连声道谢，觉得这位老人家真像一位隐士，对了，芷兰斋藏的两册《通志》残册中，其中一册就是《晋隐逸传》。

王应麟墓

在空无一人的墓园中行久了，忍不住就会感慨，一切生者的努力最后都会变成虚无，古人云『终究一个土馒头』，而现在的种种殡葬规定，恐怕即便只是想要一个土馒头，也是奢望。

王应麟（1223-1296）字伯厚，号深宁居士，南宋学者，文献学家与目录学家，淳祐元年（1241）进士，历官三朝。

　　王应麟墓位于浙江省宁波市鄞州区五乡镇同岙村，目前尚能看见一部分神道及石刻，墓冢依稀可辨，墓碑无存。王应麟（1223-1296）字伯厚，号深宁居士，南宋学者，文献学家与目录学家，淳祐元年（1241）进士，宝祐四年（1256）中博学宏词科，历官三朝，位至礼部尚书兼给事中，宋亡后闭门撰书，著述极富，有《困学纪闻》《小学绀珠》《通鉴地理考及通释》《玉堂类稿》及《掖垣类稿》等等。其中对于后世影响最广者为《三字经》，自撰后至今七百多年里，可谓家喻户晓，人人口皆能诵，于文献、目录学而言，影响最大者则是《玉海·艺文》，以及《汉书艺文志考证》。

　　王应麟自幼聪敏好学，九岁通六经，十余岁即无书不欢，将里中藏书尽阅一过，十七岁时，有人因事感谢其父，年终送来礼物，父坚拒之，只求一封介绍信，以便向二十多户藏书极富的家族借阅藏书，好供王应麟阅读。根据年谱记载，淳祐元年王应麟初登进士时，发愤要考取博学宏词科，于是常向秘阁借阅典籍，每次进入秘阁时，都会将一个小册子藏在袖中，遇到有用的文字就抄录下来，再藏在袖中带出秘阁。功夫不负有心人，王应麟终于在十五年后考取了博学宏词科，嗣后长期在秘书监里担任整理典籍之职，咸淳七年（1271）升为秘书监中书舍人，主管南宋皇家典籍、著作之事。

　　长期大量的阅读及笔记，成为王应麟日后编撰《玉海》的基础。在当时，能够考上博学宏词科极不容易，必须是学识广博的"通儒"。《玉海》后来成为当时有心考取博学宏词科的学子们必备的应试参考书，书中辑录了诗词文粹、历代故事、典章制度、诸子百家等，以便于学子们分门别类地查找资料和学习。王应麟将该书按主题分为二十一部，其中专门设了"艺文"部来系统记录书目，成为

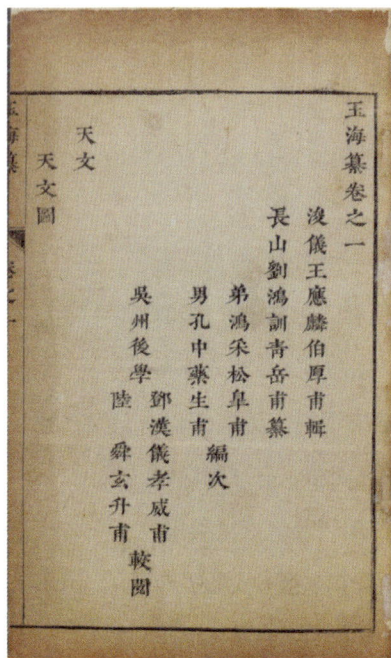

《玉海纂》卷首页，清顺治四年（1647）刻本

类书中收录书目的第一人。艺文部之下又设有四十四个大类，基本上按经、史、子、集四部排列，每类之下，以图书目录为主，以与书目相关的文献资料为辅，并且有着明显的按主题编目性质，这一点与此前的目录编撰极为不同。王重民先生曾经评价这种著录方式说："在《玉海·艺文》的图书著录上，就走向了主题目录的组织形式，给我国编制目录的方法，开辟了一个新的方向。"

另一部代表王应麟目录学成就的著述是《汉书艺文志考证》，该书类目与《汉书·艺文志》相对应，旁征博引，对应考证之语句，著录古书并加以详细注记，又在各类中补入应补古书，一共考证古书 380 余种，对研究《汉书·艺文志》极具参考价值。

王应麟享年七十四岁，去世之前自知将不久于人世，提前为自己写好墓志铭《浚仪遗民自志》："学古而迂，志壹而愚。其仕其止，如偃如图。不足称于遗老，庶几乎守隅从先人，战兢免夫！"三个月后，家人将其葬于同岙村的祖坟中。为了守护先人坟茔，王氏后人在墓边盖起了一座家庙，元末至正二十年（1360），王氏后人将家庙赠给本真和尚，因为庙中曾有一尊铁佛，故改称铁佛寺。

壬辰年春前往宁波访王应麟遗迹，除了其墓葬之外，还访到了其出生地念书巷。念书巷位于海曙区县学街，巷名即得自王应麟曾在此读书。昔年的小巷如今已是住宅小区，但楼房外墙上地名牌仍然是"念书巷"三字，两栋小楼之间的空地上立着一块褐色的不规则石碑，上面以篆书大字刻"宋硕儒王应麟故里碑"，复以小字楷书刻王应麟简介，看落款为 2005 年所立，与其最近的一栋居民楼为念书巷 8-10 号。念书巷是当天寻访的第一个地点，上车后出租

念书巷的王应麟故居遗址

车司机看完我要寻访的名录，问我第一个去访谁，这人是干什么的，我脑子里马上想起《玉海》和《汉书艺文志考证》，但随即明白过来很难将目录之事与司机说清楚，转而对他说，要访的这个人就是《三字经》的作者。司机听完后很兴奋，说家里的孩子们正在背《三字经》，没想到居然还是本地人写的，然后不断念叨着这个名字，说晚上回去后要告诉孩子们，这位古代的大作家就是他们宁波人。

访完另外几位前贤后，从 329 省道西行 30 余公里来到同岙村。同岙村后面是一片山区，沿山路上行，看见十几座山头全是墓园，成千上万的墓冢漫山遍野，让人感觉极为压抑，因为很少见到如此大规模的墓园。找到王应麟墓之前，我先找到了铁佛寺，向寺中方丈请教王应麟墓的走法，方丈极为耐心地告诉司机如何走，过了铁佛寺后沿左边的土路上行，过小桥，眼前所见仍然是一片片的墓地，最后终于在其中一个墓园的后面找到了王应麟墓道的文物保护标牌，上面写着"王应麟墓道"，标牌背后刻着简介，关于其著述仅提到了《三字经》，称该书被联合国教科文组织定为世界性启蒙

王应麟墓道

教材。《三字经》应该算是王应麟所有著述中最浅显的"小儿科"著作，原本只是为自家儿孙课书而写的启蒙读物，没想到这最浅显读物却成了世界性名著，而《玉海》及《汉书艺文志考证》等学术著作却只字未提，看来目录之学的确是微而甚微的边缘学问，长年醉心于此的目录学界人士，其书斋寂寞可想而知。

王应麟墓道文保牌

文保牌上仅写着"王应麟墓道"，而不是"王应麟墓"，是因为其墓葬如今只能辨出大概方位，并无清晰的墓冢和墓碑，墓道尽头为一小片耕地，点种的麦苗已经返青，麦苗后的山坡上为一片丛林。如今的墓道虽然残缺不全，但仍然能看出当年的气势，正中间的赑屃只剩下半个，背上的石碑早已不见踪影，整条墓道由南向北依次立着两排残损的望柱、石羊、石虎、石马和石像生。王应麟墓道没有道路直接通向外面，下车后需步行穿过大片的墓园才可到达。在空无一人的墓园中行久了，忍不住就会感慨，一切生者的努力最后都会变成虚无，古人云"终究一个土馒头"，而限于现在的种种殡葬规定，即便只是想要一个土馒头，恐怕也是奢望。

这条墓道发现的时间并不太久。1996年为王应麟逝世七百周年，当地政府为此举行纪念活动，并寻找王应麟墓。根据《鄞县志》记载"墓在县东45里同岙"，以及《王深宁先生年谱》所载，王应麟嘱咐其子葬于"阳堂乡同岙之源"，确定其墓葬的大概方位是同岙谷地的西山，又有人说曾在水库边密林深处见过石人石马。这

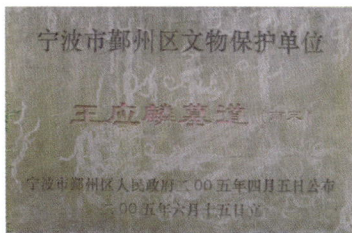

《三字经》墙

个水库为早年所建，周围漫山遍野都是荆棘，无路可通，后来村长带领几位农民手持柴刀开路寻找，终于在龙舌山下朝南的荒藤野竹中找到这些石刻，后来又根据石刻的风格及规制，确定此为王应麟墓道。墓道虽然被发现，并立了文保牌，却看不出有什么特别的保护措施。宁波郊区有个南宋石刻公园，里面不仅收集着许多古代石刻，还有一面新做的仿古墙，正中间刻着王应麟坐姿像，两侧墙上刻着《三字经》全文。令我不解的是当地政府为什么放着真正的墓冢不去修复和宣传，却要在此建一个假的古董供大家凭吊呢？

心祭王应麟之后，我回到铁佛寺。方丈很客气，带着我在寺内四处观看，两座大殿正在翻建，方丈解释说因为漏雨，所以顶子需要翻盖。我向他说起王应麟，他笑着说："对，这里以前是他的家庙。"再问如今还有与当年相关的遗迹吗？方丈非常肯定地说："没有了，一切都是新的。那个铁佛也没有了，大炼钢铁的时候毁了。"我的失望神情被方丈看在眼里，他马上体贴地安慰我："还有一口井，是元代的。你要不要看一下？"由于寺庙正在翻建，我是沿着运送建材的临时通道直接进入寺庙，并没有看见山门以及"铁佛寺"三个字，问起方丈怎么不见山门？我想拍张照片留作资料。方丈马上叫人去开山门。原来山门前的路尚未修好，故暂未开放。管钥匙的僧人正在吃饭，听到招唤放下碗就跑来开门，一脸的虔诚和热情让人极为感动。

　　日暮降临，一天的行程结束，这一天的行程由王应麟故里开始，至其墓道与家庙结束，算是一个圆满的句号。返回市区的路上，我告诉司机次日要乘动车前往温州，正是去年动车相撞的那一趟车次，希望能够平平安安，一路上访过的这些前贤们多多关照。司机说他家就住在高铁线旁边，撞车前每隔十几分钟就有一辆动车经过，撞车之后的三四天里一辆也没有了，后来再经过的动车速度就降下来了，他说："你今天去了寺里，这么虔诚，佛祖一定会保保佑你的！"

铁佛寺山门

解缙墓

气象局进门处的宣传牌上，也着重宣传了解缙与杨万里，然而关于二人的宣传要点却是刚正不阿与为官清廉，尤其对于解缙的介绍，基本上都是讲他如何做官，也许这才是时代对于解缙的理解吧，我对解缙的着眼点显然过时了。

解缙（1369-1415）字缙绅、号春雨、喜易，明初文儒，祖朱元璋所器重，官至内阁首辅，素有「明朝第一才子」之称。被明太

解缙墓位于江西省吉水县龙华中大道气象局院内。吉水县城小巧娴静，一幅淡泊宁静、与世无争的样子。自己久居雾霾之都，终日为俗事所累，这几年每隔一阵外出寻访，能够让我从俗务中脱出身来，也算是给自己的一个奖励。

解缙（1369-1415）字缙绅，号春雨、喜易，明初文儒，六七岁就能即席吟诗，十二岁读完四书五经，十九岁中进士，被明太祖朱元璋所器重，后因敢言抗旨一度被黜，至建文年间又重新起用，官至内阁首辅，素有"明朝第一才子"之称。一直以来，解缙给人的印象就是"机智"，民间流传着许多解缙巧对对联的故事，比如曾被毛泽东引用过的"墙上芦苇，头重脚轻根底浅；山间竹笋，嘴尖皮厚腹中空"等等，作为藏书家及文献家的解缙，却极少有人提及，而被誉为迄今为止世界上最大的百科全书《永乐大典》，其总纂正是解缙。

解缙墓所在的气象局内景

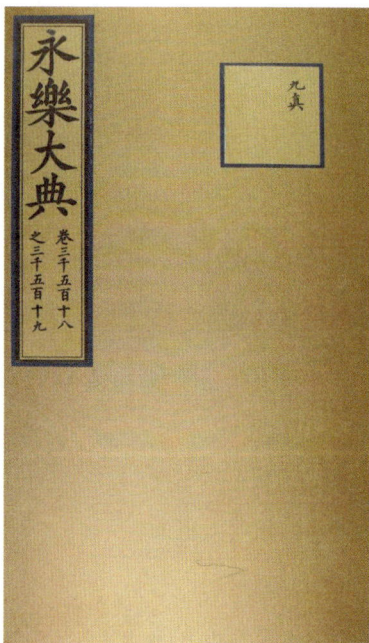

《永乐大典》封面

《永乐大典》总共有 22877 卷，11095 册，约 3 亿 7 千万字。该书以洪武正韵为纲，仿宋代《韵府群玉》和《回溪史韵》体例，以"用韵以统字，用字以系事"的方式，按韵分别单字，在每个字下注以音义及各韵书的反切与解说，又用颜真卿《韵海镜源》的方式，标明每个字的篆、隶、楷、草等字体，之后又分类汇辑各书中与此字相关的天文、地理、人事、名物、诗词典故，乃至奇闻佚事等所有记载。其重要价值在于，它所辑录的书籍一字不差、毫无删改，全部按照原著整部、整篇或者整段

的分类编入，因此虽然许多篇章被打散分入各条目下，但仍然完整地保留了许多宋、元以前的秘册佚文。两百多年后的清朝乾隆年间，朱筠提出从《永乐大典》中采辑佚书，朝廷遂开四库馆，开始编撰《四库全书》，直接开启了乾嘉学派的兴盛。

《永乐大典》开编于永乐元年（1403），明成祖朱棣特命解缙为总纂，于是解缙召集了 147 位读书人，分头编纂，次年底书成进呈，朱棣看过后，赐名《文献大成》，但同时认为该书不够完备，下令重新修编，并增派了姚广孝、郑赐、刘季等人协同编纂。第二次修编耗时四年，共有两千多人参与此事，书成后，因编于永乐年间，改赐名《永乐大典》。修撰期间，解缙等人最早采用的是皇家图书馆文渊阁中所藏的书籍，有一天朱棣问起文渊阁中经史子集是否全备，解缙回答说：经史粗备，子集尚多阙。于是朱棣下令各地寻访遗书，又派遣苏叔敬等官员分赴各地采购图籍，在极短时间内集中经、史、子、集、释藏、道经和北剧、南戏、平话等各类古今图书近八千种，这些书最后都汇集到解缙所在的文渊阁，帮助他完成了这部巨著。可惜的是，这部巨著因

为卷帙太过浩繁，并未刊刻行世，除正本之外，仅抄录了一部副本，正本收藏于文渊阁内，明末毁于战火；副本藏于皇史宬，清朝雍正年间移到翰林院收藏，但因保管不善，屡遭偷窃和虫蛀，到了晚清，又被八国联军纵火烧毁一部分，以至于当年的一万多册，如今仅存不足五百册。除了《永乐大典》，解缙还修订过《元史》《宋书》，主编过《古今烈女传》等等。

前往解缙墓之前，我刚刚寻访了杨万里墓，两座墓地相距大约17公里。解缙墓最早位于吉水县城北，明嘉靖四十年（1561），知县因为旁边的河岸坍塌，危及墓冢，将解缙墓迁葬到了县城东门外，也就是今天的气象局内。因为吉水县城极小，故未费周折就找到了气象局，一进入气象局院中，立即看见解缙墓，就在气象观测台的旁边，形似一个四四方方的小花坛，周围砌起石头台阶，台阶下立着文物保护标牌，显示此墓为省级文物保护单位，颁布时间为1987年。台阶上就是解缙墓，四周长满青草，却又看得出有人经常打理，前面还种着几棵修剪得圆滚滚的小灌木，后面种着一排小松树。整座墓冢并不大，包括台阶在内大约几十平方米。其墓碑正中间写着"解文毅公之墓"，上题"明

解缙书法

67

解缙墓文保牌

右春坊大学士"，两侧的对联是"太平十策纾民恛，永乐大典惠斯文"，从书法及墓冢材质来看，墓冢应当是近二十来年重新修过。撰此联者显然深知解缙之历史价值，特意提到了《永乐大典》。气象局进门处的宣传牌上，也着重宣传了解缙与杨万里，然而关于二人的宣传要点却是刚正不阿与为官清廉，尤其对于解缙的介绍，基本上都是讲他如何做官，也许这才是时代对于解缙的理解吧。

可能是因为周边环境为政府单位，生活气息极浓的原因，解缙墓毫无墓葬常有的阴森冷冽之感，反而因为周围的人来人往显出一种宁静，如果说起吉水县的人文，那么解缙墓可以算一个极美好的代表。这又让我想起了扬州的汪中墓，几年前扬州某小区开发，汪中墓正好处于建设工地中间，一度面临着被平掉的危险，书友韦明铧等人奔走呼吁，希望能够保留作为扬州学派代表人物的汪中之墓。壬辰年我曾专程前往寻访汪中墓，当时墓冢被围在一个巨大的楼盘工地中间，我翻墙进去，见到墓冢周围长满一人高的荒草，周边杂树丛生，可以直接用来拍摄《聊斋》外景。但是虽然荒凉，墓冢被围起来，显然是不打算平掉了。我仍然为韦明铧兄等人的呼吁而感动。如今小区已经入住，汪中墓作为小区的人文景观，将被永

久保存下去。

在许多人看来，墓冢是一种不吉利的存在，日常生活中最好避而远之，但是如果处理得好，墓冢也可以作为人文景观，为城市增强文化氛围。城市的拆迁与改造的过程中，太多的古代人文景观被破坏，而解缙墓与汪中墓的存在，正好为我们提供一个解决的思路。

解缙墓

李开先墓

虽然显得有些不伦不类，但后人对祖先的敬仰与恭敬，

却凝聚在每一块或新或旧的石刻当中。

李开先（1501－1568）字伯华，号中麓，官至大常寺少卿，与唐顺之、王慎中、陈束等并称「嘉靖八才子」。晚明时期，章丘李开先与南京焦竑并称「北李南焦」。

李开先墓位于山东省章丘市埠村镇东鹅庄村的济王公路旁边。李开先（1501-1568）字伯华，号中麓，官至太常寺少卿，与唐顺之、王慎中、陈束等并称"嘉靖八才子"。晚明时期的藏书家中，章丘李开先与南京焦竑并称"北李南焦"，其藏书之富可以想见。与其同时代的友人诗文集中，常常可见描述其藏书的文章，唐顺之《中麓文选藏书歌》有云："汗牛讵止盈五车，插架应知满万轴。开函几席生云烟，五色纷纷耀人目。"他自己的文集中与藏书相关的诗句更是随处可见，最具代表性的有："新葛落机裁野服，古书插架列山庭。闲居有幸同刘向，昼读遗书夜看星。"

李开先一生有三大喜好：戏曲、藏书和交友，因之词曲话本成为李开先藏书之一大特色，有"词山曲海"之号。此号的来源还有一段小掌故，李开先喜好词曲，其中又尤喜元代散曲家张可久的瘤劲出俗，认为"乐府之有乔、张，犹诗家之有李、杜"，亦曾为张可

李开先纪念馆

久辑刻《张小山小令》。在该书后序中，李开先描述搜集张可久作品过程之艰："既登仕籍，书可广求矣，然惟词书难遇，以去元朝将二百年，抄本刻本多散亡……今宜词曲少，而小山者更少也……可惜类词有小山一卷，廖洞野取去，坚不复出，而普集元词，在邹平崔临溪者，小山词独有一本，以负累遁逃，不知所之。今所编次，虽成上下二本，每样曲终，镂板不剔空，以待博学君子，词山曲海，不惜寄示，必有以增其所未高，而浚其所未深云。"这是"词山曲海"的首次出现，后来始作为藏书楼的堂号使用。

李开先最有名气的藏书楼并非词山曲海，而是专门收藏经学时务类图籍的万卷楼，其曾自撰《藏书万卷楼记》，略述书楼得名之旨："藏书不啻万卷，止以万卷名楼，以四库胪类不尽，乃仿刘氏《七略》分而藏之。楼独藏经学时务，总之不下万卷。余置别所，凡五书。文明、火象也。又天地精华，多则为祟。古之善藏者每分之，庶不灾于火。吾楼书不过万以此。名山大川，其藏所也，奚必予楼？《诗》三百，蔽于'思无邪'三字，半部《论语》，犹歉于节用爱人，有一言而终身行之者，又奚必万卷？而况不啻万卷也哉！既记之，而复继以诗，以见吾志。诗云：古有楚史，邈焉寡俦。《三坟》《五典》，《八索》《九丘》。有问即知，随其所投。藏书之富，更有邬侯。堆床插架，充栋汗牛。诸子百家，六经赘疣。多歧亡羊，是则可忧。辩也如赐，艺也如求。科列文学，子夏子游。两端四教，无言更优。吾欲从之，不得其由。藏书万卷，聊以名楼。"李开先去世后，万卷楼所藏部分归于朱睦㮮，剩下的被徐乾学、毛扆等陆续收得。

时隔400多年，万卷楼早已不复存在，仅有其墓尚可寻迹。是日一早前往章丘埠村镇，李开先墓与纪念馆就在济王公路旁边，非常好找。纪念馆乍看上去颇似庙宇，有着很浓的民俗色彩，后来始知此馆并非政府所建，而是李氏后人筹建，所以没有"官家气质"。纪念馆内仅有三个开间，前后贯通，穿过此馆即李氏家族墓，馆内悬挂着李开先画像，以及李开先和两位夫人的墓志与墓盖，如此完

整，十分难得，李开先的墓盖上刻着："明中宪大夫翰林院提督四夷
馆太常寺少卿李公墓志铭"，又有刻着"生封死葬"四字的大条石，
一位在此看守的老者介绍称，这块大石是原来墓地上的旧有之物。
老者自称是李开先纪念馆的馆长，问我来自哪里，我告诉他自北京
来，又请教他是否是李氏后人，原来他是李开先的第十六世后人，
名叫李庆启，但从族谱上讲，他是李氏第三十一世传人，李开先是
第十五世传人。李先生仔细向我介绍了关于纪念馆与墓葬的一些事
情后，带着我向纪念馆后面的墓园走去。

　　事实上，墓园应该是在纪念馆的前面，我从公路上进来的那一
面应该是背面，其正门开在东方，但是大门紧闭，似乎未曾开放，
而我进来的西门实则是后门。从正门往纪念馆方向看，正中间较小
的为李开先墓，其左侧稍后一座较大的是李开先父母墓，两座墓都
有碑亭，再往后还有一个非常不起眼的小墓，没有碑亭，李先生解
释称，那是李开先祖父的墓，因为没有官职，所以修得比较小。整
个墓园给人的感觉非常新，似乎一切刚落成不久，连树苗都是刚刚

李开先墓文保牌

李开先墓志及墓盖

种下去的样子。令人奇怪的是李开先与父母墓前的两条神道，宽约一米余，长约 20 余米，每隔不到一米做成一个石框架，整齐的一排，远远望去像是新修公园里的葡萄架，然而架子的高度又极矮，感觉不到两米，以我的身高，走在里面很容易碰头，大概他们理解的神道就是这个样子吧。

据李先生介绍，李开先的墓碑是新刻的，其父母的墓碑则是原碑，我很意外，如此完整，是怎么避过"文革"的呢？他很自然地说："我们保护起来的，整个村子都是姓李的嘛。"我继续问他那为什么李开先的墓碑没有被保护起来呢？他回答说李开先的墓碑不是"文革"时期破坏的，是李自成时期就破坏了，后来一直没有立，又指了李开先墓旁边的两块高碑说，这两块碑上的文字是他修族谱时，从族谱上找到的，去年请人新刻好："每块一万块，刻两块碑花了两万块钱。"新碑下还堆着一块巨大的碎石和一个完整的碑额，据说是旧墓上遗留下来的。李先生特意带我去正门口看一对石刻的对联："漫漫长夜何时旦，瑟瑟高松不记年"，说来这里参观的人都喜欢拍它，又指了最前面的一块文物保护标牌说："你看这上面写的是'济南市革命委员会'，现在都没有'革委会'这个名字了。"

看完墓园回到纪念馆里，我向他请教李开先的藏书及万卷楼的事，现在是否还能找到遗迹，他说万卷楼早就没有了，如果要找遗址，应该在现在的章丘市老政府附近。又指了挂在墙上的几幅转拍过来的老照片，说这里有一些关于他藏书的资料。我一看，其中一幅是河边风景，下配图说："李开先罢官回乡后一直居于章丘城西南隅故居，建孝廉堂，起藏书楼。"还有一幅是一间旧居，下配图说："当年李家亭的旧居曾是李开先著书编词的场所，他在门前撰联'书藏古刻三千卷，歌擅新声四十人'"。李先生说，这副对联至今还在，但是不在这纪念馆里，被别人收藏着。他看我对李开先的确有兴趣，取出一册介绍李开先的小书问我买不买，12元钱一本，我付了钱之后略翻了一翻，主要讲其生平及著述，关于藏书之事，只字未提。他向我解释："这不是我自己卖的，是要向他们报数的，每一本都是有数的。要是我自己的就送给你了。"后来我才知道，李先生在来这里任馆长之前，是东鹅庄的书记，整个纪念馆都是他任书记时，一点一点修建起来的，知道这一点后我再去看整个墓与馆，虽然显得有些不伦不类，但后人对祖先的敬仰与恭敬，却凝聚在每一块或新或旧的石刻当中。

李开先墓前碑亭

范钦墓

爱书的人不止我一个，怀念范钦并且付诸行动的，也不止我一个。

范钦（1506—1585）字尧卿，号东明，明嘉靖十一年（1532）进士，累官至兵部右侍郎。浙东藏书家以天一阁为第一。

范钦墓位于浙江省宁波市鄞州区姜山镇茅山村，目前保存完好。范钦是中国最负盛名的藏书楼天一阁的创始人，天一阁屹立东南四百多年，是中国藏书史上不可超越的神话，连乾隆皇帝修建藏书阁，都要下旨仿范氏天一阁之制，建内廷文渊、文津、文源、文溯和江浙文汇、文澜、文宗七阁。而我一生最大的梦想之一，就是也能够像范钦一样建起一座能够流传久远的藏书楼。

范钦（1506-1585）字尧卿，号东明，明嘉靖十一年（1532）进士，累官至兵部右侍郎，《乾隆鄞县志》载其"性喜藏书，起天一阁，购海内异本列为四部，尤善收说经诸书及先辈诗文集未传世者，浙东藏书家以天一阁为第一"。天一阁是范钦退归林下后所建，大约落成于嘉靖四十五年，初名十洲阁，后来才改成天一阁。据全祖望记载，范钦在收集碑版时，忽然得到吴道士龙虎山天一池石刻，为元代揭侯斯所书，因石刻中有"天一池"三个大字，范钦看中其"天

天一阁

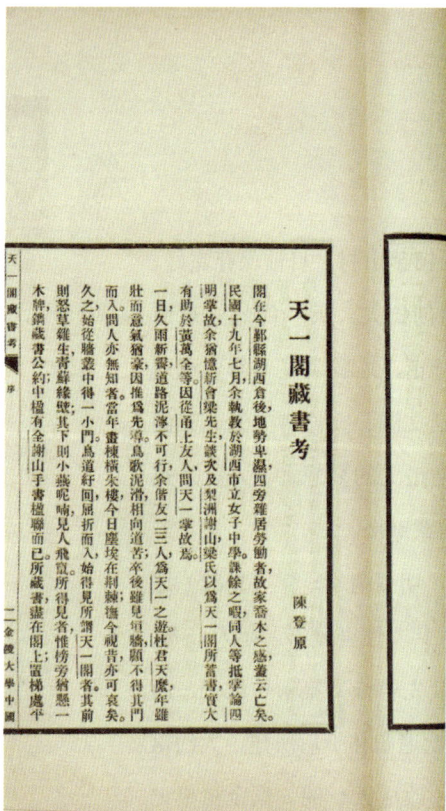

天一閣藏書考

陳登原

《天一阁藏书考》民国金陵大学排印本

一生水",水能克火护书的含义,因此移来作为藏书楼的名字。天一阁中的藏书以明本为多,尤其多明代地方志,比《明史·艺文志》中著录的还要多,到了民国年间,虽然历经战乱及各种掠劫,仍然存有 240 种之多,而且其中大部分为孤本。

天一阁能够保存至今,得益于其完善的管理制度,据阮元《天一阁书目序》记载,天一阁规定不许持烟火者入楼,钥匙由各房分管,有人登楼看书,必须各房子孙到齐才能开锁,又严禁藏书下阁,凡有犯规者,罚不与祭等等。然而这些规矩并非范钦生前就已经定下,而是其长子范大冲所定。明代的另一位藏书家祁承爜曾说过"藏书第一在好儿孙,第二在好屋宇",范大冲便是可以延续藏书的"好儿孙"。全祖望《天一阁藏书记》记载:"吾闻侍郎二子,方析产时,以为书不可分,乃别出万金,欲书者受书,否则受金。其次子欣然受金而去,今金已尽而书尚存,其优劣何如也!"范钦析产不久后去世,范大冲在范钦去世后两年编定《天一阁书目》,在跋语中追忆父亲一生访书、抄书、藏书的经过:"生平孜孜,惟书籍是嗜,远购近集,旦录夕抄,积之岁月,仅盈箧笥。乃勉构天一阁以贮之,惧遗逸也,其用心良苦且久矣。"为了让天一阁藏书能够世代传下去,范大冲谨遵父亲"书不可分"的遗愿,不再将天一阁传给某个后人所有,而是定下规矩,将天一阁改为家族共同管理,定下"代不分书,书不出阁"的族规,正是这些族规,才使得天一阁藏书保存了四百多年而不致散佚。

这次来到宁波，我也极想找到范大冲的墓葬，可惜关于他的资料极少，也许是范钦的名气实在太大，所以人们往往忽视了范大冲的存在，我仅在《范氏支谱》中查到一句"卜葬于鄞西四十七都五图唐范山之阳"，然而这个地址究竟是今天的什么地方，已无由问知。范钦去世于万历十三年（1585）九月二十八日申时，与夫人袁氏合葬于姜山镇茅山，坐北向南，民间称之为五台坟，因为昔日的墓前有五个平台，递次升高，每级平台两侧皆立有石兽、翁仲与石凳、栏杆等。上世纪40年代，因传说范钦墓中陪葬品价值连城，引来盗墓贼，墓中陪葬品悉为盗者洗劫而去。"文革"期间，墓外建筑亦遭毁坏，石兽、翁仲等全部被砸，如今再去茅山，只能看见1995年修复过后的范钦墓。

茅山并不高，不足百米，因为周围都是一马平川，故颇为显眼，前往茅山村途中，隔着好几公里就看见一座孤零零的小山，司机告诉我那就是茅山。进入茅山村后，我向村民们打听范钦，奇怪的是很多人都不知道，后来想明白，也许我遇到的都是外地来的打工者，他们或许更加关心哪位明星，而不是一位死去400多年的藏书家。

范钦墓远景

范钦墓

無人可問，而茅山就在眼前，范欽就在不遠處，於是我又用上了最笨的辦法，請司機圍着茅山轉圈，看看哪裏有上山的路，途中又不斷向路人打聽，終於有人回應說，知道山上有個大墓，但到底是誰的墓就不清楚。我想起前一天曾請教周慧惠女史關於范欽墓的具體位置，她告訴我說茅山上只有一座墓，就是范欽墓，那麼只要找到路人所說的"大墓"，就一定能找到范欽。

終於找到一條可以往山裏面開的小路，出租車無法前行後，我下車步行上山，遠遠看見半腰中有一個水泥砌起的平台，雖然看不清平台上面究竟是什麼，但心想這種地方出現這樣的建築物，一定是范欽墓無疑！意外地是，在這種偏僻地方居然一連遇到了好幾個人，他們告訴我前面那間工廠圍牆邊上有條路，可以通到大墓前，但墓是誰的，他們也不知道，只說"好像很有名吧，是個帶兵打仗的"。工廠不知生產什麼，污染極大，排出來的黑色污物層層疊疊，像棉絮一樣將附近的植被全部覆蓋，看上去極为阴森，几乎可以用作拍摄鬼片的现场。从污染区中的小路上去，果然就是范钦墓。

范钦墓是典型的浙江墓葬形式，墓碑是横向嵌在墓冢的正前方，上面写着"明兵部右侍郎范钦墓"，其中"范"字无色，余者皆为黑色，乍看上去，似乎是漏掉了一个字。这时我的寻访之旅刚开始不久，对于各地的墓葬形式尚未熟悉，初次见到这种墓葬形式，颇为奇怪，因为一向所见都是圆形墓冢前竖着立一块墓碑，碑上写着墓主的全称。后来始知这是当地风俗，每到清明，孝子贤孙扫墓时都会拎上一罐红漆和一罐黑漆，红漆用来描姓氏，黑漆用来描其他的字，如今清明尚未到，经历了一年的风吹日晒，去年描的红色早已褪去，所以眼前的"范"字呈现出石头本身的颜色。

墓碑的右边立着一块石牌，上面刻着一段文字："尔负尔躯，尔率尔趋；肮脏宦海，隐约里闾。将为龁龁之厉？抑为嬛嬛之愚乎？古称身不满七尺而气夺万夫，陆沉人代而名与天壤俱，盖有志焉而未之获图也。吁！"这段话出自范钦《自赞》，撰于万历十三年，范钦写完这篇《自赞》不久便去世了，这篇赞极有可能就是他生前最后一篇文字。晚年的范钦并不愉快，虽然家有亭台楼阁兼藏书万卷，友朋往来唱和频繁，并不寂寞，但家中亲人却接二连三的去世，先是弟弟去世，然后是夫人，接着是长孙，而这个长孙又是当时范家唯一的男孙，长孙的夭折，对于范钦来说近似于绝后，再然后是他最为看重的二女婿。连番噩耗传来，范钦长叹福薄，跪在列祖列宗像前乞求庇佑："不肖倘藉洪庇，获保长年，尚有图，惟以效勤惓。若科弟久郁，嗣续尚稀，欲望门祚光大，宗佑有赖，不肖所为日夕萦虑者，仰祈明灵体恤、早赐成全。"

家人连番去世，范钦的老朋友们也陆续相聚于地下，范钦意识到自己时日无多，开始着手后事，将自己的诗文整理编排，厘为《天一阁集》32卷，为晚辈定下婚事。万历十三年九月，是范钦八十岁生日，他生日的前三个月，次子范大潜病逝，白发人送黑发人，这

范钦墓文保牌

个生日可想而知过得十分凄惨。三个月后，就在八十岁生日之后的第九天，范钦也离开了人世，葬于茅山。

　　壬辰年春的范钦墓略显得有些荒凉，这荒凉一部分来自旁边的长期污染，另一部分来自墓冢周围无人打理的植被。不过虽然荒凉，仍能看出当年重修范钦墓的人用过心思，两侧各有一株红色山茶，正开得灿烂。清明虽然未到，但墓前已经有人放下鲜花，端端正正的敬放在墓碑中间，这束鲜花让我感到极为欣慰，这说明爱书的人不止我一个，怀念范钦并且付诸行动的，也不止我一个。

陈第墓

「文物部门也不一定干正事儿，砸烂文物的本来就是文化人。」

陈第（1541—1617）字季立，号一斋，晚年自号温麻山农。

陈第墓位于福建省福州市连江县官岭戈澳山中，地点十分偏僻，不过正因为偏僻，才能历经四百年保存至今。今天的人们对于陈第这个名字已经十分陌生了，但在历史上，他却是一个不折不扣的奇人，集将军、学者、诗人、旅行家及藏书家于一身。好友焦竑曾称他有"三异"，焦竑《毛诗古音考序》基本上可以概括他的一生及性情："身为名将，手握重兵，一旦弃去之，瓶钵萧疏，野衲不若，一异也；周游万里，飘飘若神仙不可羁绁，而辞受砬砬不以秋毫自点，二异也；贯串驰骋，著书满家，其涉猎者广博矣，而语字画声音至与茧丝牛毛争其猥细，三异也。"

陈第（1541-1617）字季立，号一斋，晚年自号温麻山农。少时随父亲熟读四书五经，过目成诵，且只读原文，不读注解，其父问他为什么，他回答说，希望能够通过自己思考来得到答案。性格决定命运，可能正因为他不愿意受前人之说所囿，所以也无法给出科举考试所需的标准答案，他的举业一直不太顺利，直到三十岁才考中秀才。恰如俗语所说，是金子总会发光的，在科场里被埋没的陈第被俞大猷所发现。嘉靖四十年（1561），戚继光因抗倭入闽，陈第到军门献平倭策，建议使用"土撬"战术，深受戚继光、俞大猷等人赏识，俞大猷还对他说："子当为名将，非书生也。"之后陈第便跟随戚继光转战南北，立下汗马功劳，又跟随俞大猷学习兵法，不久尽得其传。在军中二十一年，陈第由普通士兵升为游击将军，最后因受到排挤而辞归，在家乡连江县西郊建起"倦游庐"，又于庐中辟出"世善堂"作为藏书室。

陈第的藏书大约有一万多卷，其中有各种秘本、善本三百余种，许多都是当时的闽中藏书家中所独有。晚年陈第曾整理所藏古书，编成《世善堂藏书目》两卷，通过这部书目可知，尽管其中有许多

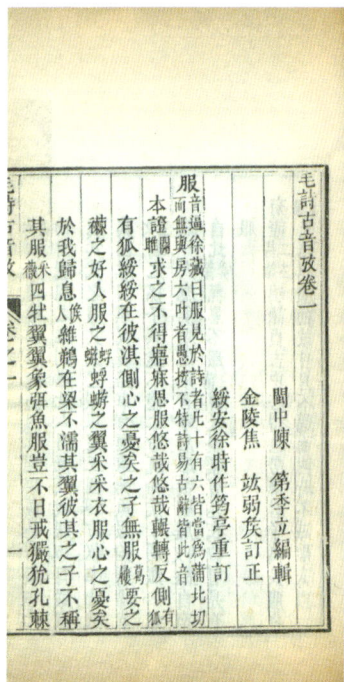

陈第撰《毛诗古音考》，清武昌张氏刻本

珍本秘笈，但陈第藏书并不十分注重版本，而是更注重其实用价值。按洪亮吉将藏书家分为五等的说法，他应该算是考订家，所藏皆为所用。通过大量的读书研究，陈第写出了很多有关音韵的著述，如《毛诗古音考》《读诗拙言》《屈宋古音义》等，明确提出"时有古今，地有南北，字有更革，音有转移"的观点，对古代的叶音进行纠正，这是中国古代音韵学发展史上的一大转变，对于后来清代的音韵学研究产生了重大影响，晚清学者俞曲园曾评价他的研究称："言古音者至本朝而大备矣，然古音之学溯源于吴才老，而明陈第之《毛诗古音考》亦其先河也。"

在《世善堂藏书目》的序言中，陈第自述藏书经历及藏书观点："吾性无他嗜，惟书是癖。虽幸承世业，颇有遗本，然不足以广吾见闻也。自少吾老，足迹遍天下，遇书辄买，若惟恐失，故不择善本，亦不争值。又在金陵焦太史、宣州沈刺史家得未曾见书，抄而读之，积三四十余年，遂至万有余卷，纵未敢云汗牛充栋，然以资闻见备采择，足矣。今岁闲居西郊，伏去凉生。课儿仆辈晒晾入籢，粗为位置，以类相从，因成目录，得便查验。吾买书盖以自娱，特未即弃去耳，非积之以为子孙遗也。"见惯藏书家对后人"鬻及借人皆不孝"的叮嘱，再睹陈第"非积之以为子孙遗也"的观点，颇为其通达所感。

序言中所称"金陵焦太史"指的是南京焦竑，焦竑与陈第年纪相仿，同为学者兼藏书家，也擅长音韵考据。万历三十二年（1604）秋，身处福建的陈第听说南京焦竑藏书极富，且多秘本，不顾年迈来到南京，特意不通姓名登门拜访，因为两人有着同样的爱好与研究方向，所以一直谈到天黑，仍然意犹未尽，交谈中陈第指出焦竑所藏书中的错误，并说出自己的各种藏书及研究所得。焦竑很快就猜到了他是谁，说："君殆闽之季立耶？"可见焦竑身在南京，也早已听说过陈第的名字。

陈第于万历四十五年（1617）在家中病逝，临终前神志清明，回顾一生，无可遗憾，并立下遗嘱，称生前举动已异于世俗常人，故死后也要自己立制，不必合于中庸，不必守在灵前哭泣，不必信堪舆克择之说，不必求志铭传诔之文等等，又自作"挽诗"一首："蚤年列庠序，壮岁官边疆。晚出游四海，万里高翱翔。五岳甫已毕，疾病旋灾殃。返真旧隐地，良友亦相将。二旬即窀穸，荒坎聊深藏。人世一何短，幽台日月长。生平寡嗜好，著述独皇皇。岂必人我知，写心固为臧。于今恬然逝，陟降上帝旁。寄言报族戚，不用泪沾裳。"

癸巳年春节刚过，我开始了新一年的寻访之旅，这一程访到了蔡襄、郑樵、林佶、徐𤊹等前贤遗迹，这其中陈第墓的寻访过程尤其让我感动。当天从连江县城出发向东北方向行驶30多公里后，来到官岭村，看得出官岭村比较富裕，村中小楼大部分都是三至四层，有的盖至五六层，俨然一个小型的乡镇。我在村口向一位老人家请教陈第墓，老人当即把我带到村子正中央一个路口上，路的正中间立着一块碑，加上基座大约两米多高，上面以朱漆填着"明一斋陈先生墓道"，右下小字落款为"岭东友人黄琮题，浙东门人徐亮立"，碑额上浮雕着两条龙纹。我非常奇怪，这块碑明显是后

连江县城陈第公园内的陈第像

陈第墓神道碑

立的，而且是刻意的立在路中间，我向老人家请教其中缘由，老人家说"文革"中来了很多人，把陈第的墓道全都砸烂了，30多年前从外面来了一个人到处寻找陈第墓的遗迹，后来从一家人的院墙上找到了这块碑，就自己出钱把碑竖在了这里，又说陈第墓原来很大，上面有很多刻着花纹的石条，十分漂亮，但是"文革"中全都毁了，没有痕迹了。

我想起曾经查到资料，陈第墓在上世纪90年代就被评为省级文物保护单位，这已经是"文革"之后的事了，那么墓冢应该不会一点痕迹都没有。老人家反驳我说："文物部门也不一定干正事儿，砸烂文物的本来就是文化人。"这真是很有哲理的一句话，可我仍然不死心，即使被毁得没有痕迹了，我也希望能够找到遗址，而且既然被评为文物保护单位，那么一定应该有遗址。老人想了想，见我态度坚决，又是远道而来，决定带我去见一位知情人。老人家姓游，自称有个哥哥在北京朝阳区，自己还去住过几个月，又告诉我官岭村很大，如果登上附近的戈澳山，能看见马祖的一个岛，村子里有3000多人，基本上都是靠渔业为生，家家都有钱，他自己也盖了一座两层小楼。

说话间他带着我来到一户人家，用当地话向屋内的一位老婆婆说明来意，老婆婆坚持要我坐下喝一杯热水，告诉我说陈第墓在 29 年前由县里面来的人进行了修复，由于墓冢所在的位置正好在她家的地界内，于是文物部门指定由她家来代管，她丈夫很是尽责，每年都到陈第墓上去除草，后来发现虽然被指定代为管理，事实上却很多年完全无人过问，于是也不再怎么管了。我想请她丈夫帮我带路，老婆婆说，去陈第墓要上山，她丈夫已经八十多岁了，爬不动山，接着马上打电话叫儿子回来，让她儿子带我去。原来，她有六个儿子，其中只有长子知道去陈第墓的小路，很快，老婆婆的长子王官云回来了，看上去约五十多岁，面相非常憨厚，不太言语，他

前往陈第墓的小路

陈第墓

带着我和刚才那位长者一同前往戈澳山。

　　路途颇有些长，难怪老婆婆说她丈夫爬不动山了。行了一段路后，我们踏着石头穿过一条河，走入对面的山坡。山坡上长满了三米多高的芦苇，脚下的小路时隐时现，连王官云也想不起来究竟怎么走，结果走错了多次，不断地原道返回，再重新出发。他解释说，山上野猪太多，相关部门又不允许打野猪，于是村民渐渐就不在这里种地了，山里面的田地大多都变成了荒草，很少有人来到这里，结果越变越荒凉，现在彻底地变成了荒郊野外，大好的田地全部留给了野猪。我们往返折腾了一个多小时，在芦苇丛中钻来钻去，听

到王官云说我们走的其实是野猪拱出来的道路，真有些担心会和这些野猪狭路相逢，据说野猪的凶狠程度一点也不亚于狼。等到终于穿出了那片芦苇丛，王官云指着远方说，前面的那片松树林就是陈第墓，可是如何走到那片松树林，又是一件费尽周折的事。爬山的过程中，有一段时间大家都有些累，三个人默不作声地走着，途中看见一口棺材被黑色帆布捆着，停在一小块平地上，并没有埋入土中，我很奇怪这又是一个什么样的葬俗，但实在是爬得太累，也不想再开口问了。过了一会儿，王官云又说话了："今天还好哇，没有遇见豹子。"这话听得我一身冷汗，原来野猪还并不是最可怕的，但

陈第墓碑

让我更奇怪的是，听他的语气似乎遇上豹子是一件稀松平常的事，并不会有什么严重的后果。然而这话又让我十分感动：他明知道有可能会遇上野猪和豹子，还是想也没想的来给我带路了。

终于听到王官云喊了一声"找到了！"陈第墓在一个小山头的顶上，并不大，四周长满了高高的蒿草与芦苇，已经分不出墓冢与周围的山坡，因而极不显眼，好在右前方的石碑总算可以当作地标，石碑上竖刻"明代学者陈第墓列县级文物保护单位，连江县人民政府公元一九八四年五月立"。大约这就是文保牌了，看来1991年升级为省级文物保护单位后，当地政府并没有为它立上新的文保牌。我想起刚才在村子里时，王官云的母亲对我说，29年前县里曾经来人修复，29年前正好是1984年，她居然记得这么准确。陈第的墓冢从正面看上去呈风字形，墓碑正中刻着"明一斋陈先生季立"，上款为"向丁坐癸天启癸亥"，下款为"友人黄琮、门人徐亮造"。从石质看，这块墓碑似乎还是原碑，墓冢经过重修后，再将它嵌上去的。天启癸亥为明天启三年（1623），此时陈第已去世六年，我想起途中遇到的棺材，难道当地葬俗是要将灵柩停放数年之后再行入土？

拍照完毕沿原路下山，并不比来时容易，我们仍然难以找到路径，向着大概的方向在芦苇中钻来钻去，可能是因为既来之则安之吧，这时我已经不再担心野猪与豹子了，心下一松，没想到脚下也松了，我结结实实摔了一跤，手腕上划出一条长长的口子，幸亏不深，但被汗水一渗，辣辣的疼。王官云顺手撕下一块芦苇叶，"叭"地吐了一口唾沫在上面，不由分说往我手腕上一贴，让我用另一只手用力按住："一会儿就止血了"。回到了村中，王官云一定要留我吃饭，我以为这暗示着需要感谢，掏出50元钱略表心意，但是他坚决不收，一定要吃了午饭再走，又说他儿子开着饭店，就在他儿子的饭店里吃。我再一次误会了这种好意，理解为需要消费一下，于是跟着他去到他儿子的饭店里。

饭店是一栋二层小楼，营业面积颇大，我告诉王官云自己急着赶路，不必太多菜，也不能喝酒，推让一番后，他同意了我的建议，决定给每人做一碗面。等到面端上来时，我又吓了一跳，确切地说，那不是一碗面，而是一盆面，低下头吃面简直就像埋着头洗脸。碗里除了面条还有很多海鲜，蛏子、鱿鱼、海虾等等，还有各种青菜，喝了一勺汤，鲜美无比，可是碗实在是太大，我要了一个小碗，竟然连着吃了五碗，我第一次知道自己还能有这么大的饭量。吃完饭结账时，他坚决不收钱，我过意不去，往柜台上放了两百元钱就往车上跑，王官云的儿子年轻，抓起钱就追过来往车窗里塞，说："到家里吃碗面怎么能收钱呢？"这一瞬间我极为羞愧，因为我一直以为王官云不好意思收带路费，才让我到他家的餐馆消费，我也觉得这是完全可以理解的心态，并"心领神会"地予以配合，却没有想到他们的热情是一种发自内心的纯真，根本没有我自以为理解的世故。从陈第墓下来时，王官云一直念念叨叨，说要是能把这个墓整修好，做得气派一点，就是他的希望，如果我能回到北京后跟有关部门说说，再修起来就好了。可惜，我无法替他达成心愿。

朱国祚、朱彝尊墓

相传朱彝尊也曾有过祖腹晒书之举，康熙微服南巡时，见有老者在荷花池边晒太阳，自称晒书，一番交谈之后，康熙发现他果然满腹经纶，于是当场将他封为翰林，这位老人就是朱彝尊。

朱彝尊像

朱彝尊（1629-1709）字锡鬯，号竹垞，晚号小长芦钓鱼师、金风亭长，为清初著名学者及文献学家，所著有《经义考》《日下旧闻》《词综》《曝书亭集》等。

朱国祚墓位于浙江省嘉兴市秀洲区杨家埭村探花浜，墓址西南不远处的百花庄，是他的曾孙朱彝尊墓，两座墓冢今天都已经看不到了，我找到的只是大概的遗址方位。朱国祚（1559-1624）字兆隆，号养淳，明代万历十一年（1583）状元，授翰林院编修，擢礼部右侍郎，明光宗朱常洛即位后，特旨拜礼部尚书兼东阁大学士，入阁参机务，复进文渊阁，天启元年（1624）进少保，户部尚书，改武英殿大学士，后来因为对朝廷失望，连上十三次奏折请求告老还乡，卒后赠太傅，谥文恪，所著有《介石斋集》《孝宗大纪》等。

关于朱国祚藏书的记载如今并不多见，也许是因为他身为一朝重臣，又生逢明朝末年这个多事之秋，所经历的都是历史性的大事件，所以史书上关于他的记载更多的是他政治生涯，个人藏书相对于国家大事而言，当然可以省略至一字不提。朱彝尊《曝书亭集》曾载"先太傅赐书，乙酉兵后罕有存者"，可知朱国祚当年藏书甚丰，

朱国祚墓址

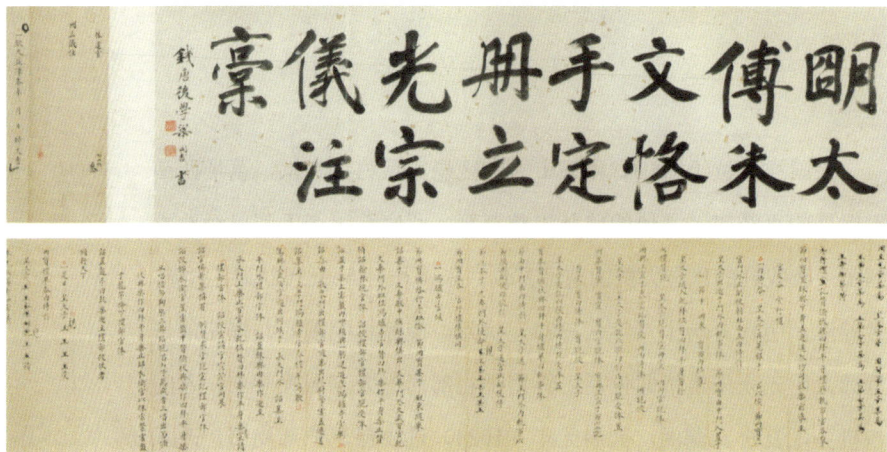

朱国祚手稿《立光宗仪注》

清初时期毁于兵火，其藏书印有"朱国祚印"。

2010年秋拍时，嘉德拍场出现一件手卷，名为《明太傅朱文恪手定册立光宗仪注稿》，这件手卷是朱国祚写于明万历二十九年（1601），当时朝廷准备册立朱常洛为太子，时任礼部侍郎的朱国祚负责整个册立过程，并亲自撰写《册立光宗仪注》，这件手卷就是当年的仪注底稿。明光宗朱常洛年号为泰昌，是明朝享祚最短的一位皇帝，登基一个月即因"红丸案"而身亡，红丸案与梃击案、移宫案并称为"明末三大迷案"，是明末宫廷斗争错综复杂的具体表现，后人研究明史，这一段历史极为关键。而这件《册立光宗仪注》稿，内容确凿，又是出自当事人之亲笔，为研究明史提供了极为重要的第一手资料。

根据文献记载，朱国祚对这件手卷极为看重，告老还乡时特意将此稿由京城带回到嘉兴，交由后人世代保存，朱家后人对这件先人手泽亦极为看重，将之精心装裱，遍请名家书写题跋，其中包括阮元、冯登府、张廷济等，一直到朱国祚的第十一世孙时，此稿仍归朱家保存。但是到了民国年间，世事多变，这件手卷被密韵楼蒋汝藻所得，王国维为蒋汝藻编写《传书堂书目》时得以经眼，将此稿与史书对照，又写出一篇跋语。在嘉德拍场上，经过一番厮杀，这件手卷最终被我以"惨胜"的方式纳入囊中。半年后遇到嘉兴苏伟纲兄，他告诉我，曾在北京看到朱国祚的仪注稿，因为是极重要的乡贤著作兼手泽，故势在必得，没想到现场价位远超其心理上限，也不知是谁一个劲儿的与他力争，最终不得已放弃了。我苦笑着告诉他，这件稿本如今在我手中，没想到当时拍场上相厮杀的居然是自己人。苏兄也连称误伤，并说如果我觉得贵，可以原价转让给他，可是我想了想，还是痛并快乐着吧，于是坚决拒绝了他。

往事历历在目，带着痛并快乐着的心情去寻访朱国祚，看看这位手卷的主人如今栖身于一个什么样的场所，我颇有些期待。范笑我兄带着我来到杨家埭村，将车停在村口，步行进入一片田地中，可能是近两天下雪的缘故，田地里泥泞不堪，步行了300余米，范兄忽然指着菜地里的一块白色石头说这就是，我几乎不敢相信，这就是明末状元的墓地？范兄解释说，朱国祚的墓地早就被平了，这里原来还遗留着两匹墓前的石马，其中一匹因为品相较好，被人以6000元买走了，所以就剩下了这一匹品相不好的。

我仔细打量这块石头，已经完全看不出马的形状，但是根据上面的花纹，我辨认出这块石头应该是马身，右边依稀可见半条前腿，正中间是一个非常清晰的马镫子。我颇有些感慨，如此重要的历史名人，如今只能凭着一块烂石头来印证，轻与重，历史与今天，令人无言。范兄称即使是这块破石头，近来也听说有人想把它买走，如果连这块残石都没有了，那么朱国祚的墓就再也没有任何标志了。他的话让我想起民国年间的李根源，李根源是云南人，晚年隐居苏州，在当年交通极不发达的情况下，以步行的方式寻访苏州境内每

朱国祚墓前石刻残件

静志居诗话卷五

何维柏
维柏字乔仲南海人嘉靖乙未进士改庶吉士授监察御史劾严嵩谪郑尚书诸端恪有天山草堂存稾恪者希其艺休作乐事尚镜新戚月胜遊不改倩云山侍共父与乡人为九老会亦佳话也

王维桢
维桢字允宁华州人嘉靖乙未进士遂庶吉士座国子祭酒以母归韵北地震陷死有椒野存箚集五言有句无篇如十里省母归韵

元旦学杜而不得其传门向胡七律黑无偶藻依花树官路济修入暮云迤逦

秋江水孤舟月夜吟高林风景下连潴縣门山无云断巇塔有雁来时三叠尊前涌甀雄袁谋度汉兵尚泠然可诵也

静志居诗话卷五

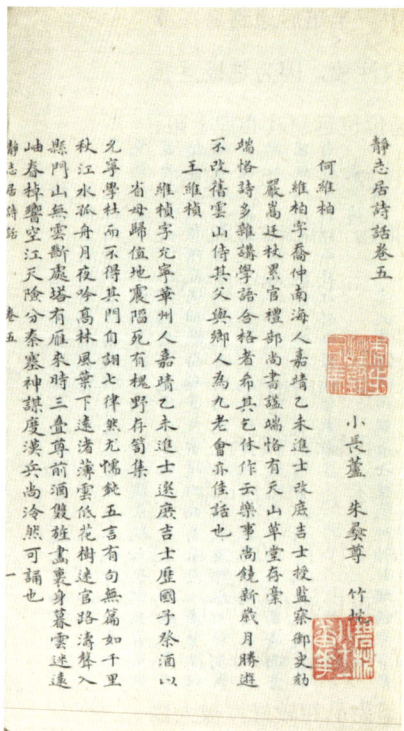

朱彝尊撰《静志居诗话》吴骞钞本

一处前贤古迹、墓冢等，每访得一处，就立碑为记，而我如今在苏州地区寻访前贤时，许多遗迹能访到，就是多亏了李根源当年所做的努力。我真想效仿这位前贤，找到没有痕迹的地方先贤遗址，就立块碑在旁边，可惜我没有李根源的权势，不可能做到这些。范兄与同来的顾兄虽然赞成我的想法，却同时表示：很难找到批准此事的部门。

几个人围着这块残石转来转去，很快鞋子都成了大泥坨，从菜田里出来，我们整齐的在路边大棚子上刮鞋上的泥，这时裤兜里电话铃声响了，我正准备伸入裤兜掏出电话，才发现双手沾满黄泥，情急之下，见地上有块烂墩布头，马上捡起来擦手，这块破烂的墩布头真可谓雪里送炭啊，顾兄一边乐一边艳羡我有这个福气，我擦完了手，马上大方地转赠给他，他极高兴，认真地感谢了我的馈赠，我也郑重地对他说不用客气，算是宝马赠英雄吧。吴兴文兄不知我们这边现场的狼狈，兴奋在电话中告诉我，他收到了一件辽代带款儿的版画，这当然是极难得的稀罕物，也让我振奋了起来，恨不能先睹为快。

带着被吴兴文兄振奋起来的心情，我们来到了百花庄的朱彝尊墓，这里距离朱国祚墓仅五里地。当年朱彝尊来附近的鸳鸯湖游玩时，还曾念及先祖，赋诗云："百花庄口水泓泓，中是吾家太傅坟。当暑黄鹂鸣灌木，经冬红叶映斜曛。"这首诗气韵平和，一派天然与宁静之象，当年朝代更替的烽烟尽数化去，白云苍狗，朱彝尊眼前已是一片太平景象。朱彝尊（1629-1709）字锡鬯，号竹垞，晚号小长芦钓鱼师、金风亭长，为清初著名学者及文献学家，康熙十八年（1679）以布衣征召，举博学鸿词科，官翰林院检讨，参与修订《明史》，历任日讲起居注官、江南乡试主考、值南书房等职，后因故罢官，回归乡里潜心经义，著书终老，所著有《经义考》《日下旧闻》《明诗综》《词综》《曝书亭集》等，还编有《朱彝尊行笈书目》《潜采堂宋元人集目》等目录。

朱彝尊爱书成痴，曾自序藏书渊源及历程："先太傅赐书，乙酉兵后，罕有存者。予年十七，从妇翁避地六迁，而安度先生九迁，乃定居梅会里。家具率一艘，研北萧然，无书可读。及游岭表归，阅豫章书肆，买得五箱，藏之满一楗。既而客永嘉，时方起《明书》之狱，凡涉明季事者，争相焚弃。比还，问囊所储书，则并楗亡之矣。其后留江都者一年，始稍稍收集。遇故人项氏子，称有万卷楼残帙，畀以二十金购入。时曹侍郎洁躬、徐尚书原一皆就予传抄。予所好愈笃，凡束修之入悉以买书。及通籍，借抄于史馆者有之，借抄于宛平孙氏、无锡秦氏、昆山徐氏、晋江黄氏、钱唐龚氏者，有之。主乡试而南还里门，合计先后所得约三万卷。先人之手泽或有存焉者，归田之后续收四万余卷。又上海李君赠二千五百卷。于是拥书八万卷，足以豪矣。"

关于朱彝尊藏书的故事流传极多，很多

朱彝尊八十岁小像，清张骐绘

都变成了书林佳话，其中一则佳话是曾因偷抄史馆藏书而被贬职，事后自记颠末，并称"去官而私心不悔也"，并作书橱铭："夺侬七品官，写我万卷书。或默或语，孰智孰愚"，自注曰："予入史馆，以楷书手王纶自随，录四方经进书。纶善小词，宜兴陈其年见而击节。寻供事翰院，忌者潜请学士牛钮形之白简，遂罢予官。归田之后，家无恒产，聚书三十椟，老矣，不能遍读也。"另一个佳话则是巧妙偷抄钱曾《读书敏求记》。钱曾撰成《读书敏求记》后，密而不发，朱彝尊便设宴请来几名好友，陪钱曾高谈阔论，背地里以黄金及鼠裘买通钱曾书僮，偷出书稿，雇来十几名书胥，用半夜时间抄出副本，后来《读书敏求记》得以流传，就是多亏朱彝尊抄有副本。阮福特意记载此事，称："若非竹垞翁录出，则或至今湮没，岂不是可惜欤。"

　　朱彝尊藏书处的堂号也极多，有石楼、娱老轩、静志居、茶烟

在当地看到的唯一"百花庄"字样

阁、新儒斋、潜采堂、曝书亭、新烦斋、古藤书屋、枣香书屋、藤花书屋、夕阳芳草村落等等，其中最著名的是曝书亭与潜采堂。曝书亭建于康熙三十五年（1696），为朱彝尊归田的第四年。曝书的典故最早源自郝隆，见有富贵人家晒衣物等，便仰卧于地晒太阳，自称"晒腹中书耳"。相传朱彝尊也曾有过袒腹晒书之举，康熙微服南巡时，见有老者在荷花池边晒太阳，自称晒书，一番交谈之后，康熙发现他果然满腹经纶，于是当场将他封为翰林，这位老人就是朱彝尊。这个故事虽然有些附会，但多少可以看出朱彝尊的性情与学问。

今天的百花庄与当年朱彝尊所咏的百花庄已经截然不同，既不闻黄鹂鸣灌木，也不见红叶映余曛，眼前所见的只是一个江南常见的村庄，大部分的民房都已经改建为两层楼房，显示着这里经济的富庶，而富庶的同时，也与中国大部分的乡村一样，遍布着垃圾。村子的中间有一块竖长条的菜地，占地面积约两百多平方米，范兄告诉我，这里就是朱彝尊墓的旧址，可是眼前除了一些不知名的蔬菜，我看不到任何墓冢的痕迹。菜地的前面是一条小河，河里遗弃着一堆破烂的水泥船。范兄告诉我，这里是水乡，以前农村的主要交通工具是船只，自从十几年前政府实施了村村通公路，船就很少有人用了，于是便全部遗弃在河里，变成了无人清理的巨型垃圾。

我们来到河边，河上架有小桥，确切地说，架有两座小桥，其中一条石桥已经废弃不用，上面堆满杂物以阻住行人，另一条为新建的水泥桥，村民来往其上。小桥虽然被杂物覆盖，但仍能从侧面看到其年代颇旧，桥身的中间侧面还刻有桥名"□□桥"，并用双圈勾起，因为泐损严重，兼距离太远，我只能辨出一个"桥"字，另外两字既像"秀善"，又像"秀宝"，这三个字的旁边还隐约有年代落款，然而实在是辨不清楚。河边还遗弃着一些石条，有些看上去和石桥的年代相仿，呈现出饱经日月风霜之态，其中有几块是柱状物，我很怀疑它们就是当年墓冢前的望柱，可惜也被一堆杂物覆盖

朱彝尊墓遗址旁的古石桥

着，无法看清楚上面是否有字迹。找不到遗迹，我试图找到一个村牌拍张照片，以证明我所在的地理位置，于是看到菜地后方的一座小楼，门牌上却是"桥西33号"，没有村名。范兄又告诉我，门牌上的"桥西"指的就是这座小石桥，因为按照文献记载，朱彝尊的墓就在这座石桥的西面。

我只好拍下这张"桥西33号"的门牌，与范兄一起走出百花庄，在村口看到百花庄社区服务中心的大牌子，终于在寻访记录中把"百花庄"这个村名落实了下来。这时范兄说，"百花"这个名字很可能是元代蒙古人语"不花"的讹音，而"不花"则是蒙古语"牛"的发音。这话让我想起自己藏的元刻本中，落款有"不花"的似乎还挺多，难道他们的名字里都有个"牛"吗？这个我还真没探究过。后来回

到家中补写寻访日记，想到范兄的话，顺便查了一下百花庄，根据清初《浙江通志》记载，元代丞相不花曾经在这里建过一个大庄园，称为不花庄，因"不"与"百"音近，后人称为"百花庄"。范兄说的虽然不是全对，但亦不远矣。

古石桥侧面
所刻字样

钱谦益、柳如是墓

翁同龢为钱柳二人赋诗：『秋水堂安在，荒凉有墓田。孤坟我如是（墓与河东君邻），独树古君迁（柿一，尚是旧物）。题碣谁摹宋（碑字集坡书），居人尚姓钱。争来问遗事，欲说转凄然。』

钱谦益像

钱谦益（1582—1664）字受之，号牧斋，晚号蒙叟，东涧老人。学者称虞山先生。清初诗坛的盟主之一。

　　钱谦益墓在江苏省常熟市虞山脚下，向西大约百米为柳如是墓，中间隔着虞山南路。两座墓都没有我想象中的诗情画意，而是非常简陋地卧在马路边，背对着马路上的人来人往。钱谦益墓所在地为钱氏家族墓，三座墓冢并列排开，正中间的主穴是其父母钱世杨及顾氏之墓，左边为其后人合葬墓，右边才是钱谦益墓。三座墓冢后面有一半圆形围墙，高与后面的马路齐。为将马路与墓园区分开来，管理者在围墙上面种植了一圈小树，总算为钱谦益遮出一片绿荫与些许私人空间。三座墓冢的墓碑皆嵌在后面的围墙上。钱谦益墓后有两块墓碑，左边一块为钱泳所立，上刻"东涧老人墓"，上端镌有小字"集东坡先生书"，下端为"尚湖渔者题"。钱泳立碑之事于《履园丛话》中有详细记载："虞山钱受翁才名满天下，而所欠惟一死，遂至骂名千载，乃不及柳夫人削发投缳，忠于受翁也。嘉庆二十年

钱谦益墓文保牌

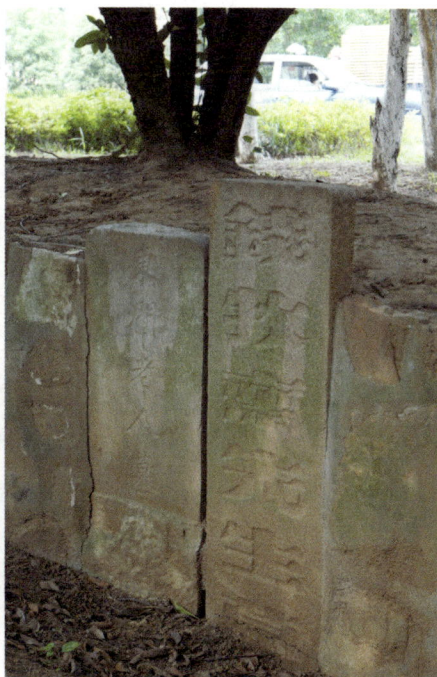

钱谦益墓

柳如是墓碑　　　　　　　　　　　　柳如是墓文保牌

间，钱塘陈云伯为常熟令，访得柳夫人墓在拂水岩下，为清理立石。而受翁之冢，即在其西偏，竟无有人为之表者，第闻受翁之后已绝，墓亦荒废。余为集刻苏文忠书曰'东涧老人墓'五字碣，立于墓前，观者莫不笑之。"不过黄裳先生认为，此碑并非钱泳所立的原碑，因为碑上的字完全没有东坡气息。东坡先生的墨迹流传至今并不罕见，他的运笔方式非常独特，像我这样谫陋之人也能看出一二，眼前这块碑的确如黄裳先生所言，看不出一丝的东坡笔意。另一块墓碑据说为民国年间所立，上面仅刻"钱牧斋先生墓"。

　　柳如是墓亦极简陋，一抔黄土似乎是刚堆上去不久，墓碑为1982年重立，仅"河东君之墓"五字。柳如是其人，应该算是神话故事之外、现实生活之中最完美的女性之一，色艺情才忠烈义，样样皆全，钱谦益一生百不称意，唯有与柳如是的婚姻令其十分得意。黄丕烈曾跋《乐府新编阳春白雪》，文中提及柳如是："元刻《阳春白雪》为钱唐何梦华藏书，矜贵之至，因其是惠香阁物也。惠香阁初不知为谁所居，梦华云是柳如是所居，兹卷中有'牧翁'印，有'钱受之印'，有'女史'印，其为柳如是所藏无疑。'惜玉怜香'一印，殆亦东涧所钤者。卷中又有墨笔校勘，笔姿秀媚，识者指为柳书，余未敢定也。"可见柳如是自己亦有堂号，名为惠香阁。一直以来，书界中流传《绛云楼书目》实为柳如是代编，虽无证据，大概亦有些踪影吧。钱、柳两座墓虽然很简单，但墓前都修有小亭一间，各题对联一副，钱谦益墓前的小亭上是："遗民老似孤花在，陈迹闲随旧燕寻。"柳如是墓前是："浅深流水琴中听，远近青山画里看。"

　　钱柳的爱情故事，三百年来说的人太多，而我更关心的是藏书和绛云楼。钱谦益得年八十二岁，一生际遇几经起伏，藏书处亦因迁居而换过好几次。明崇祯三年（1630），其在常熟城西建起拂水山庄，山庄里面藏书的地方有耦耕堂、秋水阁和梅圃溪堂；崇祯九年，又于拂水山庄中增有明发堂；崇祯十三年，钱谦益迁至常州城北半野堂，次年以正妻之礼迎娶柳如是。在钱谦益看来，柳如是为绛云仙姥下凡，因道教经书《真诰》中有"绛云仙姥下，降仙好楼居"之语，于是在半野堂后又建起一楼，此即后来之绛云楼。关于绛云楼中藏

柳如是墓

书之状，清人笔记中多有记载，钮琇《觚剩》载："大江以南，藏书之家无富于钱。至是，益购善本，加以汲古雕镌，舆致其上。牙签宝轴，参差充牣。其下黼帏琼寝，与柳日夕晤对。所云'争先石鼎搜联句，薄怒银灯算劫棋'，盖纪实也。宗伯吟披之好，晚龄益笃，图史较雠，惟柳是问。每于画眉余暇，临文有所讨论，柳辄上楼翻阅，虽缥缃浮栋，而某书某卷，拈示尖纤，百不失一。或用事微有舛讹，随亦辨正。"顾苓《河东君小传》则云："为筑绛云楼于半野堂之后。房栊窈窕，绮疏青琐。旁龛金石文字，宋刻书数万卷。"

令人扼腕的是，如此好景并不久长。绛云楼建于明崇祯十五年（1642），落成于崇祯十六年，楼上储有书橱73个，仅隔七年便毁于火。清顺治七年（1650）庚寅，柳如是的女儿与乳母夜间在楼中嬉戏，不小心将蜡烛掉在故纸堆中，引起火灾。待钱谦益在楼下惊起时，焰火冲天，已经来不及扑灭，不一会儿就将楼与书俱化为灰烬，此即黄丕烈所云："庚寅一炬，种子断绝。"事后钱谦益多次在文集、书跋及言语间提及此事，十分痛心："十月初二日，半野堂火，时方雷电交作，大雨倾盆，后楼前堂片刻灰烬，真异灾也……宋元之缮本，研精五十余年，转辗困厄，遭值兵燹，肆力靡休，告成书于望古稀之晨，而一旦为火焚却，此为何者也，伤哉！"又有："三百年来之琬琰，竟与冷风劫灰同澌灭于终古。"以及："呜呼！甲申之乱，古今书史图籍一大劫也。庚寅之火，江左书史图籍一小劫也。今吴中一二藏书家，零星捃拾，不足当吾家一毛片羽，见者夸诩，比于酉阳羽陵。"

绛云楼毁于火后，钱谦益与柳如是于顺治十一年移居红豆山庄。壬辰年夏重访藏书楼，我曾前往古里镇寻访红豆山庄。当时山庄正在重建，眼前所见为一大片工地，丝毫不见古意。工地旁边的景区建筑效果图上称，正在修建中的红豆山庄景区规划总面积有60万平方米，其中红豆山庄纪念馆占地

绛雲楼

大佛頂首楞嚴經疏解蒙鈔卷第十一之

海印弟子蒙叟錢謙益鈔

大文陳禪那現境之四。四破行陰三。一盞未盡相二

曰二明區宇二。○一想盡益相

阿難破善男子修三摩提想陰盡者是人平常夢

想銷滅寤寐恒一覺明虛靜猶如晴空無復麁重前

塵影事踟想陰若存寤即想像寐即成夢念想因盡

即無有夢以想陰是夢之元故雖有寤寐以無想故

寤亦如寐寐亦如寤故云恒一者低而夢躉合阿

想盡即六根盡云眠有二種一者但是四大身法

而不夢而羅漢非為安隱故眼但是四大身法

瘧亦如寐寐亦如寤故云恒一羅漢有眠無夢躉合

吳興云淮智論明阿

而不夢而羅漢非為安隱著樂故眠但是四大身法

想盡即六根盡云眠有二種一者低而夢二者大身法

瘧有食想不眠不覺少許時圓明心體名為覺明離想淨

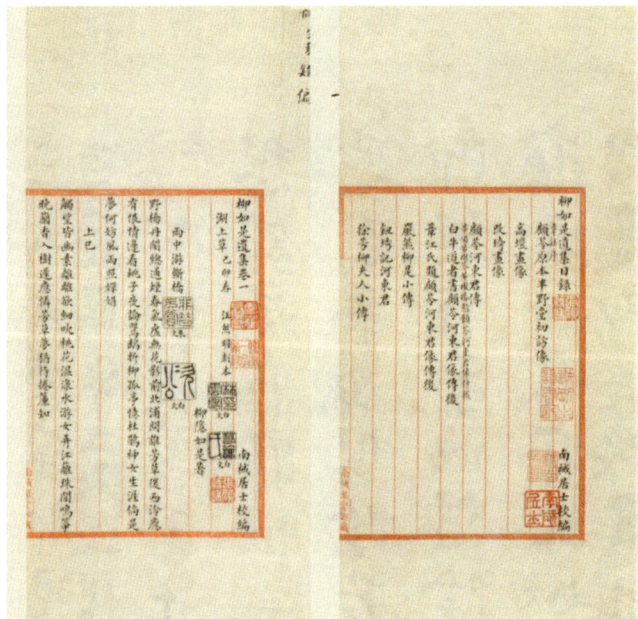

《柳如是遗集》民国张氏南陔草堂稿本

12876平方米。对此我是心存疑惑的，300年前的一个园林，丝毫古建筑都没有保存下来，当地是凭借什么知道这里是原址呢？很快我找到了答案，工地中间有一个极小的园子被白墙围住，从小园洞门中看进去，里面有一棵红豆树，旁边有介绍称此树有450年树龄，树下又有石碑，上刻"古里镇红豆山庄风景区奠基"。300年前所有的故事都凝聚在这硕果仅存的一棵古树上，因一棵树而建万亩园，是幸运还是不幸，真是说不清。寻访途中，又听说常熟市政府还有意重建绛云楼与拂水山庄，但原址难寻，故选择了易地重建。听到这个消息，令我想起常熟的另一位藏书大家曹大铁。1946年，曹大铁将半野园遗址买下，有意在原址上重建藏书楼，设计图纸以及书楼的名字都准备好了，叫做"后绛云楼"，但最后还是因为时局等原因，不得不将计划搁置，这一搁置，就彻底没有了下文。不过，后绛云楼虽然没有建起来，曹先生却提前刻制了"绛云旧梦""半野堂"等藏书印，并钤在了他的藏书上。十余年来，曹氏旧藏陆续出现在国内各大拍场中，上面往往都能看到他自己篆刻的这几方印记。

河東君小景

此丰野堂祸語儒狠傢為領莟所命
乙未七月命见于存撰璧氏紅豆圖
胡重鋆
南陵居士識

柳如是像

　　钱谦益去世于康熙三年（1664）。他死后两个月，柳如是因被族人所逼，投缳自尽，邑中会赋诗者，纷纷为之作殉节诗。两百年后，同居于虞山的邻居翁同龢也为钱柳二人赋诗："秋水堂安在，荒凉有墓田。孤坟我如是（墓与河东君邻），独树古君迁（柿一，尚是旧物）。题碣谁摹宋（碑字集坡书），居人尚姓钱。争来问遗事，欲说转凄然。"站在钱柳二人的墓前，我非常惭愧，因为我既不懂书法，也不会赋诗，只好在绿荫中小立片刻，算是与绛云楼接上一缕书香。

祁彪佳墓

离开山脚时，我忍不住又停下脚步，回头向着祁彪佳墓暗暗发愿：如果真是您在引导我，那么我一定不会让您失望，一定会完成上天赋予我的使命。

祁彪佳（1602－1645）字弘吉，号幼文，谥忠敏，天启二年（1622）进士，南明期间曾任右佥都御史，善诗文，尤以散文见长，著有《祁彪佳集》。

祁彪佳墓位于绍兴市亭山乡亭山村。前往寻访当日天气极冷，不过整个寻访过程意外顺利，如有神助。祁彪佳（1602-1645）是明代藏书家祁承爜之子，其字弘吉，号幼文，谥忠敏，天启二年（1622）进士，初任兴化推官，崇祯初官至御史，后辞官家居九年，师从刘宗周，南明期间曾任右佥都御史，善诗文，尤以散文见长，著有《祁彪佳集》。祁氏澹生堂藏书多钞本，版心刻有"澹生堂钞本"或"淡生堂钞本"字样，可见祁氏自己亦将"澹""淡"二字混用，澹生堂藏书散后，大部分被黄宗羲、吕留良分而藏之，黄、吕二人还因分书惹出一段公案。祁承爜有四子，分别为骏佳、豸佳、熊佳及彪佳，其中祁彪佳尤有盛名，祁彪佳之子祁理孙亦喜藏书，祁氏祖孙三代为明代藏书史书写了重要的篇章。藏书之外，祁彪佳为后人所知者，更多的是他身上的政治色彩，顺治二年（1645）清军攻下杭州，清人持金币来聘明朝故臣祁彪佳、刘宗周等六人，四十四岁的祁彪佳选择了自沉于湖，以死明志，死前留下遗诗称："含笑入九泉，浩气留天地。"他死后的第三天，刘宗周亦自杀以明志。祁彪佳手稿、尺牍等到今天仍然存有不少，分藏于北京、南京及杭州各公馆，亦有部分出现在拍场，黄裳先生当年亦有收藏，如今再读《来燕榭读书记》，心生羡慕之余，亦慨叹人书俱往矣。

祁彪佳初仕于福建兴化，府治之地正

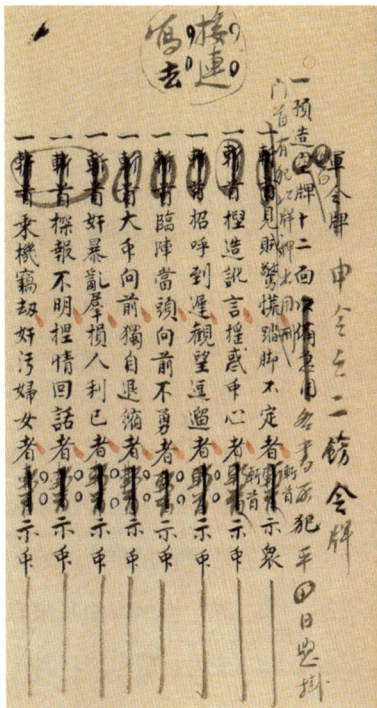

祁彪佳《守城全书》，明崇祯间手稿本

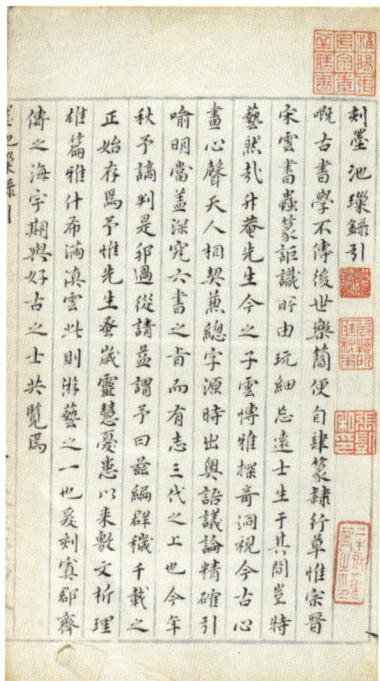

好是南宋藏书家郑樵的家乡，郑樵曾提出"求书八法"：一曰即类以求，二曰旁类以求，三曰因地以求，四曰因家以求，五曰求之公，六曰求之私，七曰因人以求，八曰因代以求。祁彪佳非常认同郑樵的说法，又因在此上任，故将自己的藏书楼命名为"八求楼"，以向前贤致敬。八求楼的藏书虽然没有澹生堂那么出名，但亦有自己的特色，那就是藏有大量戏曲作品，据《远山堂明曲品剧品校录》所著录，传奇类有466 种，杂剧242 种，这在明代藏书家中无人过之。黄宗羲曾在《思旧录》中回忆祁彪佳藏书的盛况："入公书室朱红小榻数十张，顿放书籍，每书皆有牙签，风过铿然。"全祖望在《旷亭记》中则记录了祁彪佳去世后八求楼的衰景："忠敏殉难，江南尘起几二十年……旷园之盛，自此衰歇。今且陵夷殆尽，书卷无一存者，并池榭皆为灌莽，其可感也。"

是日早餐后即乘出租车前往亭山乡，出发前查得祁彪佳墓址是"亭山乡亭山村梅墅祁家山西南坡"，既然如此确切，想必不会难找，而且昨晚查过地图，并不算远，可是司机待我说了要去的地方后，并不开车，告诉我说如今许多村庄合并成社区，现在已经没有亭山村了。这个并不算什么意外，自从寻访以来，因城市扩张而乡村变社区的事已经很常见了。我请他开到曾经是亭山村的地方，说找当地原村民打听，应该能知道这个地址。于是司机开始上路，边走边聊，当他得知我来意，并听完祁彪佳的故事之后，对我的态度瞬间变得恭敬起来，倒让我不好意思。

不一会儿，我们来到一个城乡结合部，司机说当年的亭山村就是这一带，并指一个小山坡说那就是亭山，我们目前所处的地方就

祁氏澹生堂钞本《墨池琐录》

祁彪佳墓所在的墓园

是亭山的西南方。可是梅墅与祁家山又具体指哪里，令人茫然，想找人打听，却因此处位于郊区，兼气温骤冷，天气预报称马上将有暴雪，收音机里也一直在提醒大家不要外出，所以路上一个行人都不见。无处打听，我们只好以极慢的车速沿亭山缓行，试图找到一条可以上山的路径，终于在一个拐角处看见几个工人，上前打听，工人称在这里多年，也未听过这两个地址，但既然是找墓，可以从另一条小径上去，上面的确有很多墓。

我们按其所指来到一条小巷，几间屋子旁有一小空地，工人称屋子后面有路可以上山。气温极低，我放下押金请司机留在车内等我，司机不肯，执意要和我一起去找，说这样的人物是他们当地的骄傲，去看一看也是应该的，而且也不放心我独自上山。于是我们一起向屋后走去，几间屋子之后，眼前豁然开朗，亭山就在眼前，可是我们也傻了——眼前是两大片密密麻麻的公墓，铺满整整两个山头，究竟哪一个才是祁彪佳墓，全无头绪，怪不得刚才的工人听说我们要寻访的是墓地，马上指来这里，说这里的确有很多墓。既来之则必找之，看来除却逐个去看墓碑，别无他法，于是我决定逐个去看，司机见状主动要求帮助我，遂与他分工，请他从左边最下角开始寻找，我则从两个山头正中间往上走，打算先一路看上去。

上行不久，即遇着分岔处，凭感觉选择了右边一条小径，想着不如从最右边的山顶开始，以地毯式往下寻找，于是一路往右上方走去，边走边看两边的墓碑。路过一座墓时，见上面写着"章诚斋之墓"，本能地想起章学诚，忍不住拍下一张，其实自己也知道这座墓与章学诚全无关系。山上曾经以石块铺过台阶，但不知是年久失修还是当年根本就没修全，台阶断断续续，时隐时现，在没有台阶的地方，墓与墓之间有着极其窄小而不成形的小路，我凭着感觉

祁彪佳墓

在这些小路中穿插着走，目标是右边最高处。快到山顶时，见有一段石阶从眼前斜穿而过，向着山顶铺去，此处距离山顶极近，仅数米之遥，由草丛中转向台阶时，猛然间瞧见脚边草丛中露出一角石碑，露出"佳墓"二字，心中一跳，忙蹲下来将石碑前的草丛及小矮竹拨开，一看正是"祁彪佳墓"，顿时大喜，此碑极小，且四分之三的碑体被周围的草丛掩盖，若非有心寻找，则很难发现，大喜之余，一向不信神鬼之说的我，甚至都开始疑惑有祁彪佳在冥冥中的引导。

细看此碑及周围，原来墓冢与墓碑皆已不复存在，只在小径旁立有此碑以示纪念，该碑为绍兴市文保部门所立，并不大，仅几十公分宽，混杂在一片高大的墓碑群中，又被周围的草丛所掩，真怀疑若不是冥冥中有祁彪佳指引，即便是自己按计划中自上而下逐块碑看过来，也不一定能够发现它。我试图将矮竹拨开拍照，但这些小矮竹极有韧性，一松开马上又弹回原状，又不忍将它们全部折断，只好尽量拨开，拍下将近二分之一部分。也不知道这些矮竹是自然生长的，还是有人特意种植，如此韧性，真是与祁彪佳的性情相得益彰。拍完照又围着此碑看了一圈，的确是全无墓冢痕迹，没有任何特别标记，幸而现在是冬季，草木并不茂盛，若是春夏来找，石碑一定会被草丛全部掩盖，更难寻觅，看到这些，我不禁感慨文物保护工作之重要，若无此碑，后人想寻觅祁彪佳遗迹，就只能在书中翻翻了。

拍完照片下山，台阶上已经积下薄薄的一层白色，刚才上山时尚未飘雪，仅这一会儿工夫，已经漫天飘洒，由高处看下去，一片片墓冢就在这一转身的时间里，全部变成了白色。寻找祁彪佳墓顺利得如有神助，令我十分意外，从开始上山寻找的那一刻起，直到走近祁彪佳墓前，真是一步都没有走错。离开山脚时，我忍不住又停下脚步，回头向着祁彪佳墓暗暗发愿：如果真是您在引导我，那么我一定不会让您失望，一定会完成上天赋予我的使命。

黄宗羲墓

黄宗羲曾经赋诗咏过这里：「昔年曾此作邻家，依旧水声彻夜哗。风景过清销不尽，满溪明目浸桃花」，三百多年过去，眼前之景似乎一点儿都没变。

黄宗羲（1610—1695）字太冲，号梨洲，因所居之处为黄竹浦南雷，故又号南雷，明末清初思想家及史学家，与顾炎武、王夫之并称「清初三大儒」。

　　黄宗羲墓位于浙江省宁波市余姚县陆埠镇十五岙村。经308省道至陆埠镇时，途中路过梁祝村，不知该村的村名是否来自梁山伯祝英台的故事，还是仅仅因为该村以梁、祝两姓为主；又十余公里过大隐镇，不知这里曾经隐居过哪位高人，如果有人能够写一本地名考证的书，那一定十分有趣。又前行不久，看见前面马路边上有文化遗迹指示牌，近看上面写的却是"鳖庄"，下面注明食鳖对身体有若干好处，将养殖场的宣传牌做成文化遗迹路标，也算一创举。又路过河姆渡遗址，河姆渡遗址虽然是货真价实的文化遗迹，却不在我的寻访之列。穿过陆埠镇向西两公里左转上温泉路，又行两公里过阳明大桥，不久即在阳明山庄东墙外看见有路牌指示，称黄宗羲墓由此上山。

　　黄宗羲（1610-1695）字太冲，号梨洲，因所居之处为黄竹浦南雷，故又号南雷，明末清初思想家及史学家，父亲黄尊素为东林七君子之一，被魏忠贤等陷害，临终遗命黄宗羲以刘宗周为师，后与顾炎武、王夫之并称"清初三大儒"，学问极为渊博，对于天文、算术、乐律、经史百家及释道等无所不窥，开浙东史学研究之风。黄宗羲还曾领导"复社"成员与官宦权贵抗争，几遭杀害，明亡后潜心著书，屡拒清

《明儒学案》书牌

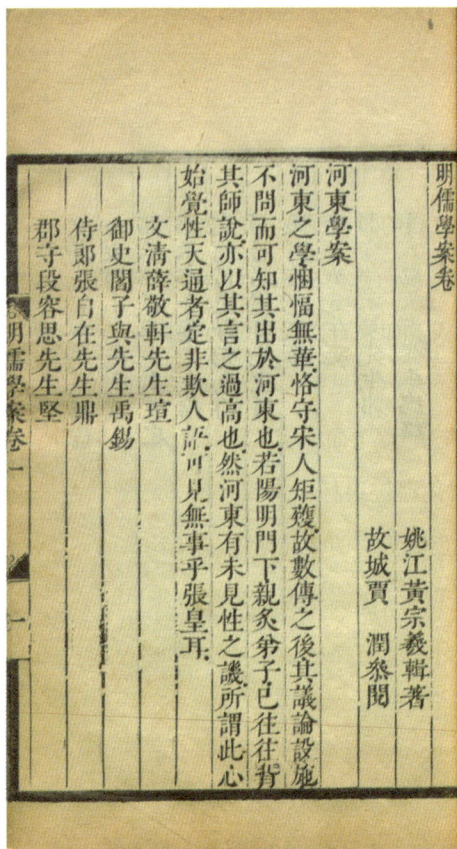

明儒學案卷

河東學案

姚江黃宗羲輯著

故城賈 潤黍閱

河東之學惆惆無華恪守宋人矩矱故數傳之後其議論設施
不問而可知其出於河東也若陽明門下親炙弟子已往往背
其師說亦以其言之過高也然河東有未見性之譏所謂此心
始覺性天通者定非欺人語可見無事乎張皇耳

文清薛敬軒先生瑄

御史閻子與先生禹錫

侍郎張白在先生冊

郡守段容思先生堅

《明儒学案》清康熙三十二年贾朴紫筠斋本雍正十三年补刻本

廷征召，所著有《宋元学案》《明儒学案》《明夷待访录》《南雷文案》等，其中《明儒学案》为中国第一部学术史专著。

康熙四年（1665），黄宗羲在南雷建起续钞阁庋藏群籍，续钞阁的堂号缘自曾经与友人有过"钞书社"的约定，续钞阁藏书以得自祁氏澹生堂及徐氏传是楼为最多。根据其子黄百家所编《续钞书堂藏书目》中记载："续钞堂藏书经若干卷，史若干卷，子若干卷，集若干卷，选文若干卷，选诗若干卷，志考类若干卷，经济类若干卷，性理语录、天文、地理、兵刑、礼乐、农圃、医卜、律吕、数算、小说、杂技、野史、释道、俳优等若干卷，总合若干万卷。"黄百家所指的这"若干万卷"还没有包括之前被山兵夺走、偷儿窃去的卷帙。其私淑弟子全祖望曾记黄宗羲藏书后事："垂老，遭大水，卷轴尽坏，身后一火，失去大半。吾友郑丈南溪理而出之，其散乱者复整，其破损者复完，尚可得三万卷。"失去大半，尚可得三万卷，可见黄宗羲当年藏书至少不下六万卷。

全祖望所称"郑丈南溪"指的是郑性，其字义门，号南溪，自曾祖起即富藏书，祖父郑溱与黄宗羲相契极深，父亲郑梁又是黄宗羲的门生。郑梁素有心愿，就是希望能够建起一座楼阁来纪念父亲郑溱与老师黄宗羲，临终前曾对郑性说："吾死，汝其建一阁，立二先生主，梨洲居左，秦川府君居右，而吾则侍于其侧，岁时致祭惟谨。"郑性于是谨遵父命，在康熙六十年建起二老阁，两年后完工，阁中还同时保存了郑氏历代藏书两万余卷、黄氏续钞阁藏书三万卷。黄宗羲去世后，子孙日益穷困，郑性不仅在经济上资助黄家，还为黄家购置墓田，以解后祭之忧，并于每年春秋带领子孙祭祀黄宗羲与郑溱。

黄宗羲享年八十六岁，然而他在七十八岁那年就已经为自己造好生圹，墓址选在父亲黄尊素墓附近，不设棺椁，仅于石室中设一石床，并交待后人说，必须在他死后的第二天早上用棕棚抬到石室中，石床上垫以一被一褥，不得再有任何增加，装殓所用平时衣物即可，戴以头巾，将遗体放在石床上后，再将棕棚抽出；石室中必须充满香气，不可有一张纸钱等物带进去，墓前可设台阶、拜坛，拜坛下面的小田可以挖成三个小池，里面种上荷花。其弟子及后人都不明白他为什么要不设棺椁，仅有石床，黄宗羲特意作《葬制或问》回答弟子，表示身遭家国之难，以期速朽而已，又作《梨洲末命》安排具体后事，自撰望柱对联："有石两根，可移至我圹前作望柱，上刻：'不事王侯，持子陵之风节；诏钞著述，同虞喜之传文'"。

康熙三十四年七月初三日卯时，黄宗羲永归道山，据《先遗献文孝公梨洲府君行略》载："不孝百家谨遵《末命》，于次日昇至化安山，不用棺椁，安卧圹中石床，前设石几，置所著述图书其上，即塞圹门。""文孝"二字为门生于黄宗羲殁后次年为其所拟私谥，当时曾拟就"文孝"与"文节"待选，最后在其遗像前定以"文孝"。化安山即今天的陆埠镇十五岙村，今天的黄宗羲墓却不是三百年前黄宗羲自己所造的生圹，1966年底，黄宗羲墓毁于破四旧，至1981年始在原址重建。

壬辰年早春前往拜访南雷先生，过阳明山庄不久即见有文保牌，上面除了"黄宗羲墓"之外，又特别注明"浙东学派史迹"六字。根据路牌指示，穿过大片的桃花林，沿着一条小溪蜿蜒上行，溪边几个游春的姑娘正在小憩，遇到第一座小桥后右转，再前行百余米，

黄宗羲墓文保牌

即看见黄宗羲墓依山而建，整个墓冢融入山林，墓前的封石呈钟形，墓碑上以隶书写着"黄公梨洲先生之墓"，虽然是后来重修之墓，但也透出一种肃穆，清明未到，墓前有人敬放着四个花篮，还有一瓶雪碧，花朵之清新，显示敬花人刚走未远。可能是因为《梨洲末命》中最后一句"相厚之至，有于坟上植梅五株，则稽首谢之"，如今的黄梨洲墓前有着大片整齐的梅林，《梨洲末命》中还有一句"上坟须择天气晴明"，这一天又正好是天气晴明，刚才在溪边嬉耍的几个姑娘说说笑笑间也来到黄宗羲墓前，认真看了看墓碑上的名字，相互问一句"黄宗羲是谁？"有人回答："古代的大文豪"，又有人问："他生前喜欢喝雪碧吗？"然后几个姑娘一起笑起来，又盈盈离去。她们应该是附近的打工妹，为着踏青而来，桃花美人，欢声笑语，暖阳普照，一时间竟然感觉黄宗羲墓园无比美好。

墓园的左边尚有黄宗羲神道碑亭，形制为清代宁绍地区传统六角亭，亭中立着全祖望撰写的神道碑文。又有石质小亭一间，亭柱上刻着黄宗羲自撰的那副对联："不事王侯，持子陵之风节；诏钞著

黄宗羲墓

黄宗羲神道碑亭

述，同虞喜之传文"，两间小亭都隐在刚刚长出绿叶的梅林中间，沐浴着阳光。距离这里百余米的另一个山坡之上，是黄宗羲的父亲黄尊素之墓，也是近几年依明代墓葬规格重修，墓前的神道上并列着重新雕刻的石马、石羊、石虎和望柱，墓碑上横向刻着"明故太仆卿谥忠端黄公尊素之墓"。刚才踏青的几个姑娘又游玩到这里，其中一位略懂的姑娘告诉她们，这一座墓是刚才所见黄宗羲父亲的墓，一个姑娘接着问她："好像黄宗羲的名气要大一些呢，怎么反而比这个坟要小得多？"可能那位略懂一些的姑娘答不上，很快就嬉笑着转移了话题。正在旁边拍照的我极想上去告诉她们，那是因为黄尊

黄尊素墓

素是明代的高官，而黄宗羲没有官职，但是又怕她们嫌我唐突，犹豫来犹豫去，姑娘们又走远了。

　　这真是一次美丽的寻访，是我整个寻访历程中极为清丽的一次。拍完照我没有急着去访下一位前贤，而是在园中的小径上默默地散了一会儿步，黄宗羲曾经赋诗咏过这里："昔年曾此作邻家，依旧水声彻夜哗。风景过清销不尽，满溪明目浸桃花"，三百多年过去，眼前之景似乎一点儿都没变。

吕留良墓

种种自相矛盾之处，却令我觉得更为真实，的确，世上更多的是有血有肉的普通人，哪有那么多的伟光正。

吕留良（1629—1683）初名光纶，字庄生，一字用晦，号晚村，明末清初思想家，精通医理，明朝灭亡之后，因不满清朝统治，拒绝出仕，晚年削发为僧。

吕留良墓遗址位于浙江省嘉兴桐乡市洲泉镇晚村乡东长板桥西的识村村钟家埭，经过历史上两次掘毁，如今已经什么都看不见了。吕留良是一个极富传奇色彩的人物，在人们想象中，有时是学者形象，有时是医生形象，有时又是和尚形象，更多的是反清复明的义士形象，吕四娘的传说则为他的传奇又增添了一层江湖形象，那么吕留良到底是一个什么样的人呢？今天，在我的寻访中，他是一个藏书家的形象。

吕留良（1629-1683）初名光纶，字庄生，一字用晦，号晚村，明末清初思想家，学宗程朱，精通医理，明朝灭亡之后，因不满清朝统治，拒绝出仕，晚年削发为僧，法名耐可，传世著述有《天盖楼诗》《晚村医案》《吕晚村先生文集》等。

因其认为"华夷之辨"大于"君臣之伦"，所撰文章多有忠于明朝、追思故国之意，且多对满人的嘲讽，这种思想后来被曾静理解并发挥，招至死后五十年被雍正开棺戮尸，满门抄斩。当时具体负责抄家的官员是浙江总督管巡抚事李卫。雍正六年（1728），李卫将吕留良的儿孙及门生等人五花大绑押解进京，同时封存吕家全部藏书，并计划将藏书也押解进京，但吕家藏书实在太多，难以全部运上京师，于是李卫命令知县将全部藏书中的经、史两类逐一细查造册，再运送进京供雍正御览。

以朝廷要员之力尚不能将全部藏书押解进京，可想而知吕家藏书之富。吕留良藏书

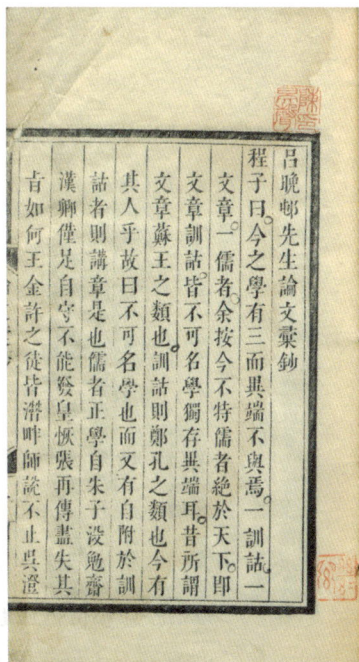

《吕晚村先生论文汇钞》清康熙五十三年吕氏家塾刻本

处有天盖楼、二妙亭、南阳讲习堂、耕钓草堂、南阳村庄及风雨庵等，书界中关于吕留良藏书流传最广的故事，莫过于他和黄宗羲争书。吕留良与黄宗羲相识于顺治十七年（1660），当时黄五十一岁，吕三十二岁，两人虽然互为欣赏，但学术观点仍然有所不同。康熙五年（1666），祁氏澹生堂藏书求售，吕留良委托黄宗羲前往绍兴购书，黄宗羲代购同时以自己的束修参股，也购买了一批图籍，原本这是古籍递藏的一段佳话，却不料在分书时两人闹得极为尴尬。

据黄宗羲《天一阁藏书记》记载："丙午，余与书贾入山翻阅三昼夜，余载十捆而出，经学近百种，稗官百十册，而宋元文集已无存者。途中又为书贾窃去卫湜《礼记集说》、（王偁）《东都事略》。"兹事被黄宗羲的私淑弟子全祖望发挥，就变成了"交易既毕，用晦之使者，中途窃南雷所取卫湜《礼记集说》、王偁《东都事略》以去，则用晦所授意也。南雷大怒，绝其通门之籍。用晦亦遂反而操戈，而妄自托于建安之徒，力攻新建。"事实上两人关系虽然因此心存芥蒂，但并未破裂，亦不存在"绝其通门之籍"。

这次购书，吕留良分得了大约三千册，事后在写给长子吕葆中的诗里说："阿翁铭识墨犹新，大担论觔换直银。说与痴儿休笑倒，难寻几世好书人。"吕葆中亦喜藏书，吕留良去世后，藏书尽为其所得，堂号有吾研斋、耻斋、不远复堂、明农草堂、观稼堂、玉乳山房等，藏印亦极多。父子两人皆知书喜书，并一同经营书坊，售卖自家刻印的书籍，在藏书、抄书、编书、刻书与售书的各个环节中，两人皆配合得天衣无缝。当时南京黄俞邰和周浚藏书亦极富，吕留良目睹两家藏书之盛后，原本计划归程的他改变主意，向黄、周两家请求借抄，并修家书称"书籍留人，恋恋难释，意且在此结夏，大约秋初作归计耳"。两家虽然允许他借抄，但规定只可将书留在南京借抄，不得携往他处。吕留良"但恨不能尽抄"，遂悄悄将书寄回家中，令吕葆中等代为校勘、抄录，在家信中称："书到即为分写校对，速将原本寄来还之。两家极珍惜，我私发归者。"

吕葆中虽然与父亲在兴趣爱好上极为投契，但并非事事都认同父亲。吕留良心系明室，虽然也曾被迫参加清朝的科举，并考取了诸生，但事后长年为此后悔，认为参加清朝科举是自己人生的污点，并下令不许儿子们参加科举。但是吕留良去世第四年，吕葆中即步入科场，至康熙四十五年（1706）进士及第，以致后来雍正下令清查吕氏一门时，发现其子居然是康熙朝进士，曾为翰林院编修，极为吃惊。

吕留良绝没有想到自己死后会因为一个遥远的陌生人曾静而导致满门抄斩。康熙二十二年（1683），吕留良自知天不假年，写下《遗令》安排后事，不久即去世，家人按其《遗令》取皂帛裹头，不作清朝装束，将他葬于识村东长板桥西。雍正十年（1732），曾静案发，嘉兴府尹奉旨挖开吕留良、吕葆中墓，破棺戮尸示众，从此吕留良墓无人过问。直至民国元年（1912），由其族裔吕在廷等人呈准当局，在东长板桥吕留良被戮尸处重建吕墓，墓前立碑书"先贤吕晚村先生之墓"，复撰文略为小记："闻先生之藏书楼，曰'天盖楼'，自籍

晚村村的村牌

没后，典籍被毁，今已瓦砾无存，鞠为茂草矣。先生之墓，在相州之识村，今已荒草蔓烟，累累崩裂，而倍极凄凉矣。"此墓仅存半个世纪后，复毁于"文革"。

寻访吕留良墓本来是一件希望渺茫之事，好在有范笑我兄及顾威剑兄陪同寻找，总算觅得些许遗迹。可能因为工作的关系，顾兄对这一带的路径很是熟悉，这一天里，他既当司机又兼导游，非常辛苦。我们由崇福镇向西北行驶约 20 公里后，来到以吕留良号命村的村庄——晚村村，该村极大，已然类似于中等小镇，主街两边全部都是新起的喧闹商铺，完全看不到任何旧痕。范兄以当地方言向街边老人们打听长板桥，老人说该村原本有两座长板桥，分别叫东

吕留良墓旁的标志物——古石桥墩

长板桥和西长板桥，如今西长板桥已拆，变成了水泥桥，东长板桥也仅剩了桥墩。于是我们将车停在街边，步行入村寻找残存的桥墩。沿着河边的一条路往村子里面走，穿过一片桑树林，我们果然看到河边有一个古老的桥墩，以大条石垒成，石缝间露出一丛丛的枯草，围着它看了又看，希望能够发现某块石头上刻着字迹，显示这里与吕留良相关，但是我们什么也没有找到。河的对岸是正在改造的岸堤，后面是一家化工厂，看着这阵势，我觉得脚下的这个古老桥墩大约也存在不了太久，亦会被改造得无影无踪。于是我尽量的多拍了几张照片，希望能够为将来多保存一些细节。

桥墩的后面是一片五六亩大小的桑树林，桑树林的三面全部都是住房，只有正前面是河堤，这种存在很是奇怪，让我感觉像是刻意保留下来的，也许吕留良墓就在这一片桑树林里。根据资料记载，吕留良墓址在东长板桥之西，而此桥的西侧正是这片桑树林。桑树林后的一片旧居正在拆迁，树林正对着的一户门牌是"晚村乡识村村钟家埭 19 号"，由门牌看，晚村村是个大村，下面还分出不少的自然村，而此处则是识村自然村的钟家埭。这家的门板上还印着毛主席语录与大大的"忠"字，按照顾颉刚先生的说法，眼前所见应该也算是"层累说"式的历史遗迹。在这户村居的旁边，我还看到一个大约一平方米的奇怪小建筑，以竹木搭成箱子状，上面有顶，正面敞开，里面又放了一向上敞开的小箱子，这种大箱套小箱的东西我从未见过，于是向范兄请教有何用处。范兄告诉我说，这就是传统的厕所，令我大开眼界，只实在难以想象在箱子里面出恭的感觉。

后来在村中行走，我们又遇到两位农妇，抱着些微希望向她们请教吕留良墓所在，其中一位说，吕留良墓在该村本来有八个墓，其中七个被毁了，压在了旁边新建的厂房下，说着还走过去指给我看，点明具体是压在了哪一排厂房之下，我留心看了一下，原来是"桐乡市华越丝线有限公司"。我问她那么剩下的一个墓在哪里？她

吕留良墓遗址

说大概就是在桥边的桑树林地里。这一下印证了我刚才的猜测，我和范兄、顾兄马上跑回刚才的桑树林，希望能够寻找到一些蛛丝马迹，果真在桑树林的正中间看到了一堆古老的石块，石块的周围还长着一些细竹。范兄认为吕留良很有可能就埋在这里，否则桑树地里怎么会无故堆着这么多老旧的石块，而且只有这一小片范围长着细竹，似乎是特意种在这里，以作标识。

　　在范兄的带领之下，这一天我们还去了桐乡市崇福镇的吕园，吕园是民国期间为了纪念吕留良而建，位于中山公园之内。中山公园的门口立着两只粗糙的石狮子，看上去像某个乡镇企业的大门，淡蓝色的门票设计极为简单，大小如火柴盒，粗纸印刷，上面绘着一个亭子，连票价未注明，售票员称两元一张，这么简陋的门票与价钱，让人感觉顿时回到了上个世纪。吕园是中心湖对面的一处仿古院落，占地约三四亩，入园处嵌着两块石碑，分别是《吕晚村先生简介》及《吕园记》，介绍着吕园的来由和历史，园内正中为一石制小亭，亭中用有玻璃罩住一块石碑，也许天气寒冷之故，玻璃里面充满水雾，很难看清字迹，换了多个角度始看清楚里面是"先贤吕晚村先生纪念碑"，落款为蔡元培，小亭正前面的亭柱上刻着一副对联："民族昔沦亡，惨受严刑碎白骨；河山今恢复，洗除奇辱见青天"，此为民国年间重建吕留良墓的族裔吕在廷所撰。另外两面分别刻着蔡元培所撰"为民族争存，碎尸无憾；以文章报国，没世勿谖"，以及太虚法师所撰"春秋大义严夷夏，理气微言瓒宋明"。

吕园的中间还立着一块太湖石，太湖石旁边的草地上立着一只石马与石虎，颇有岁月之感，后来始知这是吕留良父母墓前的旧物。吕留良虽然祸及子孙，但总算没有为父母惹来麻烦。从吕园布置的石刻、楹联来看，今人之视吕留良，更多的是其政治色彩，这也许与辛亥那一场革命相关，时代造就英雄，也需要英雄，英雄遂应时而出现了。可我猜想，正如吕留良根本意识不到自己的文章会影响到千里之外的一个乡塾，引来一场灭门案，同样，他应该也猜不到自己死后的命运会反复被人抬起又踩下，如今又再一次以民族英雄的形象出现在世人面前。

从吕园出来，吕留良的各种形象在我脑海里盘旋，奇怪的是盘旋更多的是他自相矛盾的地方。他自称有"三畏九不能"，其中有"生平畏僧，甚于狼狈，尤畏宗门之僧"，晚年却又削发为僧；"九不能"中有不能借书："所宝惜者惟此，而友人借去，辄不肯见还。所谓'借者一痴，还者一痴'也。当永以为鉴。"而自己却又经常向他人借书。为了让自己的书坊生意兴旺，让儿子吕葆中评选时文，而冠以"吕晚村评点"之名；在南京抄书时，明明答应黄、周两家珍籍不出地界，却又偷偷将书寄回家中。然而种种自相矛盾之处，却令我觉得更为真实，的确，世上更多的是有血有肉的普通人，哪有那么多的伟光正。

河山今恢复
洗除奇痕见青天

吕园纪念碑亭

梅文鼎墓

墓碑上所刻字体是标准的宋体字，横细竖粗，我想如果将字体换成书法字体，也许古意会略浓一些吧。

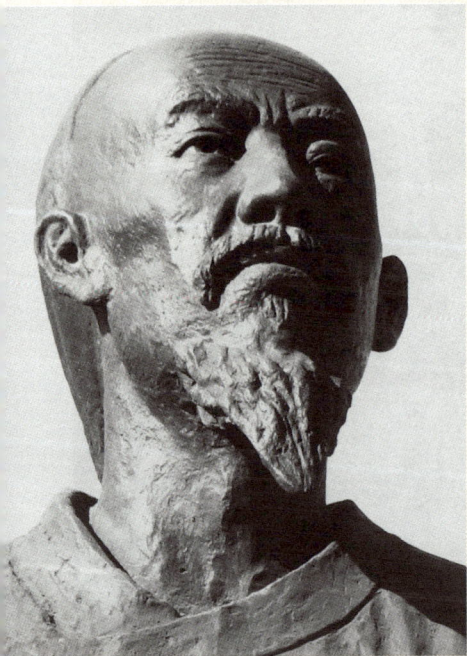

梅文鼎（1633-1721）字定九、号勿庵，以天文、历算、数学闻名，穷其一生精力研究整理中国古代历算成就，并阐发西方传入的数学理论。

梅文鼎墓位于安徽省宣城市峄山乡小管村，1986年被宣城县政府公布为县级重点文物保护单位，同年又被公布为省级重点文物保护单位。梅文鼎（1633-1721）字定九，号勿庵，以天文、历算、数学闻名，穷其一生精力研究整理中国古代历算成就，并阐发西方传入的数学理论，使中西数学汇通，被后世誉为"清初历算第一名家"，平生所著除《绩学堂文钞》《绩学堂诗钞》外，另撰有历算书多达80余种，又著有《勿庵历算书目》，为古籍书目中鲜有的自然科学书目。这部目录著录推步之书62种，算书26种，梅文鼎对每书的撰写主旨加以解题式说明，并于其中述及古今中外历算诸家之源流得失，颇为客观。他在《勿庵历算书目》自序中称："余之从事历学也，余四十年，性好苦思，时有所通，于积疑之后，著撰遂复多种，将欲悉出其书，就正当世，而未之能也。稍为胪列书名，各系数语，

梅文鼎雕像

发挥撰述本旨，庶以质诸同好，共明兹事云尔。"此目最早有梅毂成承学堂本，后有鲍廷博知不足斋丛书本，八千卷楼也曾有过抄本。20 年来，我所经眼的该书都是知不足斋零本，承学堂本从未寓目，此去寻访梅文鼎墓时，想起这部未曾经眼的书目，真希望哪天能够得到它。

梅文鼎虽然以历算闻名，但同时也是位藏书家，其藏书处有勿庵与绩学堂。据《清史列传》载，康熙四十二年（1703），康熙南巡，命人取梅文鼎著述进呈，李光地遂以《历学疑问》上呈。阅二年，康熙再次南巡，特意问起梅文鼎，一连三日召至舟中问对，并赐以"绩学参微"四个大字，事后康熙对李光地说："历算朕最留心，今鲜知者，如文鼎，真仅见也！"其藏书处以"绩学堂"为名，即来源于此。杭世骏《梅文鼎传》曾述及梅文鼎藏书事："家多藏书，频年游历，手抄杂帙，不下数万卷"，毛际可《宣城梅公传》亦述其藏

梅文鼎纪念馆

前往梅文鼎墓的路牌

书事："故多藏书，益以己所购致，凡数万卷。枕籍简帙，以自愉快。孳孳搜讨，至老不倦，残编散佚，必手抄之，一字异同亦不敢忽。故所得藏本益多，而闻见益博。"

今日之安徽宣城尚有梅文鼎纪念馆，与宣城市博物馆同址，馆前塑有梅文鼎铜像，馆内庭院中有巨石上镌"一代宗师"，为陆定一所题。前往寻访当日，博物馆中关于梅文鼎部分因为装修，没有对外开放，只能望而兴叹，其墓则在宣州区峄山乡小管村，据史料记载，当年曾有石坊、翁仲及祭台等，如今只有新修墓冢，立于一片田野当中。

前往梅文鼎墓的沿途立有清晰路牌，故未费周折即来到墓前，远望只是一丛稍见茂密的树丛，沿着新修未久的小路进去，即可看见墓冢，草木极盛，只能大约可见墓冢为圆形，由青砖垒起，碑为新立，正中刻有"皇清诰赠光禄大夫左都御史曾祖考梅公文鼎、一品夫人曾祖妣梅门陈氏合墓"，左侧又有"光禄大夫左都御史祖考梅公以燕附葬"，原来这里是梅氏一家三口合葬之墓。梅以燕字正谋，康熙三十二年举人，于算学颇有悟性，梅文鼎曾称其"能助之思也"，惜早卒未能承其业。以燕又有子毂成，字玉如，幼有"童乌"之誉，

梅文鼎墓

亦以算学著名，一生精研天文、数学，曾增删程大位《算法统余》，主持修编《数理精蕴》，并校正《梅氏律算全书》。

此墓原碑为康熙六十年所立，刻有"康熙六十年九月内工部江宁织造曹頫奉圣旨营建"，据《清史列传》载，梅文鼎去世后，"上闻，特命地方官经纪其丧"，此"地方官"就是指曹頫。梅氏后裔梅曾亮在《家谱约书》中记载："文鼎，一字勿庵，岁贡生。明崇祯癸酉年生，国朝康熙辛丑年卒。圣祖皇帝命江宁织造曹頫监葬事，配陈夫人合葬独山。子一人正谋，讳以燕，一字箫候，康熙癸酉举人，生顺治乙未，卒康熙乙酉，衬定九公墓。"又在《谒墓记》中提到："至独山谒定九公墓及正谋公墓，有碑曰江宁织造曹頫建造。"曹頫是康熙的亲信，与祖父曹玺、父亲曹寅先后担任江宁织造 60 年，他的名字或许大家有些陌生，但他有个儿子却家喻户晓，那就是大名鼎鼎的《红楼梦》作者曹雪芹。

根据墓碑上的资料，当年立碑的人应该是梅文鼎的曾孙辈，其下署有年款"乾隆五十三年吉月"，然眼前所见实际为 2001 年 6 月宣城市宣州区文化局所立，所刻字体是标准的宋体字，横细竖粗，我想如果将字体换成书法字体，也许古意会略浓一些吧。

梅文鼎墓碑

王士禛墓

无论是忠勤祠、王渔洋故居还是渔洋墓的寻访，所见之人，都是官僚气十足，这似乎也可以从侧面说明当地的官场风气，与对文化的态度。

王士禛（1634-1711）字子真，号阮亭，又号渔洋山人，死后因避雍正讳，改称士正，乾隆时下诏改称士禛，补谥文简，世人多称其王渔洋。

　　这几年的实地寻访，让我了解不少书本上读不到的知识，也见识了各地不同的民风，以前在书斋里读清人笔记，看到他们写各地的风土人情，如今自己出门跑在各地，有时也会生出时空错乱之感，似乎自己正生活在清人笔记中的某段叙述中，亲历着书中的民间百态，觉得他们当年写这些笔记时，也无非和我现在一样：因为在别处，所以感到新鲜，或者好奇，因而生出感慨。而各地民风也的确不一样，虽然大多数都极为淳朴，但也有特别的，以我的经历而言，民风最剽悍的当数湖南新化，当地人好武，喜欢撩斗，但这并不让我反感，真正让我反感的地方有两个，一个是湖南衡阳，另一个是山东桓台，而王士禛墓就在山东桓台。

　　王士禛墓位于山东桓台县新城镇新立村美中美工业园内，这个地址应该是真的，但具体还在不在，保护得怎么样，我并没有亲眼看见，事实上，我怀疑它早就被毁得连遗址都找不到了，但当地政府不肯承认。王士禛（1634-1711）字子真，号阮亭，又号渔洋山人，死后因避雍正讳，改称士正，乾隆时下诏改称士祯，补谥文简，世人多称其王渔洋。王渔洋最重要的成就在于诗学方面，是清前朝文化领军人物，号称一代诗宗，与朱彝尊并称"朱王"，也是最早提出"神韵说"的人。清早期的诗论有着好几种流派，最主要的有王士禛代表的"神韵说"、沈德潜代表的"格调说"、袁枚代表的"性灵说"和翁方纲代表的"肌理说"，其中"神韵说"主张含蓄淡雅，言尽而意不尽，提倡"不着一字，尽得风流"，推崇王维、孟浩然一路清远闲适的诗风。王渔洋一生著述颇多，有《带经堂集》《渔洋诗文集》《居易录》《渔洋山人精华录》《池北偶谈》等，其中《渔洋山人精华录》康熙三十九年刻本是其弟子林佶手书上版，为"林佶四写"之一，是清一代写刻本中的精品。

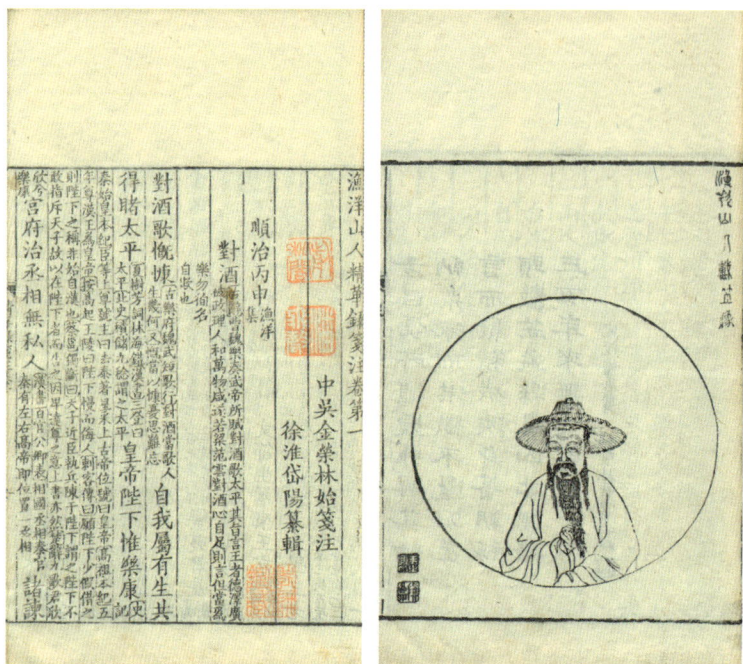

《渔洋山人精华录笺注》清康熙凤翙堂刻本　　卷首小像

　　王士禛出身藏书世家,《居易录》曾记其藏书渊源:"予家自太仆、司徒二公发祥, 然藏书尚少, 至司马、方伯二公, 藏书颇具矣。乱后尽毁兵火。予兄弟宦游南北, 稍复收辑。康熙乙巳自扬州归, 惟图书数十箧而已。官都下二十余载, 俸钱之入, 尽以买书。尝冬日过慈仁寺市, 见孔安国《尚书大传》, 朱子《仪礼经传通解》, 荀悦、袁宏《汉纪》, 欲购之; 异日侵晨往索, 已为他人所有。归来怊怅不可释, 病卧旬日始起。古称书淫书癖, 未知视予何如? 自知玩物丧志, 故是一病, 不能改也, 亦欲使吾子孙知之。"因购书未得而一病十天, 这不仅仅是书淫书癖, 更是书魔书痴。王士禛藏书处名叫池北书库, 池北书库原本是王氏先祖的旧居, 西有小园、池塘等, 王士禛宦游三十年, 归来唯有数千卷图籍庋于老屋之中, 乐此不疲。

　　朱彝尊曾作《池北书库记》, 读之可知王渔洋藏书概况:"池北书库者, 今少詹事新城王先生聚书之室也。新城王氏, 门望甲齐东, 先世遗书不少矣, 然兵火后散佚者半。先生自始仕迄今, 目耕肘书,借观辄录其副。每以月之朔望玩慈仁寺，日中集奉钱所入，悉以购书，盖三十年而书库尚未充也。"慈仁寺即北京报国寺，是明末清初京师有名的书市，比琉璃厂还要早，王渔洋每每流连于慈仁寺书肆，以致有人数度上门拜访而不见其人，颇为苦恼，有人提点称："此易耳！但值每月三五于慈仁寺市书摊候之，必相见矣。"来访者于是前往书肆等候，果然就见到了王渔洋。当时的书贾为了抬高书价，只要说某某书曾经过王渔洋鉴赏，就会有人掏高价买去，可见在当时王渔洋藏书的名气极响，只是时至今日，诗学相对藏书而言更为显学，所以王渔洋藏书之名远没有诗名为盛。

在山东桓台，王氏为世代簪缨之家，300年间共出过30名进士，52名举人，至今尚留有许多遗迹。进入新城镇后，我先是向人打听王渔洋故居，经人指引来到一座牌坊前，上有"忠勤报国"字样，牌坊后是忠勤祠，中间有块宣传牌，介绍称忠勤祠是为纪念王渔洋高祖王重光而敕建。王重光是明嘉靖进士，累官至贵州布政使司左参议，死于任上，嘉靖皇帝深受感动，敕令在贵州建祠以祀，称为南祠。万历十六年（1588），王氏后人奏请皇帝恩准回乡立祠，于是有了新城东祠，万历三十年（1602），王重光次子另立忠勤祠，俗称新城西祠，即眼前所见之祠。看完介绍，我颇疑惑这座忠勤祠只是纪念其祖，可能与王渔洋并无关系，于是问了问正在忠勤祠门口聊天的两位工作人员，工作人员不耐烦地说："有没有关系你进去不就知道了！"另一位等着检票的人员指了售票窗口生硬地说："先去买票！"无奈，

王士祯墓

忠勤祠

王士禛纪念馆

只好来到售票口，门票50元，一路寻访以来，交通费是最大的开销，其次就是门票，各处的门票很多都高得不可思议，感觉中国人实在是太有钱了。我已经将50元递进售票的小窗口了，但还是不想花冤枉钱，忍不住又问了一下："我要找的是渔洋祠，不是他高祖王重光，请问这里面纪念的是王渔洋还是王重光？"售票的女士本来把钱收了，正准备撕门票，听我这么问，停住手说："这是他高祖王重光的祠堂。王渔洋纪念馆以前也在这里，但是现在他的故居重建了，就把纪念馆迁走了，就在马路对面，他的祠堂也在那一边，不过现在还没有开放。"又问其墓在何处，她说渔洋墓在一间名叫美中美的工厂里面，但"人家可能不让进"，然后把钱退给了我，让我省了50块冤枉钱。

于是我先去了重建的渔洋祠，途中见到一座"四世宫保"大牌坊，极为精美，保存得如此完好，令人吃惊。牌坊附近不远处就是新建的王渔洋故居，因尚未正式对外开放，所以尽管气派，却空寂无人。我找到景区管理处，问他们可否进去拍照，管理处办公室里一共三个年轻人，正聊得不亦乐乎，见我突兀地闯进来，极不开心，一口拒绝，说这里不对外开放，我问是需要买门票吗？我可以马上买。

一位女孩见我拿着相机，说："你现在就拍照曝光，里面的资料都外泄了，以后人家就没兴趣来了。我们这里没有那么容易进去的！"这真是一个非常奇怪的理由，我解释说自己在写一本书，替你们做宣传也不行吗？一位看上去身份较高的男士出来打圆场了，查了查我的身份证，说要请示上级，让我等一等再说，于是我等了三等，男士终于再次出现，说可以带我去门口看看，但是不能进去。

我跟随他来到王渔洋故居的大门口，男士说话非常礼貌，但没有商量余地："你在门口看看就好了，但不能进去。因为我们有些东西是不能对外公布的。"然后指了一个角度让我拍照，并强调别的地方不准拍，拍完又带我来到故居门口前的小花坛，要求我拍花坛里面口号式的广告宣传语，我哭笑不得，问有老建筑吗？他又把我带到一个全新的、泛着油漆味的仿古建筑门口，一口咬定这就是老建筑，我很无奈，感谢他之后离开了这座全新的老建筑，寻找渔洋墓。

渔洋墓在新立村美中美工厂内，很快找到了美中美，工厂大门极为气派，仅门卫就有四个，里面可想应该更大，果然门卫不让我进去，这是预料中的，并不能怪他们，我问他们要什么样的条件才能进去，或者一定要找到哪位领导才能进去，他们互相推诿了半天，其中一个说："你去找文化局，拿文件来，或者去镇上找文化站，只要能拿到他们的文件就行。"我不知道这的确是进入工厂的条件，还是他们明知不可能而故意踢出来的球，但既然他们这么说了，那我就去试一试吧。

一直以来，我的寻访之旅都是尽量避免与当地政府打交道，因为不找他们还好，一找，就会找出各种麻烦，比如在湖北天门访钟惺墓不遇，无奈打电话到当地文化局问路时，电话里居然训斥我："你哪里来的，怎么能自己跑去照相呢？要有市委宣传部的文件才能去的！"现在去找新城镇文化站，我心里已经做好了准备，可能又是一番官腔，但只要能让我进去，官腔就官腔吧。问了许多人，都说不上文化站在哪里，出租车司机提醒我，不如到镇政府去，那里

王士禛纪念馆

王士禛（1634—1711）

一定有管文化的部门。于是我们来到了桓台县新城镇政府，院子里面是一座四层办公楼，今天是星期二，正是下午办公时间，可是院子没有什么人，转了一圈，只看见一楼第一个办公室门开着，里面一位男士正躺着看电视，看样子不像工作人员，又看外面的指示牌，宣传部在四楼，于是上到四楼，可是整个四楼静悄悄，所有的办公室都关着门，完全不像有人办公的样子，只好又往下走。到了楼梯处遇到一位中年男士上来，问我找谁，我把来意说了大概，他说我给你一个电话，你找他吧，我问这电话的主人是谁，怎么称呼，他说是王部长，我记下电话号码向他确认，然后打过去，可是对方还没等我说完，就说："你打错了！"然后挂掉。我很纳闷，对这位中年男士说："他说打错了。"男士微微笑了一下："那你到一楼去找人吧。"

我只好又来到一楼，看看只有那间看电视的办公室开着门，于是走进去问分管文化的是哪位领导？看电视的人说在四楼，要我上四楼去找，我说四楼去过了，没有人，他说那你等着吧，然后接着看电视。这时又进来一个人，年龄在五十岁上下，严肃地问我有什么事，我略说了一下，表示想看一看王渔洋墓，美中美工厂说要找政府才行。他要了我的身份证，看了看，然后扔在一边，说领导出去了，你等着吧。我心里想，这要等到什么时候呢？又想确认一下刚才那人告诉我的电话是否有误，于是问他："你们负责宣传的领导贵姓？"他看我一眼没有回答，想了一下，移过座机："我问一下吧。"接着听见他在电话里略说了大概，对方似乎有事，推托了一番，他连续"哦"了几声，说："没事没事，那就让他慢慢等着吧，没有什么要紧的事，你先忙，你先忙。"然后放下电话严肃地对我说："你等着吧。"我问大概等多久呢？他突然就生气了，敲着桌子大声说："那我怎么知道？！你是干什么的我们都不清楚，我们还要调查你的来历、身份、职业、背景！你的身份证是真是假还要验一验！我们的文件你想出就出？！"说完狠狠地看我一眼，背着手出去了。我知道一定是没戏了，于是放弃在这里"慢慢等"，离开了政府大楼，继续下一程寻访。

数日后回到书斋，心有不甘地在网上搜索关于渔洋墓的资料，没有任何人写过关于它的游记，似乎这个墓早就不存在了，并且连遗址

渔洋祠

都没有了，看无可看，不知是不是这个原因，所以当地政府不愿意有人去拍照？总之整个桓台给我的感觉都不太好，无论是忠勤祠、王渔洋故居还是渔洋墓的寻访，都是官僚气十足，这似乎也可以从侧面说明当地的官场风气，与对文化的态度。这又让我想起在湖南衡阳的寻访，当地人也是从头至尾的骗与不讲信用，不过二者的区别是，一个来自民间，一个来自官方。其实这种经历跟我自身的心态也有着很大关系，在制订这一次的寻访计划时，我改变了以往无论到哪里都先找熟人朋友的寻访方式，因为这样虽然有很多方便，但也有很多的应酬，难以体验寻访过程中的意外所得或者是酸甜苦辣，而现在这种寻访方式记录下来的细节与过程，会更加生动与真实。王渔洋的故居和纪念馆其实我十几年前就已经寻访过，当时是先通过北京的领导找到了淄博市的政府负责人，再由其介绍给桓台县县委书记，再由县委书记指派文化局局长陪同观看，这种寻访方式看似费周折，而实际过程不过是领导的几通电话，一切环节全变成了绿灯。这一次我本想静悄悄地来，拍照之后再静悄悄地离去，不给各位领导带来一丝麻烦，却没想到这个"微服私访"给自己带来的遭遇是事先绝没料到的，我的自以为是，让自己吃了苦头，看来在当今的中国，还是应该以务实识趣为第一要义。

万斯同墓

我希望自己能够在中国这个巨大而正在进行中的拆建潮中，尽量将目前仍然能够看到的前贤遗迹记录下来。

万斯同（1638－1702）字季野，学者称石园先生，门人私谥贞文，与兄长万斯大一起师从黄宗羲，精通史学，尤其熟悉明代掌故，是浙东学派代表人物。

　　万斯同墓位于浙江省奉化市莼湖镇王家桥莼湖岙村，当地人称之"先生墓"，问起万斯同，很多人都说不认识，后来看到其墓碑上刻着"季野万先生"等字，以及文保牌上的"万季野墓"，才明白为什么。万斯同（1638-1702）字季野，学者称石园先生，门人私谥贞文，与兄长万斯大一起师从黄宗羲，精通史学，尤其熟悉明代掌故，是浙东学派代表人物。康熙十七年（1678）举博学鸿词科，辞而不就，次年以布衣身份入京主修《明史》，为纂修官之事而不署名、不受俸，手定《明史稿》五百卷，一生著述数十种之多，有《儒林宗派》《读礼通考》《群书辨疑》等等。

　　万斯同的父亲万泰是明末复社名士，与黄宗羲同出于刘宗周门下，与朱彝尊亦有往来。顺治十一年（1654）黄宗羲因嫁女来到宁波，就住在万家，万泰于是安排几个儿子跟随黄宗羲学习，当时万斯大二十二岁，万斯同十七岁，后来万斯大传承了黄宗羲的经学，万斯同传承了史学，兄弟二人一起成为浙东学术的中坚。《黄梨洲文集》中多处记载万斯同事迹，如"余友万季野，读书五行并下，弘羊潜计，安世默识，季野准之，诚不足怪，而尤熟于明室之典故。诏修《明史》，总裁令其以白衣领事，见之者无不咨其博洽。"万斯同也颇以白衣入史馆而自豪，来到京师后与权贵们往来，不卑不亢，名刺上直书"布衣万斯同"五字。

　　甬上万氏一族为诗书世家，家中自祖上就有藏书，万斯同的藏书处名叫寒松斋，藏书印除"万斯同印""季野读过""万氏寒松斋珍藏之印"之外，尚有一方白长方印，印文为"吾存宁可食吾肉，吾亡宁可发吾椁，子子孙孙永无鬻，熟此直可供饘粥"，可见其嗜书之深。在京师时，为了纂修《明史》，万斯同致力网罗群书，欲读之书一定要想办法得到，如果自己买不到，便想办法找友人相助，必

康熙叁拾壹年新刊

四明萬季野輯

東漢 三國 晉 宋齊梁
陳 後魏 北齊 周隋 五代

補歷代史表

都門梓行

唐表嗣刊

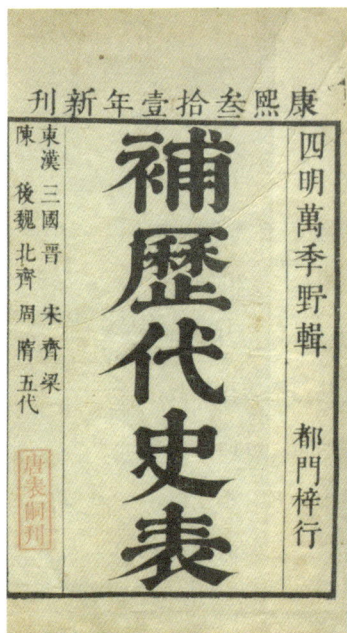

《补历代史表》牌记页

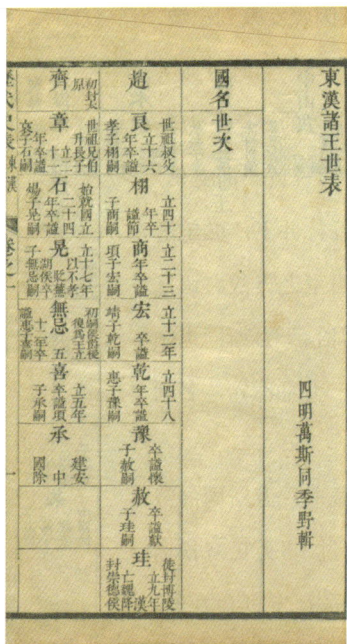

東漢諸王世表

四明萬斯同季野輯

萬斯同撰《补历代史表》清康熙三十一年都门刻本

定要得书而后快。购书同时，他还雇人专门从史馆替他抄出秘籍，全祖望形容他所抄之书，多至"连甍接架"。《皕宋楼藏书源流考》中亦有关于万斯同抄书的记载："是以甬上之藏，钞本为多，而黄太冲、徐健庵、万季野及阮伯元之伦，皆就阁中钞书，而一时好事者皆争仿效。"万斯同还曾自述读书、访书之好，称："吾少馆于某氏，其家有列朝实录，吾默识暗诵，未敢有一言一事之遗也。长游四方，就故家长老求遗书，考问往事，旁及郡志邑乘杂家志传之文，靡不网罗。"

从种种记录来看，万斯同藏书似乎并不讲究版本与赏鉴，而是以内容为主的读书人实用路数。对于自己的藏书归属，万斯同曾有过计划，准备待《明史》修完之后全部赠给方苞。据《万季野墓表》记载，在京师修史期间，万斯同曾指着四壁架上的藏书，对方苞说："是吾四十年所收集也，逾岁吾书成，当并归于子矣。"但是方苞最终并没有得到万斯同的藏书。交待藏书之事后一年有余，万斯同就在京师王鸿绪的官邸去世，方苞记其去世时的情状称："及余归，逾年而季野竟客死，无子弟在侧，其史稿及群书遂不知所归。"事实上，万斯同的藏书及手稿等皆被钱名世囊括而去。万斯同晚年眼疾日重，无法阅读书写，当时的史馆总裁王鸿绪于是请来钱名世为他诵读史稿，并记录修改意见，二人以师生相称。万斯同病逝时，因无亲人在旁，钱名世遂以孝子身份主持丧事，丧事过后，竟然将寒松斋所有藏书全部攫为己有，以致万斯同之子万世标慨叹父亲"卒于史馆，遗书尽为钱名世取去，无一好本寄回家者"。

万斯同死后归葬奉化，于康熙五十八年（1719）葬于莼湖镇乌鸦冠山南麓的半山腰上，因年代久远，兼地处偏僻，逐渐湮没至无人知晓，到了同治年间，始由当地贡生谢午峰找到墓址。当时墓址已经荒草丛生，难辨碑文。至1936年，因日军侵略，当地政府为激励国人民族气节，救亡图存，将万斯同举为乡贤大力宣传，并由当地士绅庄崧甫、应梦卿等人发起募捐，重新修墓，又在距离墓址两公里的莼湖镇上建起乡贤祠以供祭祀。当时蒋介石、俞飞鹏、陈布雷等政要都曾为此捐款，共募得时币一万多元，修建了墓道、牌坊等，墓道入口处还竖有一丈多高的石笔，牌坊上的"万季野先生墓道"几个字还是蒋介石所题，望柱上则写着"万乡贤墓"。当时的墓址周围还遍值松柏，每逢清明，附近学校都会组织师生前来扫墓，纪念前贤。

然而这些牌坊、石笔及望柱如今都看不见了，只存留在当地文史资料里。"文革"期间，万斯同墓与众多名人墓葬一样，墓穴被夷为平地，用于修建墓道、牌坊的石材被村民们移去作为墙基，仅剩下无法搬动的墓碑及祭桌留在原处，万斯同墓再一次被湮没。前贤的光辉毕竟遮挡不住，上世纪80年代，修复万斯同墓的声音重新响起，当地于1982年将其公布为县级重点文物保护单位，立下"万季野墓"文保牌，1985年启动修复计划，由莼湖区文化站负责原址重建，并找来民国期间的旧照片，尽量恢复旧观。可惜的是，当年建在莼湖镇上的乡贤祠后来长期充作小学校舍，1997年学校扩建，旧校舍全部拆除，如今已无迹可寻。乡贤祠的拆除令我觉得极为遗憾，这也是我整个寻访计划的初衷之一：我希望自己能够在中国这个巨大而正在进行中的拆建潮中，尽量将目前仍然能够看到的前贤遗迹

远望万斯同墓

记录下来。

拜访万斯同途中我曾路过一个村庄，村子不大，却立着极为气派的大牌坊，上面写着"中国进士第一村"，这让我非常奇怪，为什么一个小村庄会有如此大的口气，因为我知道温州有个"中华进士第一村"。出租车司机告诉我，这个村子叫走马塘村，我刚刚去拜访过的范钦就是出生在这个村子里，所以有这么个牌坊。原来如此，尽管范钦称不上中华第一进士，但是乡人为之骄傲也可以理解。范钦墓与万斯同墓相距如此之近，让我想象当年万斯同前往天一阁抄书的情景，真是物华天宝，人杰地灵，尽聚于斯。

尽管纪念万斯同的乡贤祠已经不存在了，我还是请司机带我去了一趟莼湖镇中心小学，学校内已经全无古物，绕学校一圈，看见学校后面的村子里有两个颇大的祠堂，但均与万斯同无关。来到莼湖岙村附近，我开始逐人打听万斯同墓，然所遇都是外地人，无法给我答案。又见附近有公墓，于是进入公墓管理处，向他们打听万斯同墓，里面有工作人员听说我要找古墓，告诉我旁边就有古墓，再问是万斯同吗？他们却说不知道，附近只有"先生墓"。我当时误会了一下，以为自己直呼"万斯同"不礼貌，所以他们才这样回答我。我向他们解释自己要找的就是"先生墓"，一位老者大概见我看上去颇为诚恳，主动站起来为我带路。老先生边走边向我介绍，可惜乡音极重，我只能勉强听懂一点，大意是说他在这里生活了七十多年，以前是小学老师，莼湖这个地方以前

万斯同墓

万斯同墓文保牌

的确有个湖，但现在已经不见了。

说话间我们来到了万斯同墓前，墓冢并不太大，周围的几棵树却似乎有些年头，墓冢为典型的江浙形式，墓碑横向嵌在正前方，上面从右到左写着"鄞儒理学季野万先生暨配庄氏傅氏墓"，其中"万""庄"及"傅"三个姓氏为已经褪色的残红，余者为黑色，还有几天就是清明，估计数日后，就会有人来此为它们填上红漆。墓碑右端刻有小字"内阁大学士王顼龄题"，两侧刻有对联一副："班马三椽笔，乾坤一布衣"，署款为"晚生裘琏敬题拜书"。将万斯同与班固、司马迁并称为"三椽笔"，这是对万先生极为推崇的评价。

墓冢前面的石供台是当年没有毁坏的原物，因为距离墓碑极近，遮住镜头，难以拍下墓碑全貌，于是我站到供台上面去拍照。这让我多少有些不安，万先生在当地人心目中极为崇高，我在其墓前如此失礼，想来老先生或有不快。拍照期间，另一位村民也走过来，和老先生以当地话交谈着。他们告诉我，万先生墓要重修了，并指着草丛中的一条白石灰线说，这就是为重修万先生墓划下的记号。

我看了看周围，草木极盛，说明来的人并不多。文保牌有好几个，1982 年公布的尚为县级文物保护单位，2006 年公布的已经是国家文物保护单位了。而除了 2006 年公布的文保牌上写的是"万斯同"外，其他几块写的都是"万季野"，他们告诉我，写着"万斯同"的那块文保牌刚立下去不久，所以看上去又新又干净。这也让我明白了为什么一路打听"万斯同"没有人知道，这一带的村民除了称呼其"万先生"外，还称呼其"万季野"，而我的外地口音，又令到他们加深了一层误会，难怪我打听"万斯同"时，闻者皆摇头。

万斯同墓

全祖望墓

「还是古人厚道。今天的人要是把睡过的人都葬在一处，那得多大一个坟。」

全祖望（1705—1755）字绍衣，号谢山，自署鲒埼亭长、双韭山民，人称谢山先生，博通经史，极有风骨，为浙东学派大家，清代学术史上的重要人物。

全祖望墓位于浙江省宁波市南郊的王家桥，周围环境优美，干净整洁，更像一个小公园。三月底前往寻访时，还有一对情侣正在墓旁唧唧卿卿，草长莺飞春意颇浓。全祖望（1705-1755）字绍衣，号谢山，自署鲒埼亭长、双韭山民，人称谢山先生，博通经史，极有风骨，为浙东学派大家，清代学术史上的重要人物，《清儒列传》载其入《儒林传》，称"祖望为学，渊博无涯涘，于书靡不贯串"。乾隆元年（1736），全祖望会试中进士，入为翰林院庶吉士，后因官场排挤，被降为知县，遂辞官归故里，专心治学，曾先后主讲绍兴蕺山书院、肇庆端溪书院，为士林敬重。所著有《鲒埼亭文集》《经史答问》《汉书地理志稽疑》《读易别录》《天一阁碑目》等等，并补辑《宋元学案》，七校《水经注》，三笺《困学纪闻》，续选《甬上耆旧诗》。一向心高气傲，喜欢刻薄评论他人的李慈铭，在读到全祖望的文章时，也深为佩服，称："予尝谓国朝人著作，若全氏《鲒埼亭集》、钱氏《潜研堂集》，皆兼苞百家，令人探索不尽。次则朱氏《曝书亭集》、杭氏《道古堂集》，亦儒林之巨观，正不得以鸿词之学少之。"

能有如此成就，万卷藏书是根基。宁波全氏为诗礼传家之大族，素有藏书传统，先世历代皆有藏书，至全祖望时期，藏书处则有双韭山房和藤轩。双韭山房

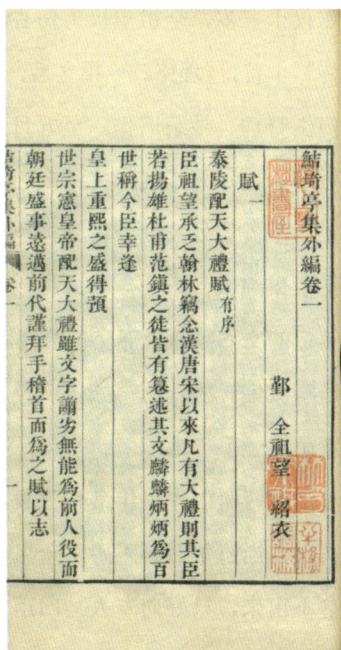

《鲒埼亭集外编》清嘉庆十六年刻本

163

原本是其六世祖全元立的别墅名称，因别墅所在山涧多有野韭而得名，全元立之双韭山房早已颓毁，全祖望延用祖上之堂号，以示不忘根本，在《双韭山房藏书记》中，全祖望自述历代藏书渊源："予家自先侍郎公，藏书大半钞之城西丰氏。其直永陵讲筵，赐书亦多，所称阿育王山房藏本者也。侍郎身后，归于宗人公之手，以其为长子也，先和州公仅得其十之一。宗人子孙尽以遗书为故纸，权其斤两而卖之，无一存者。先宫詹平淡斋亦多书，诸孙各分而有之，遂难复集。和州春云轩之书，一传为先应山公，再传为先曾王父兄弟，日积月累，几复阿育王山房之旧。而国难作，里第为营将所踞，见有巨库，以为货也。发视皆书，大怒，付之一炬。先赠公授徒山中，稍稍以束修之入购书，其力未能购者，或手钞之，先君偕仲父即以钞书作字课。已而，予能举楮墨，先君亦课以钞书。吾乡诸世家遭乱，书签无不散亡。吾家以三世研田之力，复拥五万卷之储胥，其亦幸矣。"

　　全祖望去世于乾隆二十年七月初二，享年虚岁五十，去世之前缠绵病榻颇久。这一年的三月，全祖望唯一的儿子全昭德不幸夭折，年仅十三岁，全祖望极为伤心，病势急转而下，为儿子写下《哭子诗》十首，《埋铭》一篇之后，绝笔不再作文，仅于精神尚好时看着门生整理、抄录旧作。至五月，病情加剧，文稿录成，却再也无力通读一遍，只好让门生董秉纯读给他听，听到有错之处，则口述指正，不满意处，则全篇删掉，以免贻误后人。待到易箦时，又特意把董秉纯喊到床前，将最终删定的文集五十卷、诗集十卷，以及未编定的文稿等等全部交付给他，命其好好珍藏。董秉纯不负师望，《鲒埼亭文集》《鲒埼亭文集外编》最终均由其一手编定，先生后事，亦董秉纯一手安排。

　　据《谢山先生年谱》记载，全望祖去世时天气极为酷热，寅时去世，当日午后即入殓，全祖望长期贫病，家人居然连殓葬之资都拿不出来，只好向友人马曰琯求助，可是去到马家才知道，马曰琯已经在全祖望去世的前十天，先行一步赴了黄泉，家人借贷的时候，两位好友已经相会于地下。幸而马曰璐随后为之张罗，告诸友人，筹得百金，可是也仅仅只够付一部分费用，全祖望家人情非得已，只好将其生前万卷藏书全部卖给卢镐族人，换来白银 200 两，才将后事安排妥当。

倪象占曾咏《谒全祖望墓》："怅望青山碣，来寻甬水涯。绕河三里曲，背郭一丘斜。太史谁传业，中郎漫问家。春风吹宿草，扫墓亦侯芭"。壬辰年三月，步前贤后尘，我也去宁波往谒全祖望墓，临行前在网上看到几篇今人谒全祖望墓的文章，似乎墓址不太好找，笔下也尽是萧瑟之气，于是在心里做好准备，可能会费一些周折，意外的是这一天遇到的出租车司机对当地文史极为熟悉，一听我要去找全祖望墓，说一声"我知道"，马上就开车了，直接把我带到市委党校附近的一条小河边，指着一个小牌坊说："你从这里走进去就是了，我的车子进不去，就在外面等你了。"

牌坊上写着"越魂史笔"，这无疑是用来评价全祖望的。穿过

全祖望墓文保牌

牌坊，沿着小河走了一段，就看见临河的园林正中间立着一座大冢，旁边有文物保护标牌"全祖望墓"以及简介，简介写得极为详细："墓平面呈长方形，面阔 730 厘米，进深 420 厘米。墓碑书'谢山全太史之墓'。墓前尚存全氏神道石坊及墓道。"访了这么多墓葬，以厘米来记录墓冢大小，这里还是第一次见到。全祖望墓为典型的江浙墓葬形式，墓碑以长石横栏在正前面，上面写着"谢山全太史墓"，"全"字为金色，余者为黑色，此与别的墓碑上姓氏填成红色又有所不同，大概以金漆填写姓氏更能体现出今人对全祖望的敬仰，难得的是墓碑与条石全是当年旧物。更为难得的是，墓前两侧各有一根望柱，望柱顶端各立着一只石狮，看上去颇有风霜岁月之感，应该也是当年旧物，这样标准的封建产物居然逃过了"文革"之劫，完完整整地立在望柱顶上直到今天，实在令人称奇。

当年的墓道如今看上去已经成了花园小径，小径中的确有一个小小的石坊，但是与全祖望并不相关，石坊是明代的，正对着其六世祖全少微之墓。全少微墓形式与全祖望墓相似而略小，正面前并无墓碑，原本应该是墓碑的地方补上了一块新的条石，显然旧有的墓碑被人砸掉了，如今墓主的名字写在旁边的一块大石上："全少微，系全祖望六世祖，诸生，补监生，授和阳县同知。"墓园里还有一座新建的亭子，上面写着"鲒埼亭"，柱子上刻着"倜傥指挥天下事，风骚驱使古人书"。这副对联是全祖望为万氏白云庄所撰，以褒扬万斯同、万斯大，尽管对联为全祖望所撰，但毕竟是咏别人，刻在这里似乎有些奇怪。

根据记载，这里应该还葬着全祖望的爱子全昭德，但是我走了一圈，没有看到相关的痕迹，只看见一条翠绿泛黄的小蛇被我惊动，慢慢地从眼前爬过去。记得还曾看到资料，称全祖望共有六房妻妾，死后均葬于同一墓穴中，难怪墓冢如此之大，可是我不太相信这则野史，许多记载都称全祖望以贫病终生，连葬殓费都要友朋支持，怎么可能娶得起六房夫人，门人董秉纯曾记"先生自辛酉以后极贫，

全祖望墓

鲐埼亭

饔飧或至不给，仲冬尚衣袷衣”，试问如此清贫，以何蓄妾呢？

正在疑惑间，出租车司机见我久不出现，放下车过来找我了，我向他提起自己的疑惑，问他全祖望与六位妻妾合葬于一冢是真的吗？他笑了笑，没有直接回答我，而是说："还是古人厚道。今天的人要是把睡过的人都葬在一处，那得多大一个坟。"

全祖望墓

全祖望墓前的望柱

戴震墓

戴震是众多前贤中我最敬仰的几位之一，如果说，对众多遗迹皆为『寻访』的话，那么去看戴震应该算『朝拜』了。

戴震（1723—1777）字东原，是乾嘉时期最著名的经学家之一，他代表的皖派与惠栋代表的吴派，是乾嘉汉学研究的两大主流。

　　戴震墓位于安徽省休宁县商山乡孝敬村公墓对面的田野中。戴震（1723-1777）字东原，是乾嘉时期最著名的经学家之一，他代表的皖派与惠栋代表的吴派，是乾嘉汉学研究的两大主流。正因为其经学家的名气太盛，后人为之撰写行状或墓志等，都注重其经学成就，关于其藏书的记载反而并不多见，但是洪亮吉有段非常著名的话，从侧面证实了戴震不仅是藏书家，而且是第一等的藏书家，其原文是："藏书家有数等，钱少詹大昕、戴吉士为考订家；卢学士文弨、翁阁学方纲为校雠家；鄞县范氏天一阁、钱塘吴氏瓶花斋、昆山徐氏传是楼为收藏家；吴门黄主事丕烈、邬镇鲍处士廷博为赏鉴家；吴门书估钱景开、陶五柳、湖南书估施汉英，为掠贩家。"

　　戴震的汉学研究与四库开馆密不可分，乾隆三十八年（1773），以乡贡特召入馆，充任校勘《永乐大典》纂修官兼分校官，首校《水经注》，在他校书的同时，响应朝廷下达的征书命令，将自己所藏献于四库。经《四库全书总目》著录为"庶吉士戴震家藏本"的有两种，分别为《复初集》三十六卷及《天籁集》二卷，已知其藏书印有"戴震""东原""茸荷散人"和"白玉兮为镇，疏石兰兮为芳"。乾隆四十二年，戴震在北京去世，段玉裁在《戴东原先生年谱》中记有："丁酉五月二十七日晡时，先生卒。时先生寓崇文门西范氏颖园。孔户部于是月三十日发书至蜀云：'月之二十二日，在

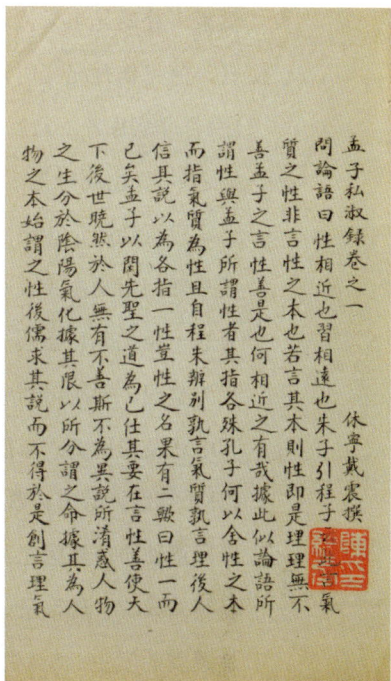

戴震撰《孟子私淑录》清抄本

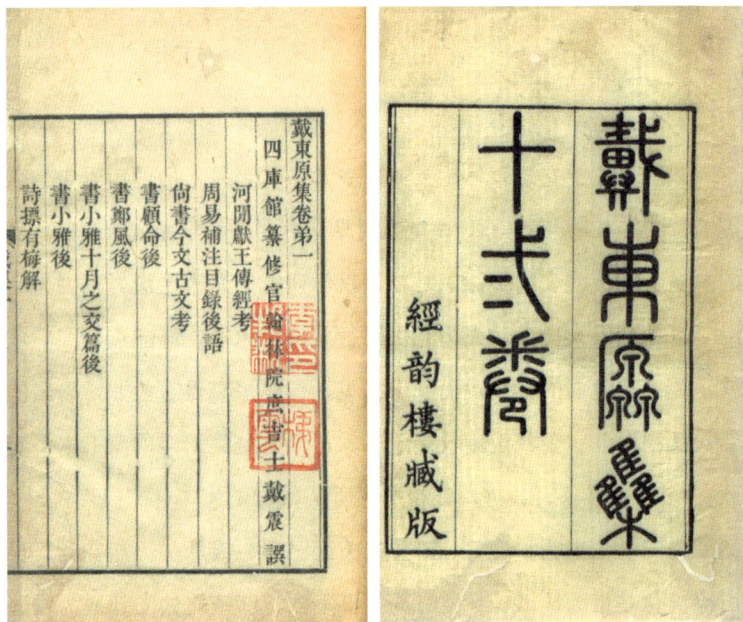

《戴东原集》清乾隆五十六年经韵楼刻本　　　《戴东原集》牌记页

东原先生寓中，坐间见封新刊《九章算术》奉寄。后三日，金辅之榜、洪素人朴两兄来云，东原先生服黑山栀一两，吐后病即剧。初闻疑甚，前见作吾兄札时，精神朗澈，又将泚笔为王廷相作《伤寒论注序》，非病瘵者。乃竟于二十七日晡时，不可作矣。斯人而死，何痛如之！'"由此可见，戴震直到去世前，一直在勤于笔耕。

段玉裁所记年谱中提到的孔户部就是孔继涵，山东曲阜人，曾任户部河南司主事，也是一位藏书家，其子孔广根为戴震女婿。因为这一层关系，戴震去世后，其藏书、遗稿皆归孔继涵，由孔继涵代为整理，于次年刊成，此即微波榭本《戴氏遗书》，前有卢文弨序，其中述及遗稿事："东原在馆校定《大戴礼记》《水经注》《五经算术》《孙子算经》等书，既已官为版行，而其遗书尚夥，或不免有零坠之患，意独窃窃然虑之。今年春，得曲阜孔君荭谷书，则已为之开雕，以其先成若干种寄余。余于是大慰，东原于是乎为不亡矣。"段玉裁是戴震的学生，《清史列传》中记载，戴震死后，其小学由王念孙、段玉裁传，其测算之学由孔广森传，其典章制度之学由任大椿传，皆其弟子也。戴震不仅是段玉裁的恩师，还对他有着雪中送炭之情，所以段玉裁一直到晚年，每当提起戴震，都会立即毕恭毕敬垂手而立，每逢初一、十五都会诵读恩师手札，以寄哀思。乾隆五十七年，段玉裁得到臧庸等人襄助，精校重刊，增订微波榭本《戴氏遗书》，是为经韵楼本《戴东原集》。

　　黄山市的屯溪区曾经有过一座东原图书馆，亦称戴震藏书楼，藏在一条名叫隆阜正街的小巷中，据说房子以前归戴家所有，但具体是不是戴震居住的那一间，已经无法考证。寻访戴震墓之前，我特意去了一趟隆阜正街，因太过窄小，只能步行进入，小巷颇长，巷中又有巷，于是一路向街坊打听，街坊们都指着同一个方向，说着同一句话："很早就关门了，你去了也看不见什么。"我初时以为

已经关闭的
戴震纪念馆

他们说的"关门"是指放假了，或者下班了，因为这几天正好是假期，来到正门前，才知道是已经搬迁了，空余了一间房子在这里，大门紧闭，门楣上大字写着"戴震纪念馆"。问了问隔壁小店，店主是外街搬进来的租户，什么也说不出来。

去拜访戴震，应该说是自从有了寻访计划以来的一件心事，戴震是众多前贤中我最敬仰的几位之一，如果说，对众多遗迹皆为"寻访"的话，那么去看戴震应该算"朝拜"了。事实上，我确实做了一件与其他寻访不一样的事情，那就是我带了一束鲜花去拜祭他。这一天的天气极好，我在前一晚打听好附近哪里有花店，一早去买了鲜花，请上一辆出租车，前往商山乡。本以为戴震如此大的名气，当地人应该都知道戴震墓，何况屯溪市中心还有戴震公园，以及戴震纪念馆等，事实上是却人人都知道有个戴震，但关于其墓葬在哪，却鲜有人知。后来司机致电他的当地朋友，才打听到戴震墓在孝敬

戴震墓文保牌

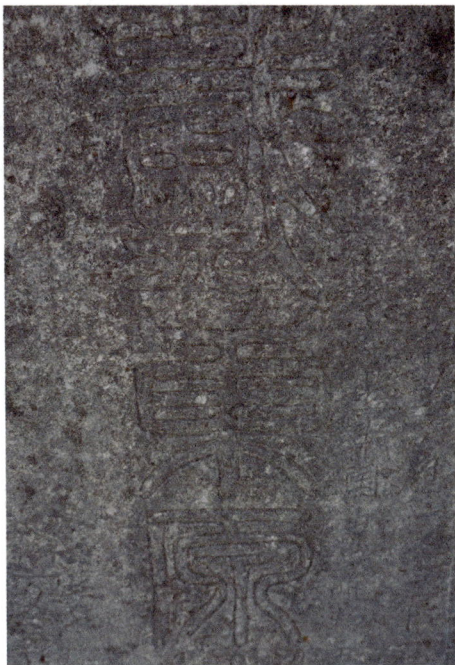

上世纪 80 年代
所立戴震墓碑

村的一座公墓对面，于是沿着鬲山大道进去，很快找到公墓，公墓旁边有几位妇女正在劳作，上前打听，她们指了田野深处的一个小山包说，那下面就是。于是请司机留在车内，我自己往田野深处走去。

田埂极窄，两边野草茂盛，显示平时行走的人并不多，亦可见来寻访戴震的人极少。墓就在小山脚下，说是小山，其实不过是一个略高的坡地，戴震墓背靠小山，面对田野，这时太阳升起未久，其位置正在墓后，可见墓是坐东向西，美则美矣，却因为是逆光，不太好拍照。整座墓园非常简陋，墓前有石头砌起的长方形围栏，整个墓园有五块石碑，其中最前面两块横着的，是文物保护标牌，最后面两块是墓碑，虽然斑驳有年，但都不是原碑，中间那块已经模糊难辨的，才是戴震墓的原碑。我蹲下去仔细辩认，也只能隐约辨出其中部分字迹，回到家后再查找资料，将之与所拍照片综合起来，始知此碑左边的小字为："赐进士出身，诰授朝议大夫，知江南

177

徽州府事，礼部郎中，军机处行走，戊辰科广西正考官，加级纪录七次，年愚侄龚丽正顿首拜题"，中间大字为："皇清特赐进士出身，敕授文林郎翰林院庶吉士，先考东原府君，先妣朱氏孺人合墓"，原来这是戴震先生夫妇合葬之墓，侧有"祀男中立、中孚，孙同均、同培仝立"。但是此墓中并非仅葬有戴震夫妇，因为旁边还有一行"皇清□授文林郎丁酉科举人候选知县……"及"巽山乾加己亥"等字，立碑时间为"龙飞嘉庆十八年岁次癸酉仲冬月"，这应该是戴震迁葬于此的时间，嘉庆十八年为1813年，此时距离戴震在北京范氏颖园去世已有36年。

看了墓碑才知道，为戴震题写墓石的人原来是龚丽正，龚丽正是段玉裁的学生，后来又娶了段玉裁的女儿段驯，生了个名气非常响亮的儿子龚自珍。我把鲜花放在戴震墓碑前，静静地鞠躬后离开。回到出租车上，司机对我说："那些妇女们见你拿了花过去，都问你是不是他的后人，看你这样专程过来，应该是吧。"我回答他说，以戴震这样的学问，认作是他的后人，也是荣光啊。司机感慨："是啊，看你名单上要访的那些，都是文化人，以前当官的都是文化人，你看看旁边的绩溪胡家，要是能做胡家的后人，那是你的福分。"

嘉庆时期所立的戴震墓碑

纪晓岚墓

一路上遇到的纪文达七世孙、石介七十三代孙、穀梁赤后人等等，他们聊起常有人自很远的地方，甚至从海外回到这里寻宗问祖时，每个人脸上都流露出自豪之情，而正是宗族之血脉，将这些原本不相识且不相干的人联系到一起，将古老的文明传递至今。

纪晓岚（1724—1805），原名纪昀，字晓岚，一字春帆，晚号石云，清代政治家、文学家，《四库全书》总纂修官，有藏书楼阅微草堂。

纪晓岚墓位于河北省沧县崔尔庄镇北村村南，壬辰年二月前往寻访，过程很顺利，但是事后每每想起，总是很难受，尤其是其七世孙临别时请我捎上枣时，被我婉绝一事。纪晓岚一生最大功绩就是主持编纂了《四库全书》，并参与撰写《四库全书总目》，其藏书处名阅微草堂，地址就在今日的北京琉璃厂附近。李文藻《南涧文集》中曾记其买书事："数年前，予房师晓岚先生亦买书数千金"。纪晓岚藏书不太看重版本，这一点从《四库全书总目提要》亦可窥一二，《提要》重点在于介绍作者与内容，极少提到版本，这也是后来邵懿辰、莫友芝、朱修伯等标注《四库简明目录》的重要原因。民国年间，纪氏后人迁至天津，将十余箱阅微草堂旧藏以低价售予各书局，轰动一时。伦明曾记载当时事件，称在琉璃厂见其旧藏，无宋元本，亦无精校、秘钞，刻本则在嘉庆之前，略可贵耳。纪晓岚不藏宋元本，并不说明他不懂宋元本之珍贵，曾有老妪携玉佩至其家求售，用来包裹玉佩的几页残纸，居然是四页北宋本的《公羊传》，令其惆怅良久。

纪晓岚的藏书观极通达，明代藏书家赵清常去世后，其子孙出售旧藏，人称白昼亦闻鬼哭，纪晓岚听到这个故事后，对好友说："大地山河，佛以为泡影，区区者复何足云。我百年后，倘图书、器玩散落人间，使赏鉴家指点摩挲曰：'此纪晓岚故物。'是亦佳话，何所恨哉！"大约有此通达之故，阅微草堂藏书才不甚看重宋元，不过我想，其身为四库总纂官，日日与珍籍秘本相伴，经眼无数，无不手自摩挲，至于自己家中是否再贮有宋元旧本，对他而言，可能也无多大意义了吧。纪晓岚所著有《阅微草堂笔记》及《纪文达公遗集》，其中《阅微草堂笔记》为其晚年所著，内容多为神鬼报应、劝善惩恶之类的小故事。《纪文达公遗集》为其去世后，由孙

《纪文达公遗集》书牌页

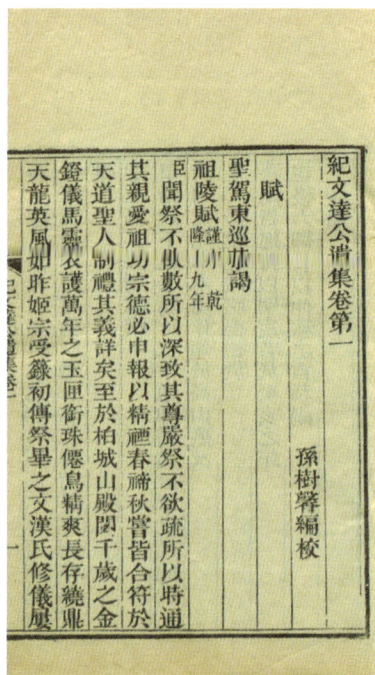

《纪文达公遗集》清嘉庆十七年刻本

子纪树馨等为之刊刻，其生前并未有付梓之意。纪晓岚曾经代人撰写过许多序跋碑表之类，也从不存稿，随写随弃，有人问起，则回答说："吾自校理秘书，纵观古今著述，知作者固已大备，后人竭其心思才力，要不出古人之范围，其自谓过之者，皆不知量之甚者也。"这句话每每读来，总令我汗如雨下。

是日所乘出租车司机小周自称是专业杂技演员，曾经上过央视抖空竹，开出租只是没演出时挣点外快，递来的名片如银行贵宾卡，上面印着明星照及演出联系电话，看其与我讲价时还带着一丝不好意思，相信他所言不虚。小周今年二十二岁，下半年结婚，媳妇在城里一小区做物业管理，据他说，他们现在结婚都已经算是晚的了，村里人都不爱念书，许多人十八岁结婚，不到二十就当爹。这一天的行程里除了纪晓岚墓，还访到了刘德墓，因文保牌上有"汉墓群"三个字，他以为汉墓的意思是指埋的都是汉族人，我告诉他指的是汉代，他又问汉代是什么？令我不得不将中国的历史朝代从古至今向他叙述一遍。小伙子有着农村人的淳朴，中午在小面馆里吃完面，他站起来抢着去付钱，被我拦下，最后行程结束时我将车资付给他，他算了算说大哥你再加点？我告知已经多给了，他又算了算，才腼腆地笑着说谢谢。

纪晓岚墓是今天寻访的第一个目的地，出城沿 307 国道一路前行，城乡结合部一带连绵数公里都是废品收购站，脏乱中竟然生出一种壮观，能够有这么巨大的垃圾场，实在超出想象。穿过这巨大的垃圾场进入农村，眼前开始出现一望无际的枣林，行了 20 多公里都不见别的树种，与枣林相对应的是每隔不远就有一家枣业公司，家家门前都堆着许多像坟头似的小枣堆，一群妇女围坐在枣堆旁，将好的拣出来卖高价，次的加工成食品再卖。偶见有枣林被成片伐倒，问小周何故，小周称这种枣的品种不好，容易烂，经常还没等到卖出去就烂了，所以要砍掉改种玉米，而我要去的崔尔庄枣才是正宗。进入崔尔庄镇不久即看见北村纪晓岚小学，车子从学校门口驶过时，瞥见校内居然有神道，这太奇怪了，疑心其墓或许就在学校内，因为以我的寻访经验来看，很多墓葬或故居在后来都变成了学校。于是赶紧倒回去细看，却是石刻的十二生肖摆成了夹道，匆忙一瞥间极似神道。继续往前走，又经过一间棺材铺，院子里满是 10 厘米厚的硕大板材，看来农村仍然在使用真正的大棺材，向棺材铺老板打听纪晓岚墓，其称前面 200 米处有路牌，后果然看见他说的路牌，是一个 10 余平方米的落地铁皮广告牌，背景绘的是电视里张国立扮演的纪晓岚头像，下面大字楷书：纪晓岚陵园欢迎你。品品此语，感觉颇不对劲，似乎是死神在召唤一般，然而有宣传牌立在这里，应该也不远了。

看见这种常见的景区宣传牌，我以为陵园也会像大多数景区一样收取门票，没想到事实不是这样。经过一片枣林后，纪晓岚陵园出现在眼前，一切都像模像样，有墓道，有红墙，有柏树，有文物保护标牌，写明为全国重点文物保护单位，由国务院 2006 年颁布，河北省人民政府 2010 年 12 月 26 日立。奇怪的是墓道尽头的陵园大门处，却砌上了一堵简单而又结实的红砖墙，砖墙角落处开了一扇极小的铁门，上着锁。围着红墙转了一圈，整个陵园约有十几亩，

全国重点文物保护单位

纪晓岚墓地

中华人民共和国国务院2006年5月25日 公布
河 北 省 人 民 政 府 2010年12月26日 立

纪晓岚墓
文保牌

明明都看见了墙内的碑额，却不得入内，这太让人焦急了，偏偏红墙修得颇高，上面又盖了一层瓦，根本没办法翻过去。无奈之下，我开始细看陵园外的那块碑，首行大字为"纪文达公逝世二百周年公祭文"，碑座正面绘着五函书，其中一部做翻开状，另四函封面上分别写着经部、史部、子部、集部，看来立碑者总算明白纪晓岚在文化史上最重要的功绩，而没有被那些热播的电视剧所误导，以为纪晓岚只是个铜牙铁齿的官员。绕碑一周，看见碑座的后面画着一杆大烟枪，左右则分别绘着砚台与茶壶，电视剧的影响多少还是有一些。

这时一位羊倌赶着一群羊过来，我急忙上前打问，羊倌刚告诉我村里有纪家后人，可以叫他来开门，接着就是一串粗口，听得我莫名其妙，愣了一下，才明白他是在骂羊跑了，骂完后他也追着羊跑了。我去村里找纪家后人，经人指点找到一家极为破烂的小院，围墙为干打垒所制，已经坍塌了一半，木门亦泰半腐烂，随时有掉下之虞，一位老妇出来说自己男人就是纪晓岚后人，问我找他有什么事，我向她说明来意，希望能够见一见她男人，并请他帮我开一下陵园的门，好进去拍照。她说男人不太愿意见人，让我略等一等，我趁机打量屋内，眼前之景让人心里极为酸楚，用"家徒四壁"来形容都觉得不够，因为真的是什么都没有，连最基本的桌子都没有，只有几张略宽一些的板凳靠墙摆着，上面搁一些杂物及面食，墙上曾经用泥灰刷过，年代久远，早已斑斑驳驳，不久前因春节而贴的大红"福"字，在这一室赤贫中显得异常触目。以纪晓岚如此大的名气，电视剧的热播让他几乎无人不知，其后人却蜗居于乡，成为赤贫之户，令人慨叹，不禁偷偷拍照一张，留为存证。

片刻后，老妇从房间里出来，拿着钥匙带我去陵园，我急忙请她再和她男人说说，想采访她男人，她坚称男人不愿见人，我再三恳求，她只好又回到屋内商量，其夫始出屋，看上去年纪并不是太老，只是脸和脖子上长着白癜风，我猜想也许就是这个原因他才不愿意见人。其家距离墓地大约 200 多米，我们一起往陵园走去，他看我是诚心来访，慢慢放下警惕，给我详细讲着陵园的始末。他说自己是纪晓岚七世孙，1966 年纪晓岚墓被挖成一个大坑，碑都砸烂了，那时他才十来岁，父亲带着他夜里来收拾残骨："白骨扔得满地，我偷偷归拢起来又埋了，不敢立坟，怕有人再来挖，又怕将来找不

一贫如洗的纪先生家

纪晓岚墓

到，所以只垒了一个小土堆，又在旁边种了几棵树做记号。"到了陵园他打开小铁门，进去后正对着红砖墙的是一座大墓，墓前有两座石碑及两块保护标牌，正中间的一块高碑为砸烂后又拼起来，后加的碑额上刻着"永垂不朽"。当年做为记号的小树如今已亭亭如盖，昔日的小土堆因历年来不断加高加大，早已超出了当日几棵树所圈定的范围，以至于有几棵树立在了墓冢半腰之间。

纪先生讲述着纪晓岚陵园成为国家文物保护单位的过程，1985年，县里来人要恢复纪晓岚墓，专门找到他，但是他担心哪天再来一场运动，于是躲着不见，又过了几年，看看政策好像还行，到了第六批申报文物保护单位时，他听说这是最后一次，才同意配合他们去申报国家级文物保护单位，终于赶在这最后一次批下来了。我问他路口的宣传牌是他做的，还是政府做的，其称是政府所为，又

纪晓岚墓前新雕碑额上刻着"永垂不朽"

指着全国文保单位的标牌，满是骄傲与自豪地说："现在这里受国务院直接保护了。"又问他为什么大门用红砖砌起来，他说："陵园建了一半就没钱了。我担心有人再来挖坟，因为这里面不单只是纪晓岚，还有纪家其他的后人，当时满地的白骨，也分不清谁是谁，我统统埋在一起。钱不够，就先把大门给封上了，以后有钱了，再慢慢修吧。"整个讲述过程中，他对政策的不信任感字字句句中随处可见，即便现在看上去一切都好，他也仍然流露出不安全的感觉。在"受国务院直接保护"下，纪晓岚陵园"修到一半没钱了"，这种现状令我心中五味杂陈。

离开陵园时，见到门口堆着一堆枣，我多望了两眼，纪先生马上说："我家有好枣，你要不要捎上一些？"我多谢了他的好意，说自己还要去好几个地方，无法携带。离开陵园后，请司机开往下一站西诗经村，欲访毛苌之墓，路上我不断回想着纪先生的话，觉得中国几千年来的宗族观念很有必要保存下去，或者说，多亏了这几千年被广大民众沿袭的宗族观念，许多民风、传统与古迹，尚能保存至今。一路上遇到的纪文达七世孙、石介七十三代孙、榖梁赤后人等等，他们聊起常有人自很远的地方，甚至从海外回到这里寻宗问祖时，每个人脸上都流露出自豪之情，而正是宗族之血脉，将这些原本不相识的人联系到一起，将古老的文明传递至今。我正在浮想联翩时，司机小周忽然说："我们当地话，捎些走就是想让你买一些，他那么穷，估计钱都花在陵园上了。"我忙说你怎么不早说！在此之后的一路上，我都在后悔应当买下一些，哪怕是送给司机，也算是我对纪氏后人的一点心意。

姚鼐墓

「这么大名气的人，死后也就这样子啊。墓也没多大嘛，又没人来打扫。我在这里过来过去那么多次，完全不知道这里还有这样一个人物。」

姚鼐（1731-1815）字姬传，一字梦谷，乾隆二十八年（1763）进士，人称惜抱先生，是桐城派代表人物之一，与方苞、刘大櫆并称为「桐城三祖」。

　　姚鼐墓位于安徽省枞阳县义津镇阮贩村。当天的行程计划欲访姚鼐、吴汝纶、刘大櫆、方以智及钱澄之墓，出租车司机看了看我列的名单，直接说："方以智这个我知道在哪里，曾经去过。吴汝纶墓和姚鼐墓路边立有标示牌，那条路我经常走，开车时路过看见，虽然没去过，但也知道在哪里。刘大櫆和钱澄之就不知道了。"这已经很好了，让我很高兴，觉得今天会是个完美的一天。司机外形很壮实，极富江湖气，阳光猛烈时戴起墨镜，顿时有黑帮老大的感觉。去姚鼐墓之前我先去了吴汝纶墓，因带路村民只是想挣带路费，并不知道吴墓在哪里，结果带着我在几个山头间转来转去，用时颇久，回来时司机说："你去了那么久，我都急坏了。我后来问了人，他完全走错了方向，应该是往左边走，你们往右走了，又没有你电话，

前往姚鼐墓的路牌

姚鼐墓

他又抱着镰刀，万一有什么事，真说不好。"我这才想起向村民问路时，那位村民正在磨镰刀，听说我愿付带路费，拿起镰刀就带我上路了，完全没有意识到这也是一件"凶器"。司机说完这话后，当天每一处目的地，他都停好车与我一同寻访，并充当翻译，颇令人感动。

姚鼐（1731-1815）字姬传，一字梦谷，乾隆二十八年（1763）进士，人称惜抱先生，是桐城派代表人物之一，与方苞、刘大櫆并称为"桐城三祖"。桐城派为清代文坛最大的散文流派，时间上自康熙年间一直流传到清末，地域上则从者遍布全国，"桐城派"这个名称的来历，出自姚鼐写给刘大櫆的一篇文章："昔有方侍郎，今有刘先生，天下文章，其出于桐城乎？"姚鼐先后主讲梅花、紫阳、敬敷、钟山四所书院，门生弟子众多，其文章之妙，从当时人们争着请他写墓表即可见一二，甚至有人身体尚健时，就提前与姚鼐约好身后之事。《惜抱轩文集》中一篇墓志后称："公尝喜桐城姚鼐之文，薨前一岁，在江宁监临武乡试，见鼐语曰：'我死，必得君志吾墓。'鼐曰：'公方健，何言是也！'然心诺公……卒为铭也。"不过在我看来，时人争着请他撰写墓表，其文笔好固然是重要因素，舍得说好话应该也是原因之一。去年读《惜抱先生尺牍》，其中有大量溢美之辞，三分写成七分是平常事，惜抱先生笔下士无不美，人皆才俊，连能够在马背上写字都能特意夸上一通，可以想见若其为人写行状，又该何等赞誉，也难怪时人争着请他为先人撰写墓表行状，以光门楣。

或许正是因为姚鼐文名过盛，其藏书之名反而被淹没。姚鼐藏书之处名叫惜抱轩，藏书印有"鼐""大季氏"及"惜抱轩藏书印"等，惜抱轩的地点就在今天桐城中学内，该校至今尚有老银杏一株，为姚鼐当年手植。姚鼐藏书以实用为上，并不看重版本之珍稀，曾对翁方纲说："诸君皆欲读人间未见书，鼐则愿读人间所常见书耳。"其

晚年在南京置办房屋时资金不足，卖掉所藏碑帖，自称："自我得之，自我散之，免为子孙所卖。"乾隆三十八年，姚鼐入四库馆担任纂修官，但入馆两年就因为与戴震、纪晓岚等人的汉宋之争，自请归田，翁方纲作《送姚姬传郎中归桐城序》中称："姬传郎中与方纲同馆，今同修四库……窃见姬传之归，不难在读书，而难在取友；不难在善述，而难在往复辨证；不难在江海英异之士造门请益，而难在得失毫厘悉如姬传意中所欲言。"

在四库馆中时，姚鼐曾参与撰写四库全书提要，但因与总纂纪晓岚意见不同，经过纪晓岚挑选删改之后，最后收入《四库全书总目》并且能保存原貌的文章不足所撰的三分之一，姚鼐看到成书后的《四库全书总目》时，不禁暴跳如雷，大骂纪晓岚太过猖獗。道

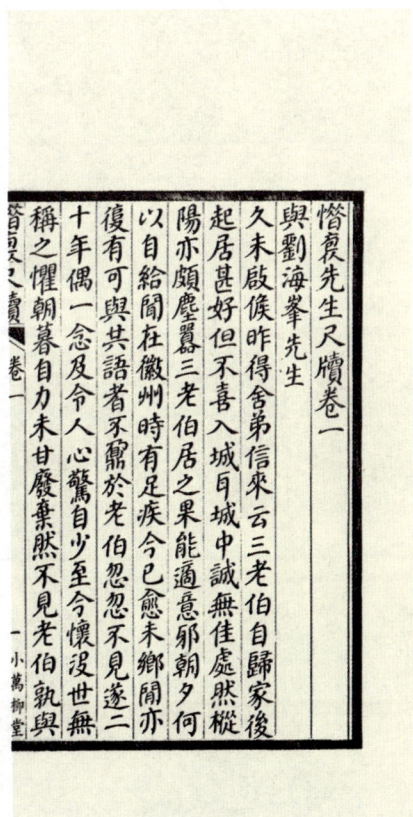

姚鼐撰
《惜抱先生尺牍》
清宣统元年小万柳堂刻本

惜抱轩前的姚鼐手植银杏树

姚鼐墓文保牌

光十二年（1832），姚鼐族孙姚莹请毛生甫、李兆洛整理姚鼐原稿88篇，厘为四卷，经校正脱误后刊行，命名为《惜抱轩书录》。该书在光绪年间有再校重刻本，经手者徐宗亮亦属桐城派人物。

寻访姚鼐墓较吴汝纶墓要顺利得多，司机果然熟路，不多久即见路边有"姚鼐墓"的指示路标，指向公路边上的一条黄泥小路，出租车勉强往里面开了一小段之后，只能下车步行，不一会就来到姚鼐墓前。姚鼐墓在一片小树林边上，墓冢并不大，但环境极尽清幽，浅草连绵，铺满整座墓冢及墓前小坪，这些浅草明显不是自然生长的野草，而是经过园林培植后移铺过来。在野外种上培植的草皮，这一举动让我很是奇怪，但想一想，以姚鼐及桐城派的名气，枞阳县文化部门给他高标准待遇，也是很自然的事。其墓前有两块文保标牌，一块为枞阳县人民委员会1961年所立"全县重点文物保护单位"；另一块为安徽省人民政府1986年所立"全省重点文物保护单位"。难得的是，姚鼐墓的墓碑是一块未经破坏的原碑，虽经风化斑驳得厉害，但仍然能辨出碑上所刻文字，正中为"皇清诰授朝议大夫刑部广东司郎中重晏鹿鸣钦加四品顶戴前翰林院庶吉士加二级惜抱姚公"及"诰封恭人姚母张恭人"之墓，立碑者为其子、孙及曾孙若干人，立碑时间为"大清嘉庆二十四年岁次己卯仲冬月吉日"。碑的右侧尚有两行字，为"赐进士出身资政大夫兵部侍郎兼都察院右副都御史巡□□□□五级门下晚学生赵慎畛顿首拜题"。

赵慎畛也是一位藏书家，湖南常德人，藏书处为榆巢，在京师及闽浙为官时，与阮元、翁方纲等交往颇多，为官四十年，藏书十万卷，曾经论宋版书称："凡宋版本，鱼尾下不刊印书名，间有之，非篇篇有也。有之亦非真书，但行书耳。编流水页数在鱼尾上下不一，或有编行书流水页数于页末界画外者。古装潢书籍，用长编，非如今之折叠。又上下界画，仅一线墨，无二线墨。各行字数亦参差不齐。"可见赵慎畛榆巢内多蓄宋本，可惜的是，榆巢藏书世守五代，毁于中日常德会战。

我细看碑文时，司机也在旁边看，然后问我碑上这么多字，说了些什么，我边念边给他解释，他还没听完就哈哈大笑，说："这完全是《甄嬛传》嘛，左都御史右都御史的。"听他这么一说，我也乐了。给他解释一番后，又给他略讲了一下姚鼐和桐城派，他听完又看了看墓，说："这么大名气的人，死后也就这样子啊。墓也没多大嘛，又没人来打扫。我在这里过来过去那么多次，完全不知道这里还有这样一个人物。"

姚萧墓碑

郝懿行墓

东晋时期民间有七夕曝书的风俗，士子们纷纷将架上典籍搬出曝晒，以防日久发霉，唯有郝隆于此日解裳坦腹，仰卧于日下，人问其故，答曰：「我晒书。」意思是其自谓诗书满腹也。郝懿行遂引此典，颜其斋曰「晒书堂」。

郝懿行（1757-1825）字恂九，号兰皋，一字寻非，是清代乾嘉时期重要的经学家，于《尔雅》用力尤深，所著书多达60余种。

郝懿行墓位于山东省栖霞市北七里庄的山坡上。郝懿行（1757-1825）字恂九，号兰皋，一字寻非，是清代乾嘉时期重要的经学家，于《尔雅》用力尤深，所著书多达60余种，其中《尔雅义疏》被纪昀赞为"能划尽千秋藤葛"。《清史列传》载其："懿行谦退，讷若不出口。然自守廉介，不轻与人晋接。遇非素知者，相对竟日无一语。迨谈论经义，则喋喋忘倦。所居四壁萧然，庭院蓬蒿常满，僮仆不备，懿行处之晏如。浮沉郎署，视官之荣悴，若无与于己者，而一肆力于著述，漏下四鼓者四十年。"素以说话刻薄著称的李慈铭在谈到其人时，亦赞其曰："郝兰皋氏官京师日惟一食，力疾作《尔雅义疏》，为户部主事二十年不迁，皆贫而乐道者矣。"

郝懿行自幼嗜书，其父郝培元于《梅叟闲评》中记有："大儿懿行颇与书近，余不欲辍其功，故事无大小自任之。"郝懿行与父亲聊天时，曾说到读书之乐："命不可强，无如何也晚也，何如安心读书其具在我，新奇之书悦目，义理之味养心，不奔走而劳形，不忧戚而役志，面拥百城，心醉六经亦云乐矣。"据郝懿行好友牟庭所作《郝懿行墓志铭》所载，兰皋虽贫，但得来俸钱，尽数用以买书，书屋名"丸啸斋"。丸啸斋虽然不大，但窗明几净，缃缥满架，斋外植满竹梅桃李，还有一缸荷花，郝懿行与弟子们在此或读书，或练字，虽清贫，却意趣无穷。有年夏天，这缸荷花竟然一支两朵，正是俗语中的并蒂莲，并蒂莲在当时的山东山区颇为

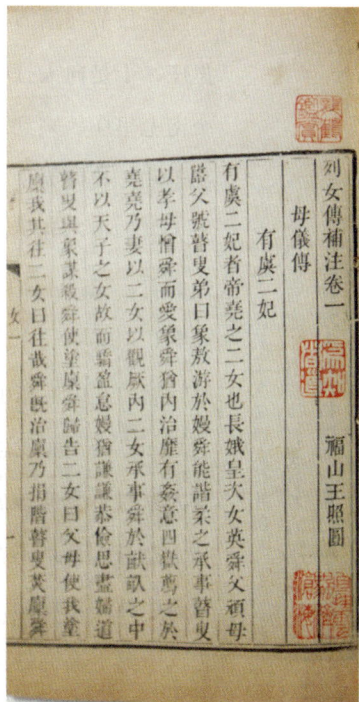

王照圆撰《列女传补注》

稀见，郝家上下皆以为喜，郝懿行觉得这是吉祥之兆，于是将书屋之名改为"双莲书屋"。不久郝懿行与福山才女王照圆成婚，王照圆字瑞玉，一字婉佺，聪慧过人，博涉经史，常以"平生要做校书女，不负乌衣巷里人"诗句自勉，其汉学研究为清代妇女中之翘楚，夫妇二人常为经义文章等事争论终日，郝懿行《尔雅义疏》中亦有采取王照圆之说。《清史列传》载："当时著书家有高邮王父子、栖霞郝夫妇之目"，王照圆所著则有《诗说》《列女传补注》《女录》《女校》及《晒书堂闺中文存》等，双莲书屋这个名字，对于郝氏夫妇而言，可谓名实合一。

除双莲书屋外，郝懿行尚有堂号为"晒书堂"，该堂号来自其远祖郝隆晒书之典。郝隆为东晋人，当时民间有七夕曝书的风俗，士子们纷纷将架上典籍搬出曝晒，以防日久发霉，唯有郝隆于此日解裳坦腹，仰卧于日下，人问其故，答曰："我晒书。"意思是其自谓诗书满腹也。郝懿行遂引此典，颜其斋曰"晒书堂"。

是日前往栖霞市访郝懿行墓，临行前查得其墓址为栖霞市北七里庄，于是向人打听七里庄，对方问我找哪个七里庄，始知还有一个南七里庄。来到北七里庄，再向村里人家打听郝懿行，闻者皆摇头不知，我以为是年轻人不知旧事，又专门去找老人家打听，谁知老人家们也不知道，几乎要放弃时，我随手将写有资料的小纸片给他们看，说："你们真的不知道有这个人吗？你们村里清代的大学问家啊！"其中一个老人家看了看，才明白过来我找谁，说："哦，郝懿行啊，在山上在山上。"原来问题在于口音的不同，当地"郝"字念"huo"音，而我念的是普通话"hao"音，他们当然没有反应过来。老人家告诉我应该怎么走，看他说了半天，又是上山又是下山，我马上意识到墓址不在村庄里面，自己前往肯定找不到，于是请他上车带个路。出村后，老人家指示着我们沿一条极窄的村道向郊外驶去，一路上高高低低，全是土路，其实是走过了一个又一个的小山丘，这些山丘起伏都不大，走在上面是根本不觉得，但走过之后远远看去，就出现了山形。途中遇一男子推着一车干柴迎面而来，正寻思着村路这么窄，该如何错过去时，老人家对那男子霸气十足地挥着手臂："让开！让开！"然后对我解释："我儿子，敢不让路！"

老人家姓林，自称明年八十岁，告诉我郝懿行的后人不多了，他们不在七里庄，都在市里头，但每年都会来上坟，每年来这里找郝懿行墓的人还挺多的，现在的墓是修过了，1958 年时曾破坏过，据说还有人看见墓里人穿着朝服，戴着朝珠。我们来到一个小山头，这时出租车已经无法前行了，老人家指了对面的一个小山丘说，郝懿行墓就在那山丘上，而且就在正对着我们的这一面山坡上，远远看去山丘并不大，但草木茂盛，中间并无路直达，须从旁边的小路以 "C" 字形绕过去，从山的背面上去，再由山顶下到这一面的山坡

郝懿行墓就在远处的山坡上

上。我想这也不太远，山并不高，绕过去应该就能找到，老人家执意要带我过去，我想想他年岁已高，请其在此等候，自己就上路了。没想到真正走起来，其地貌就不似远看那么清晰，又是以半圆形从后面绕过去，看不见目的地，只能凭感觉感知大概方位，偏偏我的耐心与体力在这一年多的寻访过程中得到了极大的锻炼，我竟然不知不觉走到了目的地后面的一座小山，从山顶上绕到前面的山坡后，怎么找也没找到墓冢。正在寻找间，听到极远的地方有人喊话，因为距离太远，听不见到底在喊什么，但也意识到自己可能走错了，于是返回到刚才的小路，想了一想，重新估量一下，往回走了一段，再往刚才的方向绕过去，又走了一段，这时听见老人家的声音就在不远处响起来，让我往他那个方向过去，原来他远远瞧见我走错了，也走了过来。循着声音过去，看见老人家的同时，我看见了一片墓地。

郝懿行墓文保牌

郝懿行墓文保牌

　　这里是郝氏家族墓，每一块墓碑上的姓氏都是郝。郝懿行墓就在这片墓地的最后方，也就是最上方，其墓并无墓碑，也没有明显的墓冢，却立有两块文物保护标牌，一为烟台市1987年所立，上刻"郝懿行墓"，另一块是栖霞县革命委员会1978年所立，写刻"北七里庄郝懿行墓"，两块标牌上方都压有黄表纸，显示不久前有人前来拜祭过，其墓冢并不明显，只是在大概的位置有一个略为突起的小土坡，旁边种有一棵小松，我甚至都不能确定这个小土坡就是郝懿行的墓冢。我有些奇怪，既然两度立保护标牌，为什么不补立一块墓碑呢？拍完照准备离开时，老人家有些奇怪地问我："你怎么不上坟？"原来他以为我是郝家后人，我解释了一下，他听完后指了家族墓中间的一块墓碑说："你不拍拍那个？那是最老的了。"我看看了那块墓碑，明显为近几年新立，怎么可能是最老的呢？但为了尊重老人家，还是打算走过去拍一张。意外的是，走过去才看见，墓碑上立碑人的名字中赫然有郝懿行，原来这是郝懿行父亲的墓，墓碑正中刻着"显十四世祖郝公讳培元配林太夫人之墓"，立碑者是郝懿行、郝懿林、郝懿徽，以及孙辈的龙图、云鹄、寅虎、云龙、云鹏，更意外的是，墓碑左下角儿孙辈的名字之下，还刻着"晒书堂后裔奉祀"七字。

顯十四世祖郝公培元配林太夫人之墓

諱行

二○○○年古歷十月一日

男懿林
徽林

孫雲岩
雲龍
果鵬

元田
雲崗
寅宏

晒書堂后人

玉祖

郝德行父親墓

郝懿行不仅将堂号取作晒书堂，其文集亦叫《晒书堂集》，王照圆亦将自己的文集命名为《晒书堂闺中文存》，在这里看见"晒书堂"三字，让我极为兴奋。郝懿行素以经学闻名，有关其藏书事迹的记载并不多见，但在这个地方看见"晒书堂"三字，似乎可以证明一些什么。墓园中像这样新立的墓碑还有一块，在此启发下，我赶紧跑到另一块新立的墓碑前，原来是郝懿行儿子郝云鹏的墓碑，其墓碑上刻着"显十六世祖郝公讳云鹏配王

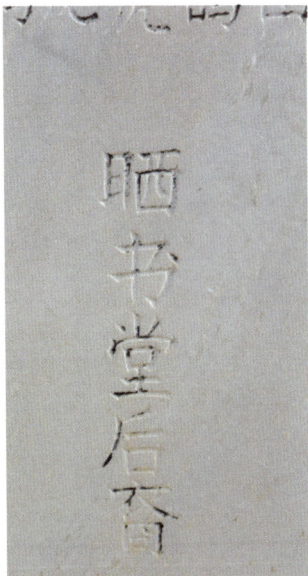

郝氏家族墓的墓碑右下皆有"晒书堂后裔"

太夫人、任太恭人之墓"，其墓碑左下角亦刻有"晒书堂后裔奉祀"。两块新立墓碑的后面，还刻有小字，细看是郝培元与郝云鹏的墓志。我仍然不解的是，郝懿行的父亲与儿子都补立了新的墓碑，为什么最重要的郝懿行的墓前，却没有补立墓碑呢？

看见郝氏家人都聚于此，我又想起王照圆。道光五年（1825），郝懿行病逝于京师，由于其生前所得俸银尽换成书资，以致身后竟然连葬殓之资都没有，最后还是在友人的资助下，王照圆才得以扶柩回籍安葬。牟庭在其墓志铭中记曰："死后无钱举葬，夫人欲归原籍不能，羁留京师，不知所依。"生同衾，死同穴，王照圆应该也在葬郝氏墓园之内。眼前的郝氏墓园中，新立的两块墓碑皆为夫妇合葬墓，那么王照圆是否也与郝懿行合葬在一起呢？带着疑问，我在墓园中又走了一圈，试图找到王照圆的墓碑，但是我只看见了草丛中处处散落着核桃与板栗。

黄丕烈墓

离开博士坞后，我们继续下一程寻访，但黄丕烈的身影一直在心里徘徊不去，这几年寻访了如此多的墓葬，但藏书界里最为重要的一位却没有找到，这将永远是一个遗憾。

黄丕烈（1763－1825）字绍武，号荛圃，是清代乾嘉时期著名的藏书家和学者，一生嗜书如命，喜作题跋，尤其喜爱宋版。

　　黄丕烈墓位于江苏省苏州市藏书乡五峰山下博士坞。《吴县志》第四十卷有载"举人黄丕烈墓：在五峰山博士坞，近道林精舍。"又有："黄氏十二人墓：同在博士坞，咸丰庚申苏城陷，丕烈孙穀霶、廷元等避难五峰山墓庐。四月十四日贼麕至，合家投丕烈墓前池，死之，从葬于此。"五峰山博士坞今天确有其地，但道林精舍却不知道在哪里。又有吴县文献资料称，黄丕烈墓的具体墓址已经无迹可寻，只知与金圣叹墓相近，尽管如此，专程来到苏州寻访与藏书相关的遗迹，又怎么可能不去拜会一下这位目录学之盟主、版本学之泰斗？

　　黄丕烈（1763-1825）字绍武，号荛圃，清代乾嘉时期著名的藏书家和学者，一生嗜书如命，喜作题跋，尤其喜爱宋版，好友顾千里赠其外号为"佞宋主人"，黄丕烈欣然受之，并以此自号。黄丕烈一生与书相伴，堂号有"读未见书斋""士礼居"及"百宋一廛"等，每遇善本必定倾囊以购，亲友无不笑其痴呆，他自己却置若罔闻，

五峰村博士坞

《百宋一廛赋注》清嘉庆十年黄氏士礼居刻本（左图）

《百宋一廛赋注》牌记页（右图）

又为购书、藏书、校书、刻书等事，生出许多掌故，如今每每读之，或笑或叹，心中无限向往。而他自己在世时，肯定没想到自己的所作所为，会对后世藏书产生那么大的影响。凡经他题跋过的古籍皆被称为"黄跋"，自晚清开始，收集带有黄跋的古籍便成为藏书家实力与眼界的象征，时至今日，带有黄跋的古籍更是珍贵无比，一经出现，动辄数百万的身价，然而好此道者依旧趋之若鹜，一掷万金。

藏书校书同时，黄丕烈还开创了"祭书"之始。根据记载，黄丕烈的祭书活动最早始于嘉庆六年（1801），沈士元《祭书图说》称："黄君绍甫，家多藏书，自嘉庆辛酉至辛未，岁常祭书于读未见书斋。后颇止，丙子除夕，又祭于士礼居。前后皆为图。夫祭之为典，巨且博矣。世传唐贾岛于岁终举一年所得诗祭之，未闻有祭书者。祭之，自绍甫始。"每次祭书，黄丕烈都会邀请一些书友与祭，大家拈韵赋诗，共同欣赏善本，被邀请者多为当时的名流及学者，故黄丕烈的祭书之举，一时间在士林中传为佳话。清末叶昌炽《藏书纪事诗》中咏其诗，亦提及"祭书"之会："得书图共祭书诗，但见咸宜绝妙词。翁不死时书不死，似魔似佞又如痴。"

书魂寻踪

寻访藏书家之墓

黄丕烈的祭书如同黄跋一样，对后世产生了极大的影响。友人瞿中溶步其后踵，举行过"祭泉"之礼，邀请友人一同与祭，欣赏所藏的古代钱币，黄丕烈亦在被邀之列，事后宾主尽欢而还。到了民国二年（1913），正值黄丕烈诞辰一百五十周年，缪荃孙等人在五月十一日黄丕烈生日当天，邀请当时的藏书家叶昌炽、刘承幹、徐乃昌、王秉恩、杨钟羲以及收藏"黄跋"最多的张钧衡等人，带上各自收藏的"黄跋"，一起祭祀黄丕烈，叶昌炽还即席赋诗一首："我如渔仲以八求，半囊清俸十脡修。铭心绝品觅不得，但从真迹留双钩。不图海上琅嬛乐，足慰南冠迟暮愁。"民国年间，傅增湘先生又重续祭书之仪，留下种种逸事，令人羡慕。近几年来我也常常兴起重续祭书之念，但又恐张罗失措，顾此失彼，反而会污了逸事之名。

　　这次来到苏州，是专程为了重访藏书楼和寻访藏书家之墓而来，我很希望自己能够找到黄丕烈墓，在其墓前亲自拜祭，这或许比傅增湘等只能凭书寄思更为接近这位书魔。为了达成心愿，我一改独自出行、尽量不打扰各地书友的原则，主动邀请苏州的马骥兄代为

黄氏后人投水处

打听，并多次请教江澄波老先生，希望能够找到黄丕烈墓的具体地址。马骥兄人在职场，心醉典籍，尤其对于吴县文化深有研究，每次与他交谈，都收获颇丰。更妙的是，马骥兄熟于当地人事，又辗转替我找来五峰村的副书记庞卫强先生，而现在的博士坞正是五峰村管辖范围之内。

庞书记听说我们要找黄丕烈墓，称没有听说过这个人，但是他知道金圣叹的墓在哪里。这也是个好消息，因为所有资料皆指明黄丕烈墓就在金圣叹墓旁边，如果能够找到金圣叹墓，那么距离黄丕烈墓也不会太远。庞先生带着我们来到一片山野之地，说这一带就是博士坞了，印象中金圣叹墓就在一条沟里，有一条极小的路，然后带着我们沿小路进入树林中，果然行不久就看到一块文物保护标牌隐在草丛中。因为地处荒野，久无人烟，兼是盛夏时节，植被茂盛，如果不是知道确切地址，并且有心寻找，极难发现。虽然如今墓冢已经无存，只剩下写着"金圣叹墓"的文物保护标牌，但仍然令人欢欣，因为黄丕烈就在不远处了。

金圣叹墓标牌后面刻有一段文字："墓在藏书乡博士坞，日本侵华时墓旁设军事仓库，故墓冢被平。原墓前立有吴荫培书'文学家金人瑞墓'碑，今也佚失。金圣叹（1608-1661），清初文学评论家，吴县人，因不满清朝暴政被害，生前对《庄子》《史记》《水浒》等书多有评论。"看完这段文字，才注意到旁边的山壁上果然有个小小的洞口，仅一人多高，宽约一米，我想起江澄波老先生告诉我的，当年日本人在黄丕烈墓旁边开有山洞存放军火，后来又驻扎过解放军的坦克部队，江老先生说的应该就是这个山洞了，看来黄丕烈墓应该是被平于日本人修军事仓库时期。姚伯岳先生曾在《黄丕烈评传》中讲到黄丕烈身后事，称："咸丰十年（1860），太平军攻入苏州，黄氏后人12人溺水自尽于黄丕烈坟前的池塘中"，如今池塘仍在，风平浪静，青山绿水之间，无数往事杳然无迹，让我极为感慨。

正在我面对着池塘感慨时，庞先生忽然说，山下似乎还有一个古墓，不知是不是我们要找的人，于是我们又随着庞先生来到五峰村外的一片树林中。林中阴暗潮湿，地上铺着厚厚的落叶，处处是蜘蛛网，树林边上有间已经坍塌的小屋，小屋前有一块地高而平坦，庞先生称这就是老坟，这一片很长时间没有动过，一直是老样子，但究竟下面埋的是什么人，他们也不知道。我看了看，其地势的确像墓冢的封土，而且范围这么大，其墓主人身份应该不低，但究竟是不是黄丕烈呢？没有人能够回答我。

离开博士坞后，我们继续下一程寻访，但黄丕烈的身影一直在心里徘徊不去，这几年寻访了如此多的墓葬，但藏书界里最为重要的一位却没有找到，这将永远是一个遗憾。草此文时，为甲午年四月，翻看当日拍摄的照片，林荫蔽日，灌木丛生，不知道哪里就会窜出一条蛇来，想到当天访完黄丕烈后，还寻访了冯桂芬、惠栋、徐枋及吴梅村等人之墓，为访冯桂芬墓，马兄在竹林中穿了数个来回，全身上下被划出十几条血痕，在徐枋墓前真的就遇上一条两米多长的大蛇，幸而最后大家都安全离开。当时我们都觉得惊险，却没有想到害怕，如今事过境迁，距离自己受伤也整整一周年，坐在书桌前回忆这三年来的寻访过程，终于觉得自己如此频繁地莽撞出行，经常独自入深山、半夜打黑车等等，遇上意外也是在所难免。

在博士坞的密林中寻找黄丕烈墓

黄丕烈墓旁边的山洞

杨以增墓

现在想想，当年如此大规模的出殡，倾城出动来办一场丧事，其墓地又该何等壮观，哪里会想到百年后，墓地居然无影无踪，看来沧海桑田，百年足矣。

杨以增（1787～1855）字益之，号至堂，别号东樵，清代著名藏书家，海源阁创始人。

杨以增《丙舍读书图》

　　杨以增墓在山东省聊城市东昌府区侯营镇田庄村的苗圃内，地上的建筑包括墓冢与石碑等，现在都已经看不到了，能够看到的只有一片小树林。在网上查到这个地址时，我很兴奋，以为可以一次性找到海源阁杨氏一门五代的坟墓，按以往的经历，一个家族墓里，至少也可以找到两三代人，可是去到以后才知道早就被平了，也明白为什么山东地方资料上每每说到杨以增家族墓时，都是语焉不详。

　　杨以增是海源阁创始人，然而以杨氏藏书渊源来说，却是第二代。杨氏藏书起自杨以增的父亲杨兆煜，当时的堂号尚未起用"海源阁"，而是"袖海庐"和"厚遗堂"，海源阁的堂号起用于杨以增时期，取《学记》中"先河后海"之意，之后海源阁历经杨以增之子杨绍和、孙杨保彝、曾孙杨承训，一共五代递藏，终于民国年间。海源阁鼎盛时期，海内藏书界有"南瞿北杨"之称，"南瞿"指江南瞿家铁琴铜剑楼，"北杨"即指杨氏海源阁。江南为历代藏书渊薮之地，古籍聚散多不出江南，可谓楚弓楚得，数百年来藏书名家代不乏人，杨氏能够在古籍资源相对匮乏、藏书气氛远不如江南浓郁的山东聊城建起海源阁，并与铁琴铜剑楼相峙而立，从某种角度来说，应该是比瞿氏更为难得。

　　但是海源阁的崛起，仍然离不开江南这块人文宝地。海源阁第一次大规模收书，是杨以增出任江南河道总督时期，恰逢汪士钟藏书散出，杨以增趁机收购，并借职务之便，以运粮船将之运回山东。到杨绍和时期，怡亲王府因为得罪慈禧被抄家，怡府藏书因之而散，

海源阁

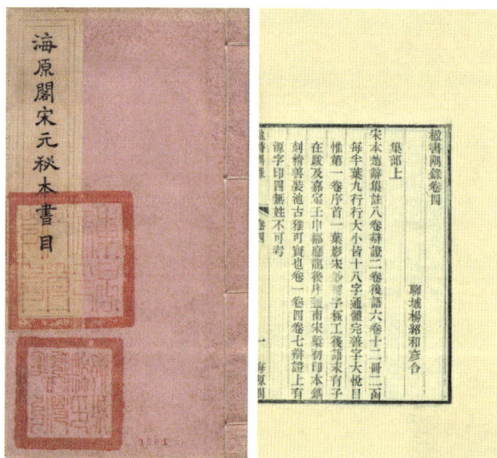

《海源阁宋元秘本书目》

《楹书隅录》清同治十二年海源阁刻本

正在京师任翰林院侍讲学士的杨绍和趁机收书，此为海源阁第二次大规模收书，而怡府藏书其实亦源自江南，故海源阁虽起于山东，实根于江南。有意思的是，这两次大规模收书，不仅都与江南相关，而且都与钱谦益相关。

当年绛云楼失火后，钱谦益将一部烬余送给了钱曾，另一部分被毛晋汲古阁所得，钱曾的藏书后来半数卖给了季振宜、徐乾学，季、徐二家藏书散出，一部分经何焯介绍，归于怡亲王弘晓，另一部分陆续为黄丕烈所得，而黄丕烈之后，士礼居所得之绛云烬余又经汪士钟，部分归入海源阁。怡亲王弘晓是康熙的第十三子，性喜嗜书，有堂号"乐善堂""明善堂"及"安乐堂"等，乾隆年间四库馆开，朝廷下令向全国征书，唯有怡府藏书可以不用进呈，因此怡府藏书一直延续百余年，直至同治末年始散出，其中精品又被杨绍和所得，归入海源阁。绛云余烬能够在散失两百多年后，重聚于海源阁，不能不说其中自有天意。

关于杨氏家族墓，资料并不多，清宣统《聊城县志》所载《杨以增传》中并未说明其墓的具体地址，最后只记载："咸丰五年冬，卒任。照军营病故例。赐恤，予祭葬，谥端勤，祀乡贤。"杨绍和《墓志铭》则记有"藏书之富冠于海内，著有《楹书隅录》二十卷，诗文集十二卷，娶傅淑人，江苏巡抚傅公绳勋长女，后公六年卒，合葬于聊城迤西一乡田家庄孝思原。"田家庄就是今天的侯营镇田庄村，这个地址还是我无意间在网上查到的。既然有了具体地址，那么聊城，应该再去一次。

聊城已经来过数回了，比较熟悉，这一次没有打扰各位书友，从北京乘高铁到济南，出高铁站后立即转车至聊城，再打上出租车前往侯营。时值初秋，已经有些微微的凉意，天色黑得极早，在京时尚不觉得天黑得早，来到聊城始有些担心，希望能够在天黑之前找到杨以增墓，此时尚不知道其墓早已夷为平地。侯营镇距离聊城市区大约 30 公里，一路上与出租车司机聊天，说到海源阁，他们都知道是个藏书楼，但说到杨以增就不大有人知道了。我想侯营镇田庄村这么具体的地址，应该很容易就能找到，但是来到才知道，田庄村颇大，当我向人们打听"杨以增家族墓"时，人们往往反问我："哪个组？"要不就是："你给他打个电话不就知道了？"我颇无奈，发现很多人都不知道"杨以增"这个名字，后来终于遇到一位岁数大的，问我是不是要找"杨家的坟"，然后指了方向对我说："过了一条河，再往前走不远就是了。"

我想来到这一带，又被称为"杨家的坟"的，应该就是杨以增家族墓了。我按照老人所指过了河，继续往前走，可是路越走越烂，似乎是下过雨的样子，处处泥泞，根本不似有村庄的模样，开始怀疑是否走错了，偏偏这种地方前不着村后不着店，要么退到刚才的

老人家所指的地方就是杨以增墓遗址

大路上重新打问，要么就硬着头皮继续找，好在这时一辆小农用车从后面过来，我赶紧下去打听。这一回我聪明了，不再说"杨以增家族墓"，改问"杨家的坟"，果然对方一听，马上明白我要找的地方，对我说，方向是对的，继续开吧，前面有个苗圃，里面就是了。

于是我继续往前开，太阳已经完全下山，我极担心即便找到了也无法拍照，去年在义乌找骆宾王墓时，就因为时间没掌握好，找到墓时天色已全黑，即使当时的司机打开车头大灯为我照明，也无济于事。开了不久，终于又看见一个人影，一位老农在前面放羊，我赶紧请司机开到近前，下车问路。老农一听，抬手指了路边的一个单位大门说："就在里头，早就没了，就几块碑在里边。"意外地是，不等我问，他自动说了一句："杨以增嘛，藏书的。"我有些意外，一路上都没人知道杨以增，更不要说到藏书了，一位羊倌不仅知道他，还能说出他是藏书的，有时候民间人士还真不能小觑。然而来到这里才听见说墓没有了，我很意外，我问老农能否带个路，即便是没有了，那么原来的墓在什么地方，可不可以带我去看一下。老农颇踌躇，看着他的羊说："我得看羊，丢了我儿子要骂人的。"我看了看周围，这么偏僻的地方，走这么久才看见他，会有什么人来

杨以增就在这座苗圃内

苗圃中遗留下来的石碑

这里偷羊呢？但又不好说出"丢了我赔"这种话，想了想，我对他说："要不请我们司机替您看着，您带我进去，拍张照就出来，我特意从北京过来的，来一趟不容易呢。"这里有我的小心思，因为我发现在农村寻访，很多时候打出"北京"这张牌，村民们往往就配合了。果然老农慢慢地把羊拢到一起，拴在一棵小树上，一边拴一边说："好几千块钱呢。"我吓一跳，刚才没说出来的话难道被他听见了？

原来路边的单位大门之内就是苗圃，大门两边挂着单位牌子，左边是聊城市直苗圃，右边是聊城市林木良种繁育中心和生物防控研究中心，大门距离泥泞路有一路距离。进去后里面是几排平房，老农先带我去平房前的空地上看几块碑，嘟嘟囔囔地说一些话，可惜是当地话，我听不懂，只好猜测这些就是杨以增家族墓里的石碑。这些石碑每隔十余米一块，平放在地上，下面垫着一些红砖，变成了苗圃员工们用来晒果子、放农具的石桌，而且大都是背面朝上，不知道正面刻着些什么，只有一块石碑正面朝上，但字迹已经模糊，加上时间不足以让我细辨，只能看见碑额处"聊城县示"四个大字，中间刻有一方官印，虽然模糊，但我知道那方官印上面是刻的是满汉"聊城县印"四字，因为寒斋恰好藏有海源阁钤有"东昌府印"及"聊城县印"两方官印的《海源阁书目》及《海源阁金石书画器用总目》。

杨以增墓就在这片小树林下

　　我在拍照间，两位年轻人从平房里走出来，我向他们请教这些石碑是杨以增家的吗？他们摇摇头，对这些石碑毫无兴趣："不是的，和杨以增没关系。"我略有些扫兴，继续请教："那么，杨以增的墓在这里面吗？"他们手一指："在那后面，现在什么没有了，你什么也瞧不见。"我请老农带我去杨以增墓旧址，他带我来到平房后面的一片小树林，站在林子中间，说："以前就在这里的。"可能因为这里是苗圃，所以树林里的树都很小，而且每一样都只种一小片，仅这一带就种了四种树，分别是白蜡、松树、桃树和苹果，老农站的地方略微靠近白蜡，表示以前杨以增的墓就在这里。然后他慢慢地走了一个圈，一边走一边说："从这里，到这里，都是。"

　　树林里泥土很湿，显示刚刚下过雨，林子里一片初秋景象，落叶与枯草，还有低着头慢慢走的老农，眼前这些让我有些难以接受，藏书史上如此重要的一位人物，或者不论藏书，对于聊城来说，如此重要的一位乡贤，其墓竟然被平到如此无影无踪。如果我再过数年来到，知道旧事的老人逐渐离世，也许再难找到这个地点，因为这里的确是一点标记都没有。而这位老农，他是因为生于斯长于斯，种种旧事皆为亲见，所以才这么清楚。若干年后，老农的后人知道吗？或者，杨氏的后人知道吗？

杨氏的后人是知道的。我问老农，这么重要的人物，当地政府为什么不重修呢？老人家说了一个名字，我听不大清楚，大意是以前这里有石人石马石狮子，文革都扒了，又说前几年杨大安的孙子的女儿想来修坟，后来不知道怎么又没了下文。"那个杨大安，只有女儿，没有儿子，所以过继了一个，过继的这个人的孙女前几年来过，想修，没有修起来。"我当

杨保彝

时没有反应过来他说的杨大安是谁，回到酒店始想起来，杨大安就是杨保彝，杨保彝无子，过继了族子杨承训为嗣。《聊城县志》中《杨保彝传》最后一段记载："无子，择族子嗣。病革时，以祖父所遗海源阁宋明板书及古字画金石，禀官立案，永作家祠世守，勿为子孙毁弃，论者谓其保存先人遗泽为无忝所生云。"寒斋所藏钤有官印之《海源阁书目》，即当年杨保彝禀官立案之本。

回到书斋后，再次翻查资料，在《聊城文史资料》上看到一篇《杨大安殡葬纪实》，讲述 1910 年杨保彝在聊城病逝后，丧事办得极为阔绰，耗银 18 万两。当时全县的扎彩匠人全部被请到火神庙为杨保彝扎童男童女，所用皆绫罗绸绢，全城的厨师都被集中起来为丧事服务，连路人都能入席就餐，更不用说出殡当日的警备队放哨开路等。杨保彝入殓所用棺木为极贵重的阴沉木，由 32 名杠夫全部穿起孝服抬棺，因棺木过大，遇到路窄转弯时极为困难，为了鼓励杠夫出力，第一个转弯困难处由原配夫人亲自打赏，后面转弯处则安排姨太太们亲自打赏，但仍然黄昏时才抬到墓地，第二天始下葬。现在想想，当年如此大规模的出殡，倾城出动来办一场丧事，其墓地又该何等壮观，哪里会想到百年后，墓地居然无影无踪，看来沧海桑田，百年足矣。

翁心存、翁同龢墓

项子京曾在梦中告诉翁同龢，被丁火劫去的古籍，在阴间尚有流传，翁氏父子如今地下聚首，可以尽阅古今被丁火劫去之书，想必快乐更甚于生前。

翁同龢像

翁心存（1791—1862），字二铭，号邃庵，清道光进士，官至体仁阁大学士。翁同龢（1830—1904），字叔平，号声甫，清咸丰间状元，晚清著名政治家。

　　翁同龢与父亲翁心存同葬于江苏省常熟市虞山脚下，确切地说，这里应该是翁氏的家族墓，一同葬在这里的还有他们的父母、妻妾和其他家人。沿虞山脚下的小道而行，很快就看见路边有指向翁同龢墓的标牌，标牌旁边有小径伸向林中，路口立着一个小牌坊，上写"翁氏新阡"，牌坊左右分别立有翁心存及翁同龢墓的文保牌，牌后写着二人的简介。翁心存后面的简介是："翁心存（1791-1862），字二铭，号邃庵，清道光进士，官至体仁阁大学士，充上书房总师傅，为同治帝师。卒葬'翁氏新阡'其母张太夫人之昭。"翁同龢后面的简介是："翁同龢（1830-1904），字叔平，号声甫，清咸丰间状元，官工户两部尚书、军机大臣、协办大学士等。为同治、光绪帝师，晚清著名政治家。因支持康有为维新变法而革职归里。卒葬其父翁心存墓侧。墓南有祠曰'瓶隐庐'系翁晚年所居之处。"

　　两人的简介里面都没有提到翁氏藏书，介绍的重点在于两朝帝师及政治生涯，可见藏书对于世人而言，的确微不足道。翁氏藏书递传六代，是中国私家藏书史上极为重要的一环，尤其是 2000 年，翁氏藏书经翁同龢五世孙翁万戈先生安排，由海外回归中国，入藏

翁心存墓文保牌　　　　　　　　　　　　翁同龢墓文保牌

227

上海图书馆，成为中国古籍界极为轰动的一件大事，翁家六世藏书的传奇故事再一次引起人们注目。

翁氏六世递藏最早起源于翁心存。翁心存是一个孝子，因感老莱子彩衣娱亲的典故，将家宅命名为綵衣堂，又在綵衣堂旁边辟出知止斋作为藏书楼，并对儿孙说："富贵不足保，唯诗书忠厚之泽可及于无穷。"翁同龢在题《虹月归来图》中曾记父亲嗜书之事："昔我先公好聚书，凡俸入必以购书，甚至摽岁谷以易之。寒夜篝灯火手自粘补，而吾母加线缉治焉。"又跋《老学庵笔记》云："龢家旧贫，先公爱书，储积甚富。庚申之警，化为劫灰，其在者只零星断简耳。此二册尚是先公手粘治者。"同邑陈揆稽瑞楼藏书散出时，翁心存怀念好友，以重金收得陈揆旧藏约三分之一，其中包括陈揆自编《稽瑞楼书目》，此次收购使得知止斋藏书质量大为提高，为后来翁同龢继续藏书奠定了基础。

知止斋中有着翁氏父子许多与书相关的记忆。翁同龢在跋《陈司业诗册》时念及翁心存，颇为感慨："同龢年十四，得此册于笔客王雨皋，其《静女吟》一章，先公最喜诵之，即同龢亦窃仰止，以为先生非常人也。岁月不居，已成老拙，重睹此册，为之怃然。丁丑十二月十三日，灯下呵冻记。"跋后赋诗一首："知止斋中听讲时，儿能执笔父哦诗。白头侍直今何用？惭负寒机千丈丝。"赋此诗时翁同龢四十八岁，正在毓庆宫中教导光绪，这一年日记中记载："授书如故，年终上读《孟子》至《存乎人者》章。"翁同龢担任帝师极为尽心尽力，尽管宫中典籍如坟，但他仍然经常以自家藏书来为光绪进讲，日记中多有记载，如光绪六年有记："《诚斋易传》批本乃宣庙潜邸旧物，藏臣家久矣。因进呈，逐日讲数叶，粗明剥复否泰之理。又以《通鉴览要》小本进，取其易于翻阅。"

翁同龢爱书成痴，痴到连做梦都在谈书，同治元年（1862）曾记一梦，梦中与明代大藏书家项子京谈论古籍："夜梦至家乡后层书屋，方踌躇间，窗棂洞开，恍惚见一人曰：'予项子京也，爱君家古籍，故来就耳'。因论图书散佚，曰已日少，惟被劫火者，冥中有流本，若水渍断烂，则此书遂不传矣。又云日日阅邸钞，与人间无异，即不平事天上亦有之也。又一小楼，不知何处，子京之侄居焉。谈次蘧然而悟。"后层书屋应该是指綵衣堂旁边的知止斋，能够梦见项子京来找他谈书，可以想见他对于自己的家藏颇为自得，而他究竟悟到了什么，并未记载。梦中称如果古籍被火烧去，尚能在阴间流传，可以说是对爱书人极大的安慰，也可以从侧面看出翁同龢对于古籍四厄之痛惜，希望它们在另一个世界里继续被人珍护。

光绪二十四年（1898），翁同龢被朝廷革职永不叙用，交由地方官严加管束。翁同龢回到常熟，在虞山鹁鸽峰下建起了新居瓶隐庐，寓意"守口如瓶"，自号瓶庐居士。隐居生活，更多的是与书相伴，如今寒斋架上收有带翁同龢题跋的旧藏十余部，其中有明代汲古阁刻本《遗山诗集》，上面的题跋就是书于在瓶隐庐隐居期间，跋下用印为"沧波钓叟"，似可透露些许心迹。另有明代吴琯刻本《释名》八卷，卷前有翁心存题记："雍乾之际，吾家中落，先世图籍散失殆尽，此帙予幼时得之敝簏中，首叶有'盐官旧氏'图章，殆是高曾以上故物，爱重加补缀而存之，后之人其尚瞻怀先泽，毋忍弃捐哉。道光丁未六月十日翁心存识。"卷末又有翁同龢跋语："光绪壬辰闰月，山西杨之培持一本来，云是南宋刻，'匡''恒'字或缺

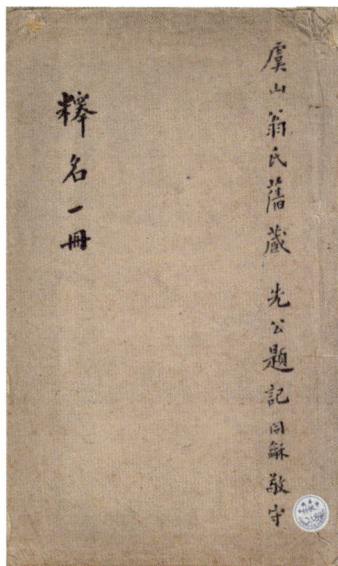

《释名》明刻本封面，翁同龢题记

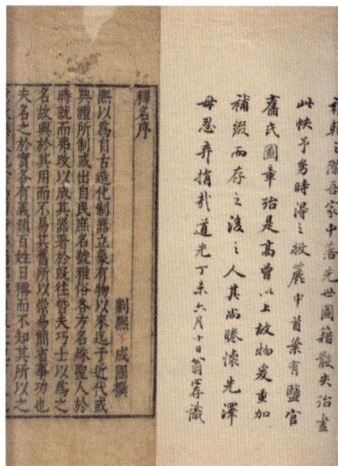

《释名》明刻本，翁心存题记

翁同龢墓碑   翁心存墓

或不缺，叙末偏左有'临安府陈道人书籍铺刊本'四短行，细审纸墨，当是明人覆刻，持去未及校勘，仅摹陈道人数行而已。同龢记。"封面上有翁同龢墨笔题写书名，并"虞山翁氏旧藏，先公题记，同龢敬守"字样。仅由此一部书，即可知翁氏藏书其实不止六世，远在翁心存高曾以上，即有藏书。

　　隐居六年之后，七十四岁的翁同龢在抑郁中离开人世，临终前以《论语》集句，自撰挽联一副："朝闻道夕死可矣，今而后予知免夫"。消息传开后，四海内外咸为之哭，身在欧洲的康有为赋下哀词十四首，称其为"中国维新第一导师"。数年后宣统继位，朝廷下诏恢复翁同龢官职，追谥"文恭"。

　　家人将翁同龢葬入了距离瓶隐庐仅咫尺之遥的翁氏新阡，与其父母相伴。如今走在虞山脚下，"翁氏新阡"的小牌坊就隐在小径入口处，牌坊是1984年以花岗石重新修建的，年代并不久远，左右的大树将牌坊完全笼罩住，林荫蔽日，牌坊后面的小径上堆满落叶，显示这里人迹稀少。前往拜访这天正值周末，虞山上下游人如织，而一路步行过来，这里却一个人影都不曾遇见，也许人们嫌墓葬之地太过阴森和不吉利吧，生前之显赫，死后之寂寥，无处不见点滴。沿着小径向里大约50米，见有绿色铁网将前路及右侧拦住，仅余左侧一条小径予人步行，于是沿小径继续前行，果然见到三座并排着

的墓冢，不知道哪一座才是翁同龢之墓。

当时我的寻访之旅开始未久，经验不足，竟然犯了一个非常低级的错误。常熟一带的墓葬制式是墓冢在正中间，周围砌以矮墙，墓碑则嵌在墓冢后面的矮墙上。我围着三座墓冢转了一圈，略扫了一眼嵌在矮墙上的墓碑，没有看见"翁同龢"三字，于是认为翁同龢的墓冢不在这三座之内，而在刚才所见的绿色铁网后面，被当局圈住保护起来了，属于尚未开放之列。想到这里，我离开三座墓冢，回到铁丝网前，铁丝网并不严密，其中一个接口处被人为扯开，略侧侧身即可穿过去。铁丝网后面是一个已建好，但尚未开放的园林，有着一些人物塑像及亭台楼阁等，范围颇大却一个人都没有。我上下找了一圈，不是没有找到翁同龢墓，而是连一个墓都没有找到，十分丧气的我不甘心，又穿过铁丝网回到三座大墓前，逐一去辨认

翁氏新阡入口

墓碑上的文字。

这时我才辨清楚，三座墓冢正中间的一座大墓是家族合葬墓，由墓碑可知，合葬墓的正中间葬着翁心存的母亲张太夫人，两边分别葬着翁心存夫妇及翁同书夫妇，合葬墓的东侧是翁同爵之妻杨夫人墓，合葬墓西侧才是翁同龢与妻汤氏、妾陆氏的墓冢，墓碑上写着"皇清诰授光禄大夫特谥文恭协办大学士户部尚书曾祖考叔平公、诰封一品夫人曾祖妣汤夫人、诰封淑人庶曾祖母陆淑人之墓"，右侧上有小字"乙山辛向兼卯酉三分"，左下小字为"曾孙翁之廉、之循敬立"。仔细辨认，还可以看见墓碑的两边及碑额上刻有图案，说明这块墓碑是旧有原物，然而周边的水泥及青砖，又告知人们这座古墓曾经有过多次的修缮，看见这些痕迹，多少有些安慰，虽然人迹罕至，但毕竟保留了下来。项子京曾在梦中告诉翁同龢，被丁火劫去的古籍，在阴间尚有流传，翁氏父子如今地下聚首，可以尽阅古今被丁火劫去之书，想必快乐更甚于生前。

略作停留之后，我拍完照片，复沿着小径走出翁氏新阡，前往附近的瓶隐庐，在瓶隐庐的门前遇到一对正在晒油菜籽的老人家，那又是另一个故事了。

郑珍墓

原本认为郑珍有满地黄花相伴不会寂寞，现在看来，不寂寞的原因不仅仅是黄花，母子于黄泉之下相伴，这才是一件温暖的事。

郑珍（1806～1864）字子尹，晚号柴翁，别号子午山孩、五尺道人、且同亭长。以经学驰名于世，工书善画，晚清宋诗派代表人物之一。

　　郑珍墓位于贵州省遵义市新舟镇沙滩村禹门村，在寻访郑珍墓之前，我刚去了黎庶昌墓与故居。在黎庶昌故居，我向管理员打听可有人知道莫友芝和郑珍的墓在哪里，有了黎庶昌墓的寻访经历，我已经明白如果没有人带路，仅凭"某镇某山某村"的地址是不可能找到的。在平原地带，很多村落可以站在村头，一眼望到村尾，但是在遵义这个多山的地方，很有可能你翻过了好几座山，仍然没有离开村界。管理员指着一位正在这里坐着聊天的老乡说："他知道，让他带路吧。"老乡马上表示带路可以，要收钱。问他要多少，他说最少100块，再问他为什么要这么多，他说要走三个小时，太辛苦了。我以为听错了，郑珍墓与黎庶昌故居同属新舟镇沙滩村，只不过黎庶昌故居在沙滩组，郑珍墓在禹门村，同一村庄的两个小自然村，来回一趟居然要走三个小时？不待老乡回答，管理员主动为他说话了，说的确要走三个小时，这还是看我体能不错，走得比较快的情况下。我再三询问车子开不进去吗？如果能开车进去，可以去镇上请一辆车，老乡摇头，我开始妥协，转而问那么摩托车呢？摩托车总能开进去吧？他们说连摩托车都没法开进去。我开始想不明白了，以今日之中国农村，还有连摩托车都开不进去的地方，难道是要爬山？老乡说，黎庶昌、郑珍和莫友芝三人的墓葬是呈"品"字形分布，分别在三个山上，中间只有田间小路相通，还有一条洛安江隔在中间，一个圈走下来，至少要三个小时。我告知黎庶昌墓已经去过了，只去郑珍和莫友芝墓，于是他将价钱降到80元，这时我才知道，最开始在沙滩文化陈列馆请人带路时，那人要价100元并不为过，可是当时我一气之下，掉头就走了。

　　以上午11点40开始计时，这趟行程果然走了整整三个小时，老乡赚这么点带路费也真不容易。黎庶昌故居的一位工作人员见我

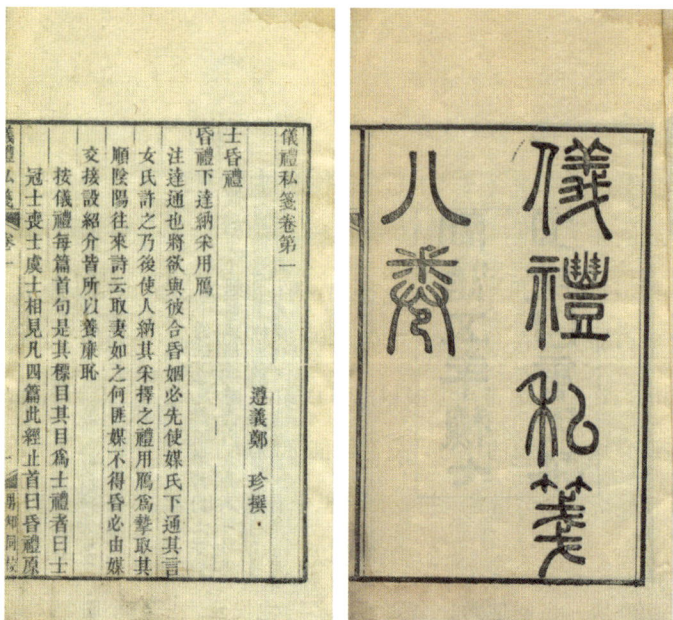

郑珍撰《仪礼私笺》清光绪五年成山唐氏刻郑子尹遗书本

《仪礼私笺》书牌页

们达成协议，决定也跟着一起上路，去看看郑珍和莫友芝的墓究竟在哪里，原来连他都不知道这几座墓葬究竟在哪里，他说："其实我们也很想开发这几座墓葬，这是我们贵州非常重要的文化遗产，但是交通太不方便了，不是没有路的问题，是根本没办法把路修过去。"

老乡决定先带我们去距离黎庶昌故居较近的郑珍墓。郑珍（1806-1864）字子尹，晚号柴翁，别号子午山孩、五尺道人、且同亭长，道光十七年（1837）举人，以经学驰名于世，工书善画，还是晚清宋诗派代表人物之一。张裕钊在《国朝三家诗钞》中，将郑珍、施闰章和姚鼐并列为清朝三代诗人，可见其于诗学界地位之高。其自小就学于舅父黎恂，黎恂又是黎庶昌的伯父，家富藏书，辞官归里时，将大量积蓄换成典籍运回遵义沙滩，建起藏书楼"锄经堂"。郑珍自幼在舅家深受熏陶，亦痴迷典籍，建有藏书楼巢经巢及望山堂。他和黎庶昌虽然是平辈，又是表兄弟关系，年龄却相差31岁，黎庶昌幼年时曾就学于郑珍。郑珍与莫友芝更是莫逆之交，道光八年郑珍从湖南学政幕返回贵州后，即拜莫友芝父亲莫与俦为师，并与莫友芝定交，二人并称"西南巨儒"，曾一起编撰《遵义府志》，时人评论该书，称可与《水经注》《华阳国志》相匹。郑珍家境并不富裕，每逢进京赴试，莫友芝都会帮其打点行装，还将自己的裘衣借给他御寒，莫友芝"衔书鼠"的外号，就是源自郑珍的诗："莫五璃厂回，又回璃厂路。似看衔书鼠，寂寂来复去。"两人为宦各分东西时，书信不绝，许多内容都涉及书籍版本，其中一封郑珍寄给莫友芝的信中说："据云《北江集》外，有后刻《左传诂》数十卷，只刷印数四五十本，此行厂中可访之。"不知道莫友芝后来是否买到《左传诂》，虽然后来查阅《邵亭知见传本书目》，著录有《春秋左传诂》，为洪亮吉著，版本为光绪四年（1878）洪用懃授经堂刊洪北江全集本，以及光绪十四年南菁书院刊皇清经解续编本，前有注有"补"字，但并不知道该书属于莫友芝自购，还是知见。自从读到这封信札之

郑珍墓

后，我也开始在拍场留意此书，但至今未有收获。

通往郑珍墓的小径时高时低，全是田野小路，时而贴着山坡，时而临着小河，有时直接是一道窄窄的田埂，怪不得老乡说连摩托车都无法进来。沿途穿过数个小村庄，最后来到一个名叫"禹门"的村子，带路者先到一户民居中叫出一位老乡，说有人来看墓，然后让老乡带着我们往其屋后走，原来这位老乡就是郑珍墓的看管员，受文保会管理，每年付予管理费100元。曾经听一位在乡镇负责文保的工作人员称，凡县级以上文物保护单位均需配备文物管理员，通常由住在文保单位旁边的老乡担任，每年付100元保管费。这一点似乎国家相关部门曾有明文规定，但一路寻访以来，具体实施者并不多，而承认收到这100元的，仅有此处郑珍墓及湖北京山郝敬墓的文管员。

文管员见到我们，特意拉平身上的衣服以示庄重，然后带我们来到郑珍墓前，远远即看见一片黄花，开得极为灿烂，想郑珍有此黄花相伴，应该不会寂寞吧。郑珍墓曾经过修整，以青石铺成两层台阶，看得出久无人来，所以那些小黄花才开得如此喧闹，墓冢上野草高过人头。墓碑上仅刻五个大字："郑征君之墓"，显然是政府维修时所建，碑上既无生卒年，也无立碑人。文管员见我拍照，上前将墓碑前的黄花及野草拨开，并用袖子小心擦拭墓碑上的字，试图使它干净一些，我赶紧说不用擦，就这样挺好。文管员一直不停地对我说话，因

郑珍墓碑

为是当地话，好不容易才听明白，大意是说郑珍墓前墓后的杂草都是他定期修整，拿镐铲等除去，才有今天这个样子，以前这里荒草丛生，人畜根本无法靠近。他边说边弯腰拔去墓碑正前面的杂草，看得出他是

郑珍母亲墓志

经常做这个动作，非常娴熟。絮叨之余，他又反复告诉我他的名字，说自己叫唐昌羽，并在手心里写给我看，强调是羽毛的羽，昌盛的昌，我想是他希望我记住他吧，于是拿出随身的小纸片，当着他的面把他名字记在纸上，然后看见他满意地笑起来。

拍完照准备离开时，他指着旁边不远处的另一个墓冢说，那是郑珍母亲的墓，又指了我们来时经过的一个巨大神龛模样的东西说，那是他母亲的墓碑。这让我意外又奇怪，意外在于看到了郑珍母亲的墓，奇怪在于其墓碑与墓离得这样远。再看那个巨大的神龛，原来是块一人高的完整石碑，上面刻满了字，内容是郑珍母亲的墓志铭，顶端以篆书刻"黎大孺人墓志"六个大字，细看了看，下面并无落款，未知是何人所书。此碑后来被保护者用三块石板将左右和上面围起来，就变成了今日所见之神龛。原本认为郑珍有满地黄花相伴不会寂寞，现在看来，不寂寞的原因不仅仅是黄花，母子于黄泉之下相伴，这才是一件温暖的事。

离开郑珍墓时，又经过唐昌羽门前，其妻拎一袋桔子站在那里等我们，见我们来了，才微笑又胆怯地把桔子递过来，并不怎么说话。带路的老乡说，这是他们自己家种的桔子，他们一定是把我成上面下来视察的领导了。

冯桂芬墓

看看马兄一身的惨状，我极为抱歉，决定将来写这篇寻访记时，一定要把他写得英勇一点，否则真对不起他身上的血痕和被划破的衣服。

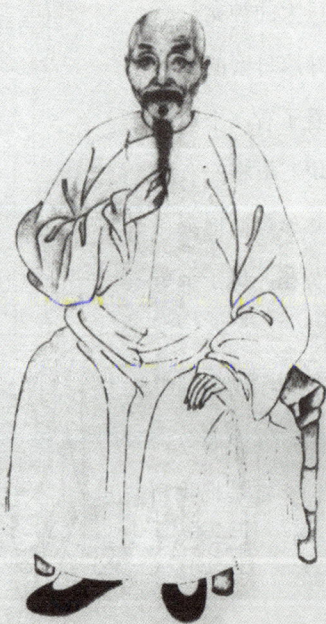

冯桂芬（1809~1874）字林一，号景亭，晚号怀叟，又号邓蔚山人，道光二十年（1840）进士，授翰林院编修，并充国史馆纂修，官至右中丞。

冯桂芬墓位于江苏省苏州市天池山景区后面的竺坞鸡窠岭，如今墓冢已毁，仅有文物保护标牌立于附近。在中国近代史上，冯桂芬一直是以思想家、改良家的形象出现，是晚清维新思想的先驱者，关于他藏书的一面却被很多人忽视。壬辰年夏前往苏州访古，得友人相助，费尽周折找到冯桂芬墓的文保牌，也算不虚此行。

冯桂芬（1809-1874）字林一，号景亭，晚号怀叟，又号邓蔚山人，道光二十年（1840）进士，授翰林院编修，并充国史馆纂修，官至右中丞，同治初曾入李鸿章幕府，先后主讲南京惜阴、上海敬业、苏州紫阳及正谊等书院，门生中多有俊杰，最著名的是吴大澂和叶昌炽、王颂蔚、管礼耕等，一生著述极多，有《校邠庐抗议》《说文解字段注考证》《两淮盐法志》《西算新法直解》及《显志堂集》等，并参与纂修《苏州府志》。这些著作中最著名的是《校邠庐抗议》，

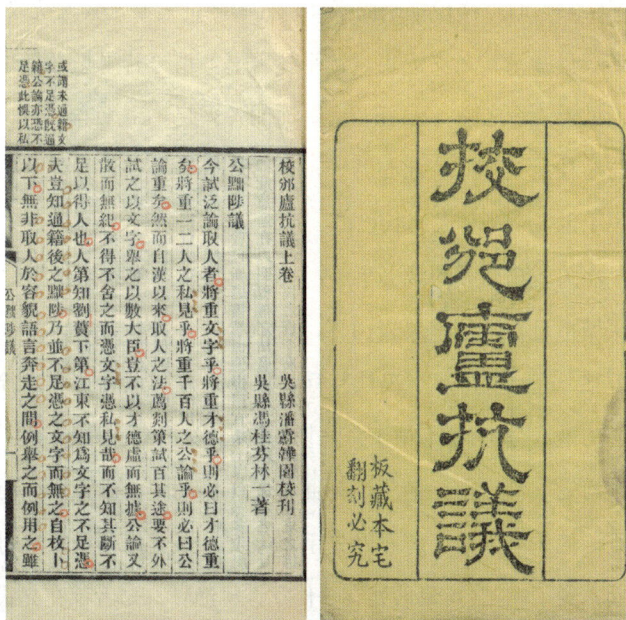

冯桂芬撰《校邠庐抗议》，清光绪十八年敏德堂刻本（左图）

冯桂芬撰《校邠庐抗议》书牌页（右图）

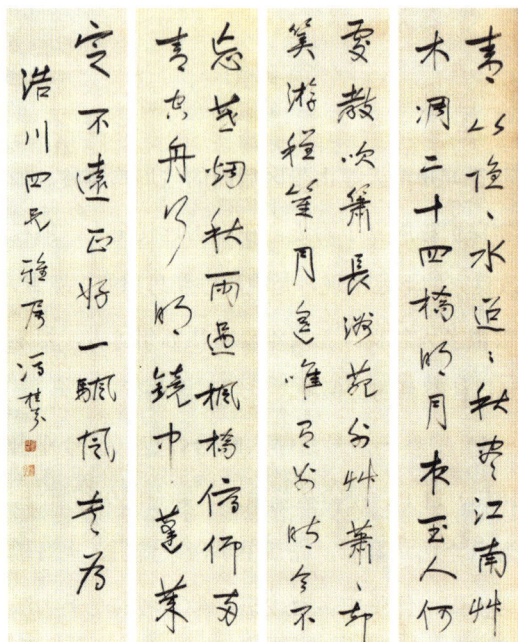

冯桂芬所书
四扇屏

该书针对时局提出一系列改革方案，其中采西学、制洋器、改科举等建议先后被洋务派所采纳，同治九年（1870），冯桂芬因讲学著书等事有益于清王朝，被朝廷破格赏以三品衔。《清儒学案》在评价"校邠学案"时称："校邠宗尚亭林，究心经世之学，其《抗议》四十篇，亦《日知录》之支流也。昔亭林著书，谓'若果见之行事，不难跻斯世于治古之隆'。虽托空言，而闻者兴起。后二百余年，而有校邠，与亭林所处不同，此心若一，使后之人读其书，知儒效可凭，思有用于世，斯亭林之绪长已。"

关于冯桂芬的藏书事迹，吴云为《显志堂集》作序时称："所居厌城市近嚣，筑室灵岩山下，疏池叠石，种竹栽花，建高楼，牙签万轴，充满其中。"《冯桂芬行状》则记有："尝得影宋本徐楚金《说文韵谱》，辄大喜，谓李舟《切韵》已亡，赖此可以存之。遂与同里顾河之瑞清、上元龚生丙孙商榷，作校勘记，未卒业，而有粤匪之难，稿失其大半。府君乃先手摹篆文，命及门分书原注付梓，以校勘本藏于家。"其藏书处有一仁堂、耕渔轩，二者都在光福镇。一仁堂起于前，因藏书日多，渐显逼仄，冯桂芬又建起新宅以存储图书，建好之后，有徐姓同里告诉他，新宅这里曾经是徐达左故居旧址。徐达左是明初藏书家，字良夫，号松云道人，别号耕渔子，藏书处为耕渔轩，当时的另一个藏书家吴宽曾形容耕渔轩藏书为"高编大册甚富"。元、明时期，徐达左耕渔轩与倪瓒清秘阁、顾阿瑛玉山佳处三足鼎立，当时的名人杨维桢、高启等人往来唱和于其中，一时间风流文采，腾耀江左。冯桂芬得知新宅是徐达左藏书处遗址后，非常高兴，将新宅也起名叫耕渔轩，并在《耕渔轩记》中称"是轩为流风余韵所在，乡闾后进宜何如高山景行之慕，乃于无心中得复旧迹，亦予之厚幸也。"

耕渔轩藏书有多少，可以从叶昌炽日记中略窥一二。《缘督庐日记钞》同治十二年（1873）十二月廿一日记："为景师整理书籍约二十架，分经、史、子、集四部，偕申季、伯渊两人，自朝之暮，仅得小半功夫，然已不胜其惫矣。"虽然不知道二十架藏书究竟是多少，但至少可以知道冯桂芬藏书是四部齐备的。弟子们为老师整理藏书之后不到半年，冯桂芬因病逝于家中。二十余年后，叶昌炽再访老师故宅，见到的已是"旧时志局安研之地，尘封已久，书籍磁器狼藉满地，先师遗泽不堪回首"。

根据《冯桂芬行状》记载，冯桂芬夫人黄氏先殁，葬于"吴县二十一都八图阳甲字圩北祝坞"，冯桂芬去世后合葬于此，《吴县文史资料》则称冯桂芬墓位于"吴县藏书乡天池山竺坞鸡窠岭"，"祝坞"与"竺坞"同音，应当是同一个地方。这一天与马骥兄和几位朋友同往天池山寻访，来到天池山景区，向工作人员打听，工作人员称该墓不在景区内，在景区后面的另一座山上，并找来管理者，希望能够帮到我们。管理者又不知从哪里找来一位七十多岁的老太太，自称知道墓在哪里，马兄塞给她30元辛苦费，请她上车带我们绕到后山去寻访。沿着山路开到半山腰，车已无法前行，于是大家下车接着步行，老太太指着眼前一片山告诉我们说，冯桂芬墓就在这山上，然后带着我们沿一条小山溪向上爬，正爬山间下起了小雨，好在看上去小雨不会变大，于是大家接着在细雨中爬山。年轻的时候曾经听过一首歌，歌词是"小雨来的正是时候"，此时此景，让我想起了这首歌，时值酷暑，天气极为炎热，这场小雨的确来的正是时候。

老太太腿脚之利索令人叹服，可是向上爬了十余分钟后，她站在原地不动了，手搭眉毛四处张望，大伙儿喘着粗气跟上她，等她带路继续寻访，没想到她停了好一会儿，才木讷地说，想不起来怎么走了。马骥兄马上又塞给她20元钱，请她再仔细想想，这次的物质奖励并没有起到作用，老太太想了半天，一脸歉意地说实在想不起来了。我试图启发她回忆上次见到冯桂芬墓的情形，比如旁边有什么，谁知她的回答差点儿让大家都栽下山去："我是17年前上山砍柴时看到一座大坟，还有台阶，也不知道那个大坟是不是你们要找的那个。"众人大为泄气，一起感慨了一声："17年前！"无奈只

带路的老妪茫然不知所向

冯桂芬墓只在此山中

好沿溪水下来，回到车上原路下山，希望再找个明白人来带路。

小雨不知不觉停了，换了烈日继续烘烤大地，快到山脚时遇到一位当地农民迎面而来，我不死心，停车向其打听，他的回答又让我们燃起了希望："冯桂芬墓，我知道！"可是已经有了老太太的教训，我们不太敢相信，他接着说了一句话，我们马上又兴奋起来："我弟弟是文管所的所长，当时立碑的时候我亲眼见过。"一听这个，大家觉得有门儿，立即请他上车，掉头继续上山，又来到刚才停车的地方，下车步行。这位村民并没有像刚才老太太一样带着众人上山，而是向下走进了一片茂密的竹林，带我们寻找冯桂芬墓的文保牌。因为地处荒山，又值盛夏，山上植被极为茂盛，竹林里藤萝丛生，并且长满带刺的植物，每往前一步都极为困难，无论怎么小心都避免不了被划伤，很快大家的胳膊上就出现了一道道的血痕，马骥兄访古心切，头一个钻进竹林中找寻，因为身穿短袖，血痕尤其多。因为有希望，知道冯桂芬墓就在这附近，大家的兴致都很高，几乎人人手脚并用，但尽管如此，我还是听到了最不愿意听到的一句话，向导说："我找不到了。"然后又解释："现在是夏天，山上都爆青了，你们冬天来，没有这么多植被就好找了。"到这份儿上他竟然还敢这么说，所有人都有些生气，我突然想到他弟弟是文管所的所长，那么一定知道具体位置，立即请他给他弟弟打电话问一下。电话拨通后，他用当地话讲了一阵，脸上逐渐恢复了信心，开始有

冯桂芬墓文保牌

了笑容，看来的确有门儿，放下电话，他告诉我们，冯桂芬墓的文保牌的确就在这片竹林里，而且他划出的范围并不大，于是我们燃起希望，又分头钻进了竹林，以半行半爬的姿势寻找着冯桂芬墓。五分钟后，听到向导欢快地声音："找到了！就在这里！"

果然我们看见了冯桂芬墓的文保牌，1986 年由吴县人民政府所立，隐藏在一片极为盛密的竹林及櫂木丛中，背后刻有简介："墓在藏书北竹坞，座向朝西，南北排列着三个妻妾墓冢。冯桂芬（1809-1874），字一林，道光进士，是清末洋务运动时期的政论家，著有《校邠庐抗议》《说文解字段注考证》《西算新法直解》等。"据这位向导说，冯桂芬的墓冢并不在文保牌附近，而是在后面那座山上最高处的一棵树下面，因为无路可通，当年立碑时只好立在了这里，现在即便上去找到墓冢，也看不见什么了。听到这句话，我颇有些气馁，马骥兄看到我失望的样子，不断安慰我说能找到这个也算不错了，我才意识到自己有些失态，毕竟酷暑烈日之下，辛苦了一起陪我寻找的朋友与向导，何况我们上山时有一段路是开车上来的，当年的交通必定没有现在这么好，要将这么重的石碑从山脚抬到这里，也不容易了。再看看马兄一身的惨状，我极为抱歉，决定将来写这篇寻访记时，一定要把他写得英勇一点，否则真对不起他身上的血痕和被划破的衣服。

曾国藩墓

我当即反问老人家，那你为什么带我来，还告诉我它们就在这里呢？？他瞥了我一眼，不无得意地说：『你不是坏人。』

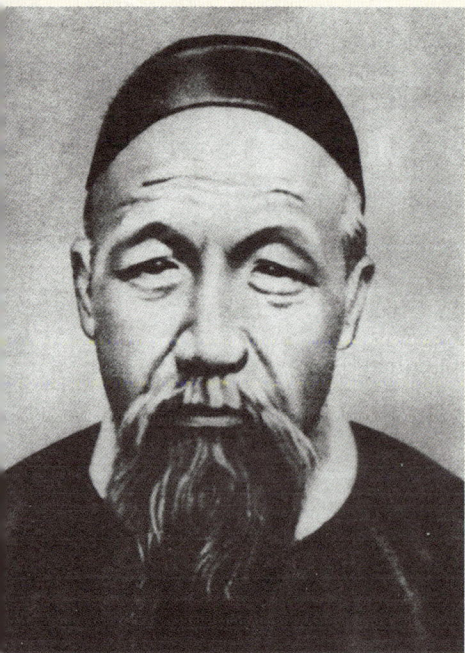

曾国藩（1811–1872）原名子诚，字伯涵，号居武，后改号涤生，自号求阙，官至武英殿大学士，两江总督、直隶总督，传世有《曾文正公全集》等。

《曾文正公全集》清同治光绪间传忠书局刻本

曾国藩墓位于湖南省长沙市望城县坪塘镇桐溪村伏龙山南，去寻访那天运气很好，遇上了当年参与墓冢修复工作的经事人，使我少走了很多弯路。曾国藩（1811-1872）原名子诚，字伯涵，号居武，后改号涤生，自号求阙，道光十八年（1838）进士，官至武英殿大学士、两江总督、直隶总督，曾带领湘军平定太平天国，诏加太子太保，封一等毅勇侯，卒谥文正，传世有《曾文正公全集》《曾国藩家书》等。曾国藩名气实在是太大，研究他的人多不胜数，可供研究的方面亦很多，而我最关心的，则是他藏书的一面。

曾国藩出身于典型的耕读之家，五岁就读于家塾利见斋，未入仕前曾典衣购书，获得祖父的赞许，入京师为官后，频繁出入琉璃厂，所得俸金大部分都用于买书，因此寄回湖南的家用大为减少，一度引起家中误会，以致曾国藩不得不在家书中解释："我仕宦十余年，现在京寓所有惟书籍、衣服二者。衣服则当差者必不可少，书籍则我生平嗜好在此，是以二物略多。将来我罢官归家，我夫妇所有之衣服，则与五兄弟拈阄均分。我所办之书籍，则存贮利见斋中，兄弟及后辈皆不得私取一本。除此二者，予断不别存一物以为宦囊，一丝一粟不以自私。"又有"余将来不积银钱留与儿孙，惟书籍尚思添买耳"等语。在曾国藩的家书与日记中，有关购书、读书、藏书及刻书的记载极多，除了自己读书藏书，他还极关心家族子弟的读书，不断将在外购买的书籍寄回家中，以免族中子弟们无书可读。

根据记载，曾国藩曾多次将书由京城寄回湖南老家的富厚堂，富厚堂占地 4 万多平方米，除了正宅之外，其精华部分就是四座藏书楼，占整座侯府建筑部分的四分之一，分别是思云馆、求阙斋、归朴堂和艺芳馆，藏书总计 30 多万卷。富厚堂位置极为偏僻，距离最近的湘乡县县城尚有百里山路，湘乡县距离京师更是万里迢迢，在当时交通不便的情况下，运书是一件非常辛苦的事，曾国藩的姻亲袁芳瑛就是死在了为曾国藩运书的途中。袁芳瑛（1814-1859）也是一位大藏书家，湖南湘潭人，曾任松江知府，家有卧雪庐藏书楼，楼中珍籍琳琅满目，与曾国藩一起在京师任职，又常相逢于琉璃厂书肆，因而成为书友。曾国藩爱其同乡兼同好，主动将自己的大女儿曾纪静许配给了袁芳瑛的长子袁秉桢，两家结为姻亲后，书事往来更为频繁，袁芳瑛为自己收书的同时，也替曾国藩搜购宋元旧籍，使得曾国藩藏书更加丰富。咸丰八年（1858），湘军与太平天国之间战事紧急，曾国藩欲与太平军决一死战，做好了殉师的准备，于

曾国藩藏书楼富厚堂

是将京师寓所与松江督府的藏书全部捆扎装箱，请袁芳瑛帮他运回湘乡富厚堂，没有想到的是，袁芳瑛居然病死在了运书途中，临死前还吩咐儿子"藏书不可遗失一本"。袁芳瑛去世后，这批藏书由袁芳瑛胞弟袁万瑛谨遵兄长遗命，继续护送。曾国藩在家书中说："兹有袁漱六亲家之胞弟袁铁庵自松江归来，将我京中书籍概行带送湘乡，实为可感之至。前由京搬至松江，此次由松搬至湘乡，共万余里，吃尽辛苦。到我家时，望加意款待，至要至要！"这批书共计30多箱，又历经了八个多月的山山水水，终于在咸丰十年（1860）如数到达富厚堂。

为曾国藩书事而亡的还有另一位大藏书家，那就是贵州的莫友芝。莫友芝（1811-1871）长期担任曾国藩幕僚，并奉命替他四处访书，同治四年（1865）春奉命前往江南，搜求太平天国乱后由文汇、文宗两阁中散出来的遗书，访书活动一直延续到同治十年，这一年莫友芝听说里下河一带有许多旧藏，于是绕道前往访书，没想到途中感染风寒，数日之后就在舟中病逝。曾国藩闻讯后极为伤心，在写给潘祖荫的信中说："莫子偲于九月遽归道山，江表遂无好事者搜罗金石，寻究古书，供朋游之玩索。人琴之感，想阁下亦增怅恺。"

也许是因为想到了袁芳瑛与莫友芝，两人的去世都与曾国藩藏书相关，写到这篇小文章时，我略有些伤感，藏书之事真是前仆后继，有幸也有不幸。曾国藩去世之后，富厚堂藏书被其家人及乡里坚守到了1950年，全部藏书及财产等尽数收归国有，至1954年，全部藏书运往长沙。根据当时负责接收藏书的尹天祜记载，当时"书

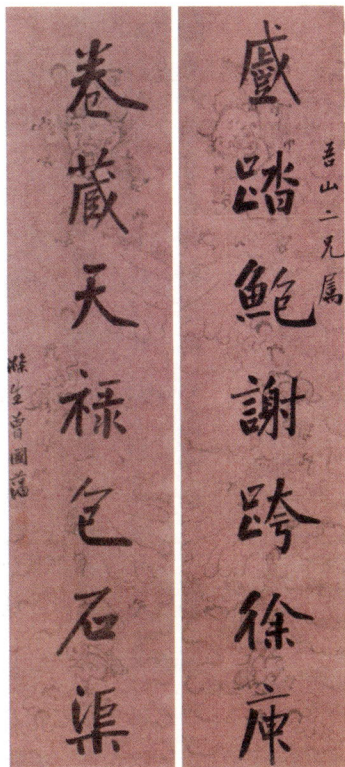

曾国藩书法：
蹙踏鲍谢跨徐庾，卷藏天禄包石渠。

约有二百担之多，一人督运，深感困难，幸县文教科和区政府大力协助，用船运抵长沙。"

壬辰年秋我由长沙出发，前往望城拜访曾国藩墓。曾国藩于同治十一年在南京去世，年谱记载该年曾国藩自三月一日起时常出现脚麻之症，舌塞不能语，至三月十二日午后，由曾纪泽陪同在花园间散步，突发脚麻，由曾纪泽扶回书房，端坐三刻而逝，朝廷闻讣后，辍朝三日，追赠太傅，谥文正。因天气炎热不便久存，家人于当年六月将灵柩由南京运至长沙，暂葬南门外的金盆岭，两年后其妻欧阳夫人去世，曾纪泽将父亲墓冢迁至善化县坪塘伏龙山，与母亲合葬，墓址就是现在的望城县坪塘镇。寻访前我曾经好奇曾国藩的家乡明明是在湘乡，死后却为什么葬在了200公里之外的望城，经过查找资料，始知这块墓地是曾国藩生前自己选定。晚年的曾国藩积劳成疾，自知不久于人世，于是委托弟弟曾国荃在家乡湘乡的曾家祖坟附近勘查墓穴，曾国荃勘查后回来说，祖坟一带上好的穴地已经用完，并提出建议，称如果将父母的墓地略微挪动，即可腾出一处不错的穴位出来。曾国藩坚决不同意打扰父母地下安宁，最终决定将墓地选在望城的伏龙山，这里是他早年办团练与太平军作战时来过的地方，曾国藩告诉曾国荃，自己死后灵柩不必再运回湘乡，就安葬在长沙郊外的伏龙山即可。

这一天当我来到坪塘镇时已是午后，下了高速后，向当地人打问曾国藩墓的路径，连续问了数人，都说不清楚，后来在一个公交车站看到两位年轻人，本来也不抱什么希望，因为这种事情多半是当地老者比较清楚，但前后无人的情况下，我抱着一丝侥幸的心理上前请教，没想到他们看了我的寻访名单之后，突然间高兴起来，告诉我他们就是桐溪村的，村中确实有这么个墓，然后极有耐心地向司机解释，应该如何如何走，见到什么标志之后，在哪里转弯等等。湖南的乡村公路极少有路牌，所以在遇到岔路时，只能靠标志物来说明如何行驶，这需要司机有很强的记忆力才行，因为这一问之后，很有可能许久都遇不到可以问路的人。很不幸，司机走了一半后，记不清该在何处往哪个方位转弯，只好沿着一条似乎是正确的方向前行，试图再一次遇到指路人。就这样一边走一边东张西望，我们来到一个无名小村，村口有三位老者正在聊天，我下车前往打听桐溪村，其中一位老者详细指明了道路后，问我找村子里哪一家，我告诉他并非找人，而是专程前来拜访曾国藩墓。老人一听，主动站起来说："我带你去吧，不那么好找的。"这当然是我最高兴的事，马上请他坐在前座上，继续向前开去。

老人家告诉我他姓刘，今年七十四岁，爷爷曾经是同盟会的会员，民国期间还当过浙江省财政厅厅长，后来死在了袁世凯手中，现在还有几位亲戚留在北京。大约距离桐溪村还有 300 米远时，老人家指着马路右边的一座山让我看，说曾国藩墓就在这山上，路边一条极窄的小径向林荫中铺去，这时车已不能再行，老人家带上我开始沿此小径步行向山上走去。走了一段之后，见到小径边上有一个倒伏的界桩，上面用朱笔写着"曾界"二字，我很高兴，说这应该就是进入曾国藩墓的保护区域了，老人家漫不经心地说了句："这两个字是我写的"，这让我极为意外，马上向他请教，他解释说，当

曾国藩墓园界桩

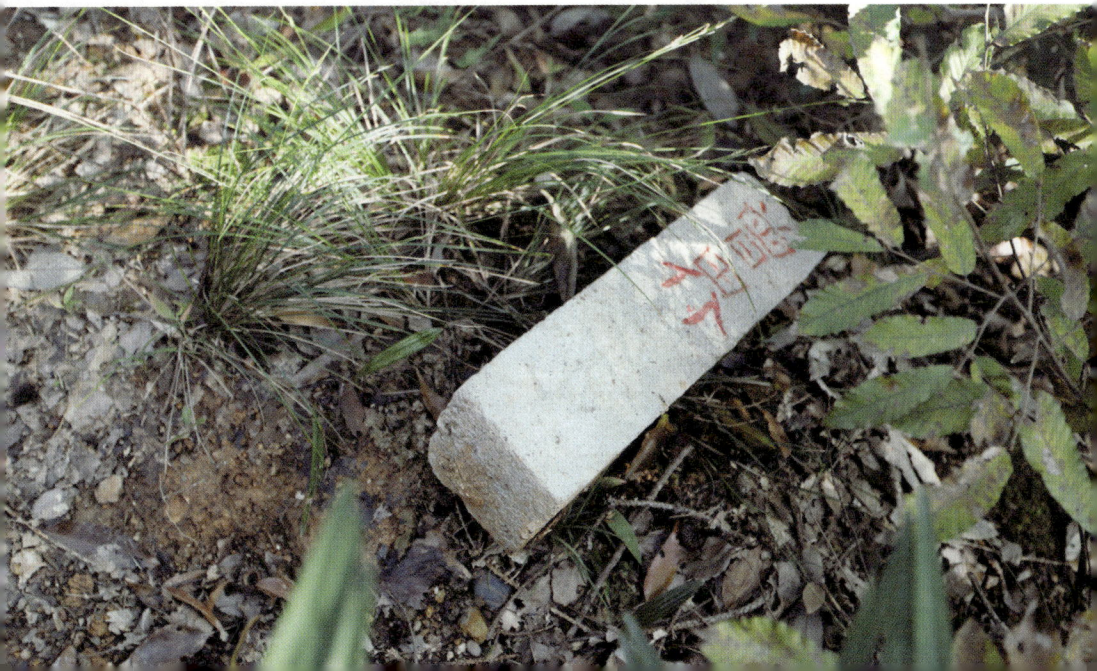

年文管所启动保护曾墓计划，他也参与了整件事情，曾国藩墓的许多保护工作都是他参与一起做起。难怪他对曾墓如此熟悉，看来是我的诚心感召了曾文正公，无意间就让我遇到了真正的知情人。

　　沿着小径步行约 300 余米后，远远就看到了曾墓所在，整个墓园建筑分为两级，第一级是平台，平台之上有台阶，然后为第二级平台，约有两三亩地大小，正前方即为曾国藩墓。墓冢形制为圈椅形，这可能是湖南的葬俗，正中间的墓冢直径大约五米，是个极为规整的半球形，表面全部用弧形麻石铺满，麻石的拼接处状如经纬线，使整个墓冢看上去像是半个地球仪。墓冢后方围着一圈护墙，汉白玉制成的墓碑立于墓冢正后方的护墙上，主碑高约三米，刻着"皇清太傅大学士曾文正公　一品侯夫人欧阳夫人之墓"，两侧的附碑上刻着云龙纹浮雕，墓前设有拜台及望柱，东西两侧各立有石阙一个，分别刻着"曾太傅墓东阙"及"曾太傅墓西阙"。老人家告诉我这些都是后修的，并示意我到墓的东侧再去看看，我沿着小路下行不足十余米，立刻看见一个高大完整的石翁仲立在树丛中，再细

曾国藩墓前翁仲

看是一个文官，我马上想起来，出发前查找的资料中，曾经提到过这个石翁仲。当年文保部门的工作人员在完成曾国藩墓的修复工程后，继而清理神道遗迹，无意间在一个粪坑中发现倒卧着一匹石马与一个石翁仲，经过鉴定，这正是曾国藩墓前当年的遗物。

我的惊愕让老人家略有些得意，在一旁微笑地看着我，我向他请教，按道理这里应该有两个翁仲，那么另一个在哪里呢？老人家示意我继续往树丛里看，树丛里并没有什么，我想了一想，往树丛深处钻进去，于是看到一个满是落叶的土坑，里面隐隐约约地埋着一些被砸烂的石构件，不用说，这些应该都是当年墓前的旧物。老人家肯定了我的猜测，说这些都是当年的原物，曾国藩墓曾经经历过两次大的破坏，最严重的一次就是"文革"期间，后来还被盗过好几次。我想起湘乡那边似乎也有一座曾国藩墓，但是那一座墓的名气远没有这一座的名气大，我向老人家请教，是否听过这一种说法？老人家肯定地说："这一座就是真的。80年代初，这个墓被盗过，那些人从上面打了个碗口粗的深洞，我还从那个深洞里闻到了

曾国藩墓

尸体的腐臭味。过了几年，这个墓又被盗了一次，这次他们把墓给挖开了，搞得动静太大，被村里人捉住送到了派出所，后来不知道什么原因，又把他们放了，墓也没有人管。再后来，这几个盗墓贼又把别的几个古墓也盗了，把事情搞大了，惊动了中央有关部门，派了文物部门的人专门来调查这事。当时我看到了不少从曾国藩墓里盗出来的东西，文物局的人说，那些的确是曾国藩墓中当年的陪葬品。"

老人家的说法令我有些尴尬，因为这两年来我不断地寻访前贤墓葬，到处打听古墓，多次被老乡们怀疑有盗墓意图，继而接受各种盘问，有时还会被扣下身份证，好在每次盘问过后，并没有为难我。我看着土坑中被砸烂的石构件，意识到它们不是偶然间堆在这里的，而是被人刻意地隐藏在这里，我把这疑问向老人家请教，老人家又笑起来，说那些盗墓的太猖狂了，现在老石头也能卖钱了，很多做生意的人到处找这种老石头，运出去卖钱，所以它们被隐藏在这里，他也不敢告诉别人，真正的曾文正公墓前的石雕藏在这里。听到他这么说，我当即反问老人家，那你为什么带我来，还告诉我它们就在这里呢？他瞥了我一眼，不无得意地说："你不是坏人。"

曾国藩墓碑

莫友芝墓

想起黎庶昌的其中一位夫人是莫友芝七妹，问是姓莫的那位夫人吗？老乡说就是姓莫的那位，我的访古之心又轻微地跳跃了一下，但一想到如果去看，又要绕好大一个圈过河，还是放弃了，只是远远的拍了照片，心想她应该是位美人吧，只可远观。

莫友芝（1811-1871）字子偲，号郘亭，又号紫泉、眲叟、晚清重要的金石学家、目录版本学家，与郑珍并称『西南巨儒』。

莫友芝墓位于贵州省遵义市新舟镇绿塘村。从郑珍墓下来，老乡带我前往莫友芝墓，说还要走好几个山头，好在山并不高，只是不断的走上去、走下来，又走上去，复走下来。数日前刚去过唐代诗人裴休的墓，那才真的是叫爬山，几乎要手脚并用，此处所谓的山顶，也不过裴休墓所在的二十分之一。经过了好几个小自然村后，我们来到最后一个村庄，也就是莫友芝墓所在的村庄，问此村叫什么名字，他说是绿塘村，而且一直就是叫这个名字。所有资料在谈及莫友芝时，都说其墓在青田山上，但青田山具体在哪里，却没人说清楚，更未有人提到过绿塘村，所以我怀疑那些资料都是你抄我，我抄你，从未有人实地考察过现在究竟有没有青田山这个地名，当然也有可能是绿塘村实在是太小了，小到人们都不肯提到它。带路的老乡说，其实每年都有很多人想来看这个墓，但是没有人会带路，而他恰好就是绿塘村人，所以知道这几个墓。

莫友芝撰《郘亭知见传本书目》，清宣统元年北京德兴堂印字局铅字排印本

莫友芝（1811-1871）字子偲，号郘亭，又号紫泉、眲叟，晚清重要的金石学家、版本目录学家，道光十一年（1831）举人，曾为曾国藩幕僚，与郑珍并称"西南巨儒"，一生曾撰写过多部书目，成就最大的是《郘亭知见传本书目》。这部书是他去世后才得以面世，最早由日本书贾田中庆太郎以铅字刊行，后经其子莫绳孙、其侄莫棠以及傅增湘等人陆续增补，目前最完本为《藏园补订郘亭知见传本书目》。其他还有《宋元旧本书经眼录》《持静斋藏书纪要》等，为后人留下极宝贵的版本目录学资料。莫友芝生活的那个年代是群

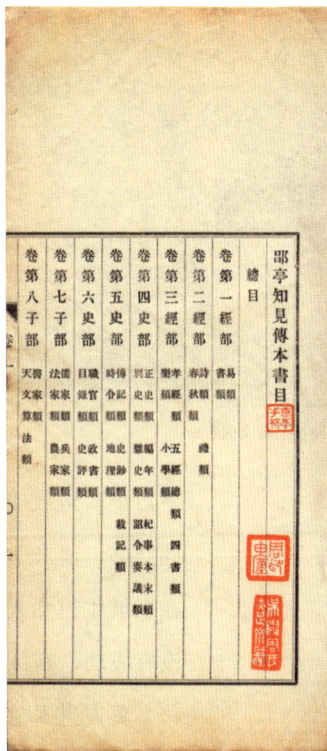

莫友芝墓文保牌

星璀璨的时代，藏书大家辈出，往来者大都是嗜书者，一起讲求版本，互相观书，还延续着许多书界古老的传统，比如在苏东坡生日那天举行祭书，彼此出示所得的善本，一同欣赏。《邵亭日记》记载咸丰十一年十二月十九日那天，他与丁日昌等同好一同祭书，读来令人极为艳羡。近几年来，我也一直想重续祭书传统，在东坡生日那天召集一些藏书者共享佳本，但限于种种原因，总是没有成功，到目前为止，这件事仍是一个遗憾。

莫友芝墓在一个小小的山顶之上，相对而言，莫友芝墓比郑珍墓又稍微修整得好一些，虽然也有杂草，但其墓地的范围、墓前所铺的地台，都明显要正式一些，令人意外的是，其墓碑居然是一块完整的原碑。一路寻访以来，所见的许多碑都已被砸烂，大多数都碎成数块零落地散在杂草丛中，极重要的碑则用钢筋固定住重新立起来，更有甚者还用玻璃罩住，以示珍贵，看见那些被罩住的残碑时，我总想，既有今日，何必当初，所有的裂痕都提醒我们曾经发生过什么。莫友芝墓碑与常见的墓碑颇有不同，上面密密麻麻刻满隶书小字，正中大字为"皇清诰赠忠宪大夫显考莫公讳友芝姚氏夏太恭人合墓"，细细读来，右边为其生平简述："考字子偲，号邵亭，晚号眲叟，犹人府君第五子，道光辛卯举人。截取引见，用知县，嗣因大臣密荐学行于朝，特旨征发江苏，以县用，皆不就。以嘉庆十六年岁辛未五月初三日午时生于贵州独山州原籍，同治十年岁辛未九月十四日未时卒于江苏兴化县，享年六十有一，明年岁壬申六月十九日申时归葬贵州遵义县治东八十里青田先茔之左，酉山北向。"正中大字的左边，是其夫人生卒简介及子孙情况："娀氏夏，嘉庆戊午举人陕西洛川知县夏公鸿时少女，以嘉庆十五年岁庚午八月十五日酉时生于贵州麻哈州原籍，光绪七年岁辛巳十二月初二日酉时卒于江苏甘泉县，享年七十有二，明年岁壬午七月二十四日巳时归枢合葬，考墓之左仍西山北向。生子男二，彝孙附贡生，先卒；绳孙江苏补用知府。女二，长聘张，未嫁卒；次适户部主事马知常。孙男二，小农、书辰。孙女五。"

奇怪的是这块碑上碑文讲述得如此详细，却没有刻上什么时候由什么人所立，刻完"孙女五"之后，碑上已无空间，难道是位置不够才不落立碑人吗？这种形式的墓碑是寻访以来首次见到。读完这段碑文我才明白，为什么莫友芝是独山人，在浙江访书途中去世后，却要葬到遵义，原来是因为其父莫与俦葬在遵义。莫与俦

莫友芝墓

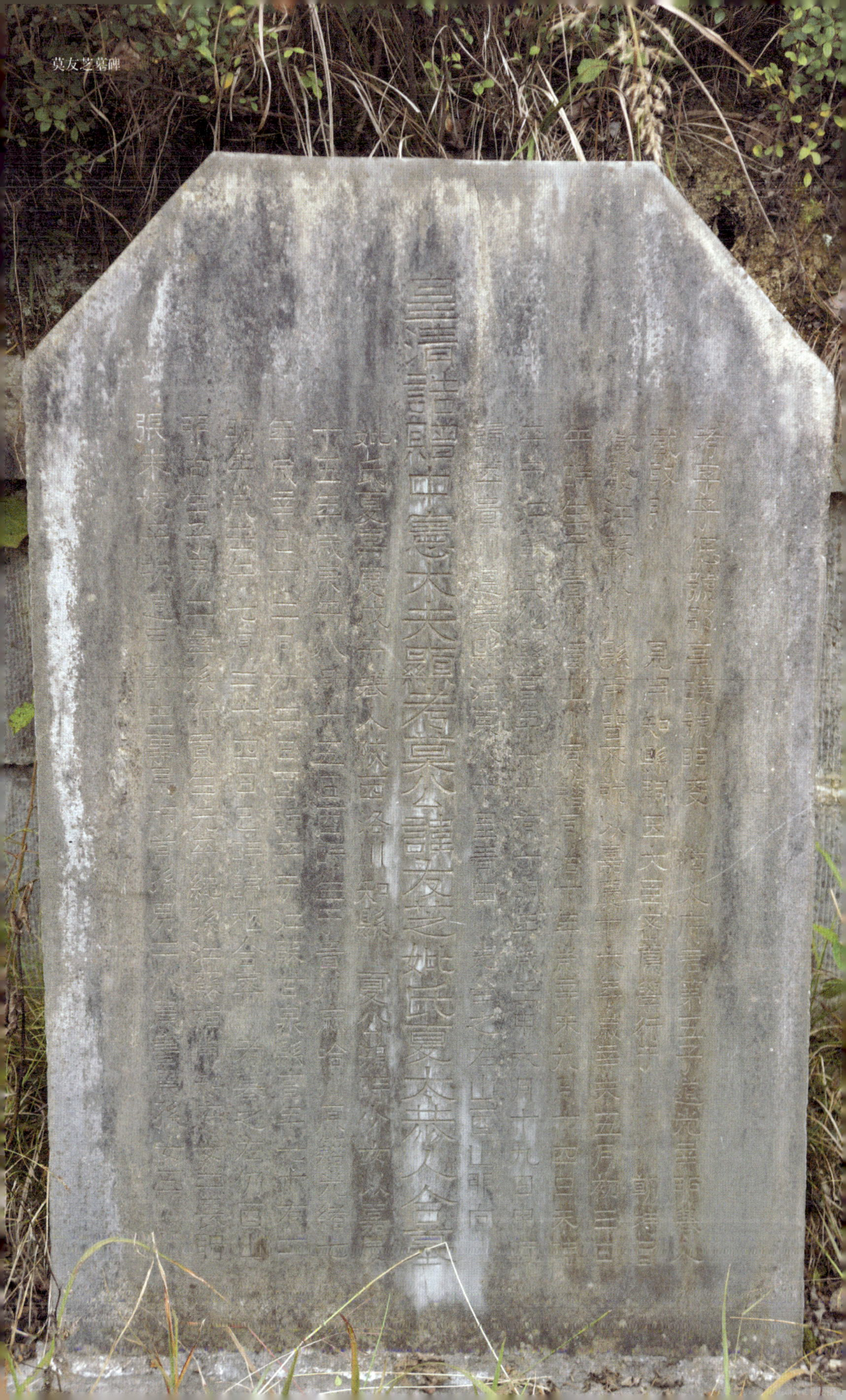

莫友芝墓碑

（1763-1841）字犹人，号寿民，门人私谥为贞定先生，也是一位朴学大师，最得意的两名弟子就是郑珍和第五子莫友芝。莫友芝墓碑文提到墓址位于"先茔之左，酉山北向"，看来莫与俦墓应该就在不远处，但到底哪一座才是酉山呢？问带路的老乡附近可有酉山，老乡却说从未听说过这个名字，附近的小山太多了，并不是每一座山都有名字，我又问了他是否知道青田山，他也摇头着说没有听说过。然而我的访古之心已经开始膨胀，既然已经这么远来到了小小的绿塘村，不妨再找一找。碑文既然说是在"酉山北向"，那么我们就从莫友芝墓所在山的南边找起。

虽然时令已进入秋季，但山上植被依然茂盛，一眼望去根本看不见哪里有墓冢，只能凭隆起如丘状的蒿草堆来判断下面是否有墓葬，再逐个去寻找墓碑。照这种寻找方式，果然找到几座老坟，其中一个墓碑制式与莫友芝墓碑一模一样，再读碑文，仅读到"清故授文林郎"几个字，就已经心花怒放，果然找到了！其墓碑正中大字为"清故授文林郎莫公讳与俦字犹人号寿民府君之墓"，右边小

莫与俦墓

莫与俦墓碑

字为："公贵州都匀府独山州人，嘉庆戊午举人，己未进士，选翰林院庶吉士，改四川宁远府盐源县知县，复改贵州遵义府教授。道光廿一年七月廿二日未时卒官，距生年乾隆廿八年十一月十五日午时，享年七十有九。学者私谥贞定先生，明年十二月二日口时葬遵义县东八十里青田山，癸山下向。曾祖讳云衢，祖讳嘉能，考讳强，附生，祖考赠封迨文林郎，翰林院庶吉士加一级。"左边亦为其家眷子嗣详情："元配唐孺人生三子一女，继配李孺人生五子六女。凡子男八：希芝、方芝增生，秀芝、友芝道光辛卯举人，庭芝丁酉拔贡，瑶芝、生芝州附生，祥芝州附生。女七：长适生员张心极，次适周际贤，次适苏溶，次适生员都宗洛，次聘何士未嫁卒，次适王至性，次聘黎庶昌。孙男九：大猷、远猷州增生，彝孙、桐孙、壮猷、绳孙、橙孙、口孙、克猷。孙女十三，曾孙男四，光曾、象曾、眉曾、式曾。咸丰元年三月三日立。"

两块墓碑形式、字体皆无二制，疑为同一工匠所为。意外找到莫与俦的墓，这让我十分开心，因莫与俦资料一直稀少，其墓葬亦一直是人云亦云，如今可以确切地说，莫氏父子墓葬为遵义市新舟镇绿塘村，父子各据一小山，遥遥相望，所谓的青田山应该是已经久已不用的老地名。其实此行启程前，因郑珍墓与莫友芝均无明确地址，仅知大概方位，一直担心找不到，没想到现在不仅全找到了，还找到了郑母与莫父，算是意外所得。拍完照片离开时，回头再看莫与俦墓，已经完全掩埋在荒草之中，远望就是一丛高高的蒿草，完全不见墓形。老乡带着我们走另外一条小路回到黎庶昌故居，因为我的背包还寄存在那里，有一段路是沿着河边走，老乡远远指了河对岸的一座坟说那是黎庶昌夫人的墓，问要不要也去看一看，我说不去了，真的太累了，话刚说完，想起黎庶昌的其中一位夫人是莫友芝七妹，问是姓莫的那位夫人吗？老乡说就是姓莫的那位，我的访古之心又轻微地跳跃了一下，但一想到如果去看，又要绕好大一个圈过河，还是放弃了，只是远远的拍了照片，心想她应该是位美人吧，只可远观。

今天三座墓的寻访，甚是辛苦，途中还摔了一跤，爬起来赶紧查看相机，好在没事，只是相机上的背带断了。其实三个小时走下来，只是访了其中两座，因为黎庶昌墓是开车前往的，如果是三座墓全程步行走下来，恐怕远不止三个小时。如此辛苦，我才明白当地文化部门为什么要在沙滩村建起一座人造景观，来宣传沙滩文化，因为三座墓地分散如此之远，以及山路崎岖难行，无法通车，完全只能依靠步行前往，实在难以开发，非不愿，实无力矣。

莫友芝篆书龙门对：
云日相照媚，
空水共澄鲜。

陆心源墓

皕宋楼这个名字的初衷源自黄丕烈的百宋一廛，黄丕烈号称有一百部宋版书，陆心源认为自己一定要超过他，于是将自己的堂号取为『皕宋楼』，意思是楼中有两百部宋版。实际上仅有宋版一百二十部左右，号称二百，实为夸张。

陆心源（1838—1894）字刚甫、刚父，一字潜园，号存斋，晚号潜园老人，咸丰九年（1859）举人，清著名藏书家，筑『皕宋楼』

陆心源墓位于浙江省湖州市妙西镇104国道施家桥蚕种场内。湖州这几天极冷，一早起来，听见天气预报称下午到晚上将有大到暴雪，呼吁大家尽量留在室内，内心极为纠结，今天要去的好几个地方都在山上，雪天上山多少有些不太安全，但是枯坐宾馆无疑是浪费时间。想了想，既然暴雪下午才到，那么还是趁早先去杼山，最好赶在下雪之前回来，尽量避免下雪时还在山上。前几天北京刚刚有两位驴友在灵山困雪而死，还是小心一些为妙。

杼山位于妙西镇，周围几个村庄分布着陆心源墓、高僧皎然墓以及两座陆羽墓，想来杼山当年应该风景不错，否则不会吸引这么多文人雅士在这里聚集，陆心源地下有此二友相伴，亦茶亦禅，想必也很逍遥。陆心源（1838-1894）字刚甫、刚父，一字潜园，号存斋，晚号潜园老人，咸丰九年（1859）举人，以知府分发广东，咸丰十一年任福建盐运使，所著有《金石学补录》《穰梨馆过眼录》《仪顾堂文集》及《宋诗纪事补遗》等，合署为《潜园总集》。陆心源天资聪颖，十三岁已能通经，又极推崇顾炎武，并且私淑顾氏，"仪顾堂"的堂号即来源于此。其藏书处最著名的自然是皕宋楼，为晚清四大藏书楼之一，其他尚有潜园、守先阁、仪顾堂和十万卷楼等，其中"潜园"为隐藏、止息之意。皕宋楼这个名字的初衷源自黄丕烈的百宋一廛，黄丕烈号称有一百部宋版书，陆心源认为自己一定要超过他，于是将自己的堂号取为"皕宋楼"，意思是楼中有两百部宋版。可惜的是，皕宋楼所

陆心源撰《仪顾堂题跋》，清光绪十六年刊本

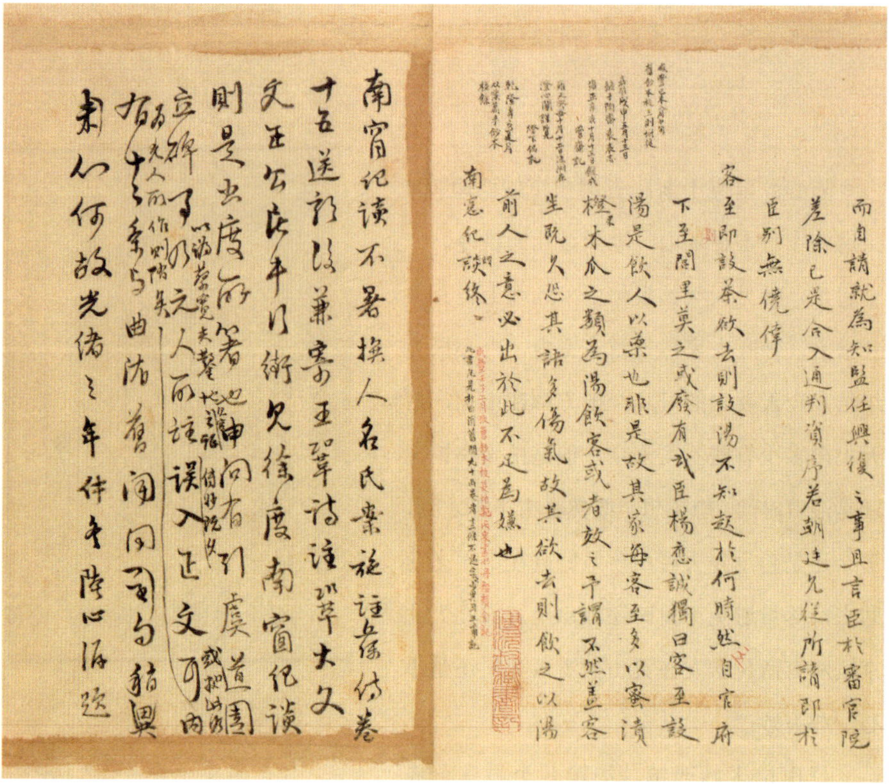

《南窗记谭》陆心源跋语

藏珍籍在光绪三十三年（1907）经岛田翰作伐全部东渡日本，成为中国藏书界永远的遗憾。

岛田翰在《皕宋楼藏书源流考》中曾描述陆心源聚书经过：“方是时，受丧乱后，藏书之家不能守，大江南北，数百年沉埋于瑶台牛箧者，一时俱出。而心源时备兵南韶次，权总闽鹾，饶于财。于是网罗坠简，搜抉缇帙，书贾奔赴，捆载无虚日，上自苕溪严氏芳茮臣堂、乌镇刘氏瞑琴山馆、福州陈氏带经堂，下迄归安韩子蘧、江都范石湖、黄荛圃、仁和平甫季言二劳、长洲周谢盦、归安杨秋室、德清许周生、归安丁兆庆、乌镇温铁华及元、钱塘陈彦高等，有一无二手稿草本，从飘零之后摭拾之，尽充插架，以资著作。素标缃帙，部居类汇，遂为江南之望矣。”根据记载，陆心源藏书总数多达2万余种，13万8千余册，20多万卷，但是实际上所藏宋本并没有两百部，王大隆认为陆心源是将《玉海》附刻、《百川学海》等书拆散分列，以充二百之数，实际上仅有宋版一百二十部左右，号称二百，实为夸张。但是即便是一百二十部宋版，也已经超过了黄丕烈的百宋一廛，很值得炫耀了。

陆心源出生的前一天，父亲曾梦见叶梦得来访，叶梦得为宋代词人，辞官后在湖州卞山石林谷隐居，并建起藏书楼，贮书逾十万卷，可惜后来被祝融光顾，十万藏书化为灰烬。叶梦得著述颇多，其中《石林奏议》一书有宋本流传，晚清时为仁和胡心耘所得，继而归湖州吴云，继而又被陆心源以两部珍籍换归。陆心源得此宋本后，悉心校刊，因该书自南宋后一直没有重刻，潘祖荫借观此书后，怂恿陆心源将之付梓，陆欣然纳其言，于光绪十一年将该书重刻。陆心源自己也觉得与叶梦得不仅性情相近，仕途亦相类，《石林奏议》时隔700年后由他来重刻，冥冥中确有夙因。宋本《石林奏议》如今在日本静嘉堂架上，十余年前我曾多次前往日本，一直未有机缘到静嘉堂一观，十分遗憾。

当时与陆心源往来最多的，有俞樾和缪荃孙等人，陆心源去世后，两人都为他写过神道碑。光绪年间，缪荃孙主讲南菁书院，陆心源还特意令长子陆树藩持元刻古籍、宋拓真迹作为贽礼，向缪荃孙求学，古人尊师重道，可见一斑，从这件事情还可以了解到，陆心源在推崇顾炎武之外，同时也深服缪荃孙。缪荃孙在神道碑中说到："我在京师，因友通邮；我归江南，遣子从游。不矜山海，而纳壤流。知己之感，衷于千秋。"正是两人交往实录。

这一天的行程首先是寻访陆心源墓，然后是陆羽和皎然，出发前查得陆心源墓的地址是"妙西镇104国道方陆茶叶公司正对小路进去蚕种场内"，这个地址看似详细，实则很不好找，因为没有具体村名，在一段长长的国道上寻找一间茶叶公司，虽然说不上是大海捞针，但也够茫然的。司机是当地人，但对这一带并不熟悉，走了两段错路之后，看见路边有修路工人，下车打听，修路工人听说我

陆心源墓文保牌

们找陆心源墓，忙说知道知道，就在他们家那边，名叫施家桥，然后详细指了路，终于在一偏僻处找到陆心源墓。

蚕种场里一个人影都不见，不知是已经停止经营，还是因为天气太冷，所有人都躲在了室内。办公楼旁边有一个小停车场，停车场边有文物保护标牌，上写"陆心源墓"，为湖州市文物保护单位，公布与立碑时间均为2003年。标牌后有一小池，池上有小桥，小桥新旧参半，桥后为一片并不茂密的树林，除了中间几棵树龄较长之外，其余皆为新种不久。树林之后为一大片荒地，满是衰草，桥后约百米处有一圆柱状墓冢，与网上所见图片相似，我想这大概就是陆心源墓了。眼前之景颇让人奇怪，首先是墓与标牌相距如此之远，其次是墓的形状，是一个直径约三四米的圆形体，高约两米，上下一样粗，顶上是个极缓的锥形，因年代久远，圆柱形的边缘处已经开始坍塌，露出里面一层一层的砖体。围着它走了一圈，心里不禁有些疑惑，这真的就是陆心源墓吗？这又是一种什么样的墓葬形式呢？没有墓碑，也没有前后之分，但是停车场旁边的文物保护标牌之后，附近再无别的可疑之物。

时值深冬，陆心源墓周围衰草连天，更远处为连绵起伏的山影，陆心源墓顶上早已干枯的蒿草在寒风中随风倾斜，这一切在暴雪来临前的苍穹下显得极具画面感，霎时间颇有好莱坞大片的感觉，竟然让我停下来想多待一会儿，原来想赶在大雪前跑完几个墓址的计划，也抛在脑后了，不知道陆心源看见我在如此恶劣的天气下来拜访他，会作何感想。一位老农荷着农具从不远处的小路上经过时，停下来一直看着我，见我注意到他，才对我说："去给他拍照啊？"我说是，接着又问了一句，这是陆心源的墓吗？他哈哈一笑："他们说是，那就是吧"。

拍完照往回走时，又看到那几棵老树，两两相对，位置正好在墓前正中，怀疑是当年的墓道，但是其他几棵老树的位置又不太像。

陆心源墓

再一次经过小桥，才注意到小池塘的一角曾经修补过，原来的弧形变成了直角，再看整个池塘，分明是一个曾经的泮池，小桥则为泮桥。泮池为官学的标志，古代学宫、书院前多有泮池，因为诸侯不得观四方，故泮池抹去两角，成为半月形，古人称入学为"入泮"即来源于此。陆心源为咸丰九年举人，墓前修泮池，正是其身份的象征。知道小池塘为泮池后，我也明白为什么保护标牌与墓相距如此之遥了，因为它是将泮池与泮桥也纳入了文物保护范围之内。

陆心源墓

黎庶昌墓

今天的人们研究黎庶昌和《古逸丛书》，多半是从藏书及中日文化交流上来着眼，我觉得在印刷史上也应该有黎庶昌一席之位。

黎庶昌（1837～1897）字纯斋，自署黔男子，幼时曾从表兄郑珍求学，后因才学出众，被曾国藩看中并收为幕僚，颇得曾国藩看重，为「曾门四弟子」之一。

黎庶昌墓位于遵义市新舟镇平远村渔塘组，其故居在沙滩村沙滩组，郑珍墓位于沙滩村禹门组，莫友芝墓位于新舟镇绿塘村，此三人皆晚清著名藏书家，相互间即是朋友，亦是亲戚。黎庶昌（1837-1897）字纯斋，自署黔男子，幼时曾从表兄郑珍求学，后因才学出众，被曾国藩看中并收为幕僚，颇得曾国藩看重，为"曾门四弟子"之一。光绪二年（1876），黎庶昌担任出使英国大臣郭嵩焘的参赞，后兼任法国、西班牙等国参赞，还曾代表中国参加在巴黎举行的国际会议，光绪七年和光绪十三年，黎庶昌两次出使日本，这两次出使，造就了他在藏书史上最大的功劳——刊刻《古逸丛书》。

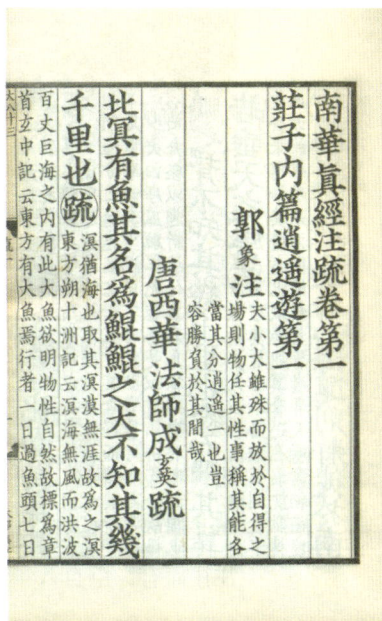

黎庶昌刻《古逸丛书》本《南华真经注疏》

黎庶昌第一次出使日本时，杨守敬为其随员，当时担任使馆参赞的黄遵宪告诉杨守敬，在日本经常可邂逅到中国古籍，劝其留意搜集，此为杨守敬日本访书之源起。不久杨守敬撰写《日本访书缘起条例》一文，黎庶昌看后大为感动，遂有刊刻《古逸丛书》之意，并请杨守敬独任校刻。《古逸丛书》共计26种，200卷，合56册，内容涵盖四部，就版本而言主要分为三种：一为影宋元旧刻本，二为影日本旧刻本，三为影日本旧钞卷子本，其中以美浓纸刷制的初印本最为明丽可爱，大受藏家所追捧，其价值远在普通明版之上。近年拍场曾出现数部全套的《古逸丛书》，其中仅有一部为美浓纸印本，成交价高达70余万元。

在刊刻这套丛书过程中，杨守敬曾自请为黎庶昌每部书代写跋语一篇，不署杨守敬，而署黎庶昌之名。黎庶昌笑而却之："我自有

黎庶昌书法：春水船如天上坐

我之跋，君自为跋可也"。《古逸丛书》的刊刻资金全部是黎庶昌从薪俸中节省而来，后来还专门在写给光绪的奏章中作出声明："刻书虽非使臣所及，而日本同文之国，崇尚汉学，千有余年，坠简佚文，往往而有。臣自八年春间，访获佚书古本多种，即命随员杨守敬经纪刊刻，题为《古逸丛书》，其中颇有十余种可补《四库》著录之遗，本年秋间，一律完竣，除将板片运交苏州书局，作为官物，听人刊印外，理合附片具陈。再此次刻资，系由经费存息及臣薪俸所余项下取给，亦有长崎广商钟仕良、何献墀捐助之款，概未动支公项，合并陈。"《古逸丛书》在日本的初刻本由于刻、印、纸及内容、版本均为上乘，故甫问世，马上引起海内震动，被收藏家视同宋元。

寒斋曾收得孙毓修书目稿本四册，其中有多处讲到购得《古逸丛书》之事，并记录购得美浓纸初印本，金额为350元，而当时购得一部顾千里批校的《笠泽丛书》也不过是300元，带有黄丕烈跋语的《救民急务录》与《槎轩集》皆200元，可见时人对于黎庶昌所刻的《古逸丛书》之高看，甚至超过顾批黄跋。孙毓修还详细地描述了黎庶昌所采用的摹印方法，是新旧印刷技术的结合："《古逸丛书》，为戊戌所购，此书能得日本摹印者佳。余本墨光如漆，其纸似美浓而黟，似苔笺而薄，所谓雁皮笺者也，在彼国极贵重。仿刻旧本，不外二法：一依元书影写，一用元书蒙版。顾影写则失真，蒙版则易误。相传黎氏刻《古逸丛书》，用照相法，留影于玻璃，更以胶纸移于版上，依样雕出，故能与印本酷肖。自有影刻以来，未

有用此法者，宜其书一出，艺林争奉为至宝，不以新刻而菲薄之也。其版携归中国，在上海县斋模印者，视此已远逊矣。"今天的人们研究黎庶昌和《古逸丛书》，多半是从藏书及中日文化交流上来着眼，我觉得在印刷史上也应该有黎庶昌一席之位。

这一天的寻访计划是将三人墓葬及黎庶昌故居全部跑完，再返回遵义。新舟镇距离遵义50多公里，与一位出租车司机讲好价钱然后上路，但是司机和我都没有预料到这三个墓葬极其遥远并且非常难找，几番周折，远非来回100公里这么简单，最后还发生了天然气不够的意外。

自遵义开出一个多小时后，我来到新舟镇沙滩村，新舟镇的镇中心就在沙滩村，适逢赶集，狭窄的街道上人头拥挤，寸步难行。因黎庶昌故居于此地名气最响，于是我以"黎庶昌故居"向人打听，问了好几个人都不知道，看到街上有"禹门小学"，心想学校内有文化的人总该知道吧，果然一位老师模样的人告诉我们，要从小街退出去，到刚才经过的桥头再打听，并且千万不要过桥。于是又回到刚才经过的小桥头，向桥头的几位中学生打问。一位女学生说黎庶昌故居从这里下去走一里多路，她们正准备过去玩，又说："他的墓就在我家屋后，但是好远呢。"我一听大喜，厚着脸皮邀请她们一起上车，把她们带过去，也请她们帮我指指路。

几名学生们上车后，指引未久就说到了，下车一看，却是当地政府打造的人工景观沙滩文化陈列馆，整个陈列馆皆为新建，以小

沙滩文化陈列馆内的莫友芝（左）、郑珍（中）、黎庶昌（右）画像

院景观形式介绍黎庶昌、郑珍与莫友芝等文化名人。我想这里应该有人知道三人墓葬了吧，于是入内找人打听，终于有一位五十多岁的男子，看上去似乎是工作人员，告诉我说这三个墓并不在一个地方，相隔非常远，如果没人有带路，是绝对找不到的。问他可否愿意带路，我愿意付辛苦费，他说那当然是要给报酬的，最少100块，我多谢他之后就离开了，觉得他要价太贵，又与刚才的那位女学生商量，能否请她带路前往黎庶昌墓，可以先将她的同学们送到黎庶昌故居，请她们先在那里玩着，我们去拍完照再马上将她送回故居，她们低声商量后同意了。

于是先将另外几位学生送到黎庶昌故居处，我和带路的学生没有下车，直接就掉头往平远村驶去。乡村泥土道路极窄，且高低不平，司机开始担心，反复问还有多远，是否全程都是这种路况。学生说还有几公里吧，到底几公里她也说不清。让人担心的事发生了，一次会车时因对方不肯让道，我们的车往路边靠时掉进了稻田里，结果对方的车也过不去，只好所有人下车，跳到田埂下一起把车抬起来。重新出发后，司机终于忍不住说出了他更担心的事：再这样来回周折地寻找，车上的气不够了。从遵义出发时，他原本以为只是两三个村子，来回不过百公里，没有想到路程远远超出预计，原来以为足够的天然气，现在显然不够了。这简直是太意外了，自从寻访以来，我遇到了各种意外：暴雨、迷路、陷入泥潭、抬车以及坏车等等，甚至遇到过大蛇和野狗，这些都有心理准备，唯独没有想过还会这种事发生，偏偏遵义出租车全是使用天然气，而加气站只有遵义市内才有，司机必须回到遵义加气才能继续前行。

终于来到女学生所在的平远村，从她家屋后的一条小路绕到田间，黎庶昌墓就在靠近村庄的一片田野边上，当地文化部门曾经略微修整，可以看见墓地周围有一圈石台，周围几棵小树，底下一片麦田，旁边有"黎庶昌墓"标牌，为贵州省重点文物保护单位，立于一九八二年二月，"黎庶昌"三个字曾经用红漆涂过，如今已经脱落得斑斑驳驳。每到一处，我都会问当地人来此寻访的人多不多，这位学生说并不怎么多，反正从小就看惯了，也不知道他是什么人："好像是个大官吧"。长年居住于此的人都不知道黎庶昌是什

黎庶昌墓

么人，可见其被隐没之深。其墓背靠村庄，面临田野，平视远山，算是一个好所在，但总觉得有些怪异，简单得近乎寂寥，我怀疑黎庶昌已经没有后人在世，否则怎么会如此冷清，墓前连一丝拜祭过的痕迹都不见，而大多数的墓冢前面，皆有年节或祭日后遗留的香烛鲜花。后来我终于想明白这个墓的怪异之处：这里仅有墓冢，不见墓碑。

拍完黎庶昌墓，迅速沿原路返回，一路颠簸回到黎庶昌故居。此时开始静心思考出租车燃气不足之事，司机一脸抱歉，居然提议让我在这里慢慢拍，他回去加满气后再回来接我，可是这样来回平白多跑百十公里，耗上两三个小时，对他对我而言，都是不划算之事，于是我说这样吧，发生了这种事，也不是你愿意的，我还是将车资全部付给你，你把我载到黎庶昌故居就回去吧，剩下的路程我自己想办法。

黎庶昌故居

杨守敬墓

墓园前面的小场院上已多了几个孩子正在玩耍，问她们知道杨守敬是什么人吗？她们清脆地说知道，这让我感觉很欣慰，古人所谓教化，大约就是这样潜移默化，慢慢地影响着后人。

杨守敬（1839-1915）本名杨开科，后更名守敬，字云鹏，号惺吾，晚号邻苏老人，同治元年（1862）举人，撰有《日本访书录》。

杨守敬墓位于湖北省宜都市陆城镇龙窝村二组。壬辰年春访完"公安三袁"墓后，转往宜都访杨守敬。公安到宜都没有高速，必须先穿过松滋，司机是个非常沉默的小伙子，除非问路，全程几乎没有见他开口，但是他开车的技术极高，反应也机敏，途中遇到一段路正在维修，仅能单边行车，前面又有两车相撞，往来近20多辆车堵在路上，其见此情势，看样子不会马上通车，他当即以几乎不可能的技术，利用马路边上仅有的空间，将出租车贴着前方的大货车开到前面的岔道上，转入另一条村道，出租车与大货车之间相距不足五公分，情状极险，因为马路边上就是半米深的泥沟，好在顺利通过，让我从村子里绕过了这段堵车的路，否则真不知要等到什么时候。一向自诩车技不错的我，坐在他身边也只能自叹不如，感慨高手在民间。

杨守敬（1839-1915）本名杨开科，后更名守敬，字云鹏，号惺吾，晚号邻苏老人，同治元年（1862）举人，曾随黎庶昌出使日本，

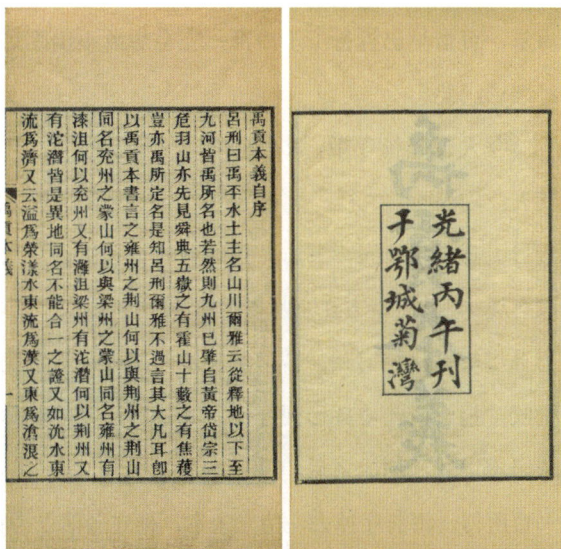

杨守敬撰《禹贡本义》，清光绪三十二年（1906）鄂城菊湾刻本（左图）

《禹贡本义》牌记页（右图）

期间访求国内久已散佚的珍贵古籍，撰有《日本访书录》。归来后历任黄州教谕、两湖书院教习等职。宣统元年（1909）曾被举为礼部顾问官，次年兼聘为湖北通志局纂修。民国三年（1914），袁世凯为笼络人心，借重杨守敬的声望，聘请他担任国府顾问，被杨守敬以"年老无意出山"而辞。不久黎元洪又请其出山，杨守敬以"政治非我所长"而拒。民国四年在京师无疾而终，灵柩由民国政府派出卫队，从北京护送回湖北宜都，安葬于祖茔龙窝。

杨守敬的藏书处主要有两个，一个是位于湖北黄州的邻苏园，建于光绪十四年（1888），杨守曾经几度在黄州担任教谕，在此寓居十余年，所住之地与当年东坡所居之雪堂相距不远，故自号邻苏，并以"邻苏园"颜其斋。在黄州期间，他还与知县杨寿昌一起，重辑东坡书法，精选出70件东坡书法精品，由杨寿昌出资，聘请武昌镌刻名家刘宝臣，完成126块石刻，命名为《景苏园帖》。他的另一个藏书处是位于湖北武昌菊湾的观海堂，建于光绪二十九年，这一年朝廷设有经济特科，张之洞与端方一齐保举经济特科人员16人，第一名就是杨守敬，当时的保举词为："老成夙望，博览群书，致力舆地学数十年，于列朝沿革险要洽熟精详，著书满家，卓然可传于世。"以这段话概括杨守敬，可谓精到。十年前我曾经专门去访过观海堂，可惜早已拆得干干净净，完全想象不出晚清民国年间这里曾经缃缥满架。

今人说起杨守敬，多提及《水经注疏》及《古逸丛书》，想象其人，则满脸学究样，事实上每个人在生活中都具有一定的多面性。近日无意在《郋园读书志》里翻到一个关于杨守敬的小故事，读来颇有趣味。昔时端方在京师以白金70两购得南宋刻本《南岳总胜集》，为孙星衍平津馆旧藏，转赠给长沙叶德辉。常熟庞鸿书见到后大为赞叹，捐资请叶德辉影刊行世。叶德辉请零陵艾作霖代为摹写，尽依宋本旧貌，刻成之后，以日本茧纸刷印了十余部。其中一部后为书贾所得，将前序掉去，伪充宋本，杨守敬信以为真，以80块银元欣然买下，然后喜告缪荃孙，缪荃孙见后大笑不已，杨守敬极为惊诧，问为何发笑，缪荃孙告诉他，此书并非宋本，而是叶德辉所刻后，杨守敬非常懊恨地离开了。叶德辉在书跋中讲完故事后，又故做谦虚状，称"余刻虽精，终不及原本之古香古色，无怪世间好宋版书之人，虽断简残编，亦视为零金碎玉之珍重也"。谦虚完之后仍觉得不过瘾，又来一句"杨固素精版本学者，老孃倒绷，闻者无不开颜"。

刘成禺《世载堂杂忆》也记有一段杨守敬上当的故事，称杨守敬在武昌时，住处与柯逢时相隔不远，两人经常往来。杨守敬得宋刻《大观本草》后，视为孤本，柯逢时称借去看看，一个晚上就还，于是杨守敬将书交付柯逢时，没想到柯请来许多书胥，用一个晚上的时间将该书全部抄录无遗，第二天还书时，还对杨守敬说这书没什么好稀奇的，坊里已有刻本。数月后，街上果然有《大观本草》发售，杨守敬明白上当，恨之不已。这个故事很早以前读到时觉得非常有趣，现在想来，又觉得刘成禺所言不太可信。清人笔记多不胜数，常有同一件事多人各自记载，而各人记载皆不同，当然他们每个人都认为自己知道的是真的，但是真相到底如何很难说清。柯逢时去世后，杨守敬在写给梁鼎芬的信札里说："昨日得柯巽庵讣，为作挽联一通云：我邀刊邮，公嗜岐黄，传古深情均未

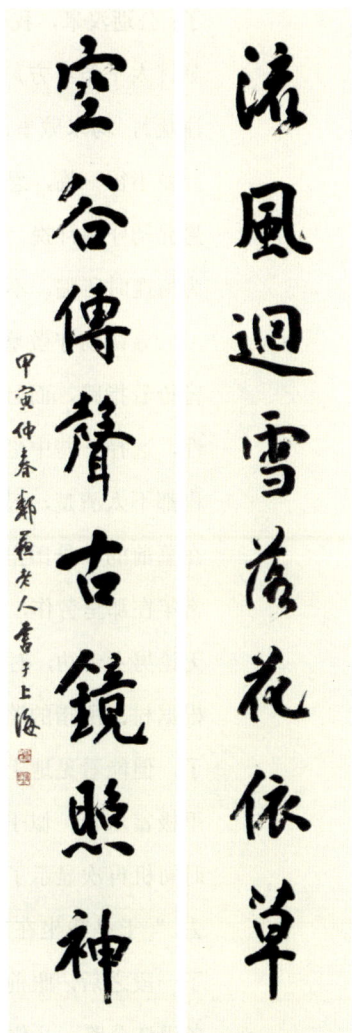

杨守敬书法：
流风回雪落花依草，空谷传声古镜照神

285

了；公逝汉皋，我栖沪渎，如今残喘抑何之。并跋云：巽庵公创医馆，刻《太平圣惠方》《圣济总录》，守敬为《历史舆地详图》及《水经注疏》，均未葳事。公今年六十八，守敬今年七十四，而公已先去，异乡不得一临，忍此终古，怅怅何言。所谓既悲逝者，亦行自虑也。愚兄杨守敬拜挽。"可见刘成禺所记的确有不可信处，如果杨守敬真为柯逢时所骗，不会有此怅怅之言。

寻访杨守敬墓的过程相当顺利，进入宜都后，每次问路，妇孺皆抢着指路，而且说得十分详细。一直以来问路时我都尽量避开女性，选择一些中老年男士相问，因为大多数农村妇女对于方向、里程都不太清楚，最让人无语的一次是在魏孝文帝墓前，两位妇女就在墓前的牡丹田里劳作，却一起摇头说不知道魏孝文帝是谁，她们常年在那里劳作，却对身边的事物不闻不问，真是奇怪。反观宜都，无论男女老幼，对杨守敬墓无人不知，亦可见杨守敬在当地之影响。根据村民所指的路，我一直沿着河边走，走着走着，水泥小路不见了，但能看见地上有曾经被车辗过的痕迹，地势渐渐低下去，空气里极富水份，似乎到了江边，而且越走越荒凉，我疑心走错了，这时司机再次显示了他超常的判断力，简单坚定地说："没有错，开过去。"于是我坐在出租车上探险一般，在一片旷野里起起伏伏，开了一段之后，眼前突然出现一条水泥路，水泥路的尽头又接上了一条沿江公路，几位农民在公路下面的农田里耕种，一派早春农耕图，上到沿江公路后，眼前豁然开朗，一条大江横在眼前，心想这应该就是长江了，因为空气湿润，且随时有可能下雨，江面上烟波浩渺，看上去不仅仅是雾失楼台，而是雾失长江。美中不足的是，江边一座化工厂排出极难闻的化学气味，更令人痛心的是，大量黄色的污水直接排进了江里。

进入龙窝村后，有专门指向杨守敬墓的路牌。龙窝村极干净，不像常见的自然村处处是生活垃圾，也许是因为杨守敬长眠在这里，村民们不敢亵渎。其墓在村中一片橘园旁边，墓园外边有文保标牌

杨守敬墓园

注明为第六批全国重点文物保护单位，旁边还有杨守敬生平简介，分别从历史地理、金石文字、版本目录、藏书及书法五个方面略作介绍。原来此墓园1915年即已建成，上世纪50年代一度夷为平地，至1986年又重新修复起来。我来得不巧，一把大锁锁住墓园的门口，不得入内，好在铁门只是栏杆铸成，虽不得入内，但整个墓园还是一览无余。整个墓园约有200平方米，墓冢位于正中央，站在铁栏杆门外亦可看得清清楚楚，墓碑乍看上去像是一个小牌坊，正中间是徐无闻所书"杨守敬先生之墓"，左右两边分别为陈上进、虞逸夫所撰墓志，墓碑正中间的上方浮雕着杨守敬小像，在墓碑上雕刻主人小像，这还是第一次见到。墓冢两边的草地上各有一个石狮子，植有几棵松树，以及石桌石椅，此外别无他物。

可惜距离太远，我看不清这墓碑上小像的具体细节，不知道这幅小像是依据什么而雕刻出来。寒斋陆续收有杨守敬负责刊刻的《古逸丛书》零种十余部，皆美浓纸初印本，其中影宋绍熙本《穀梁传》

杨守敬墓

前贴有杨守敬小像一张，并钤以"宜都杨氏藏书记""杨守敬印""星吾七十岁小像"以及"星吾校字监刻督印之记"，这张照片后来在很多出版物上都有见到，也许当年这帧照片拍摄之后，冲晒了不止一张。不明白杨守敬为什么单单在这一部书的卷前贴上小像，我猜测这部书当年可能是由他赠予某位书友，遗憾的是书中前后皆无跋语，无迹可寻。

拍完照片转过身来，墓园前面的小场院上已多了几个孩子正在玩耍，问她们知道杨守敬是什么人吗？她们清脆地说知道，这让我感觉很欣慰，古人所谓教化，大约就是这样潜移默化，慢慢地影响着后人。次日在宜都乘出租车前往机场时，问司机是否知道杨守敬，司机说当然知道，整个宜都几乎人人都知道他，市里前几年新建了一所小学就叫杨守敬小学，现在是宜都最好的小学，没有之一，一切教学设备、师资全是最好的。

杨守敬墓

孙诒让墓

在墓冢与村子中间，是一片片的菜地，早春时节，最近的几块菜地里种着嫩绿的蚕豆，淡紫色的蚕豆花静静开着，也许孙诒让喜欢的，就是这种淡淡的宁静与乡情。

孙诒让（1848－1908）字仲容，号籀廎，同治六年（1867）举人，曾任学部咨议官、浙江学务议绅和浙江教育会长，清末朴学大师。

孙诒让墓位于浙江省温州市瓯海区梧田街道南村。这一天从南平乘火车前往福州，来到火车站，见时间充裕，于是在车站旁边的小餐馆里叫了一碗面疗饥，没想到这碗面非常难吃，但是为了裹腹，我坚持吃完了它，然后才走进火车站。候车室里旅客稀稀拉拉，显得非常空旷，我觉得很有些可疑，一趟车不可能就拉这么几个人，于是向一位车站工作人员请教，他看了一眼我手中的车票，不紧不慢地说："你乘的这趟车在南站。"他的话分贝极低，但也吓了我一跳，马上问他南站有多远，他说12公里，我顿时泄气了，只剩十几分钟就开车了，看来我无论如何是赶不上了。工作人员应该是见惯了我这种搞错车站的旅客，仍然不紧不慢地劝我试试，说门口就有车，专门载我这种糊涂客人。我马上飞奔出站，并恨透了那碗难吃的面，门口果然有几位司机站着，马上问我是不是去南站，30元就行，这种时候也来不及讲价，即刻上了他的车。司机把车开得飞快，我已做好了赶不上这趟火车的准备，心里极为沮丧，问司机从南平开车到福州需要多长时间，以及多少车资，因为我已提前买好了福州到温州的动车票，到福州只是中转，如果这一趟车赶不上，肯定也会误了下一程。司机说前两天刚送了几个赶不上火车的人到福州，也是提前买好了下一程的动车，收了600元车费。问何以这么贵，他说："这个价钱其实不贵了，往返福州油钱就要200多，过路费是100块，赚不了多少。"

赶到南平南站时，付完车资，我请司机在门口略等一会，万一我没赶上，还请他送我到福州。交待完之后我背上行囊冲进车站，检票口已经关闭，我急切地向工作人员解释，还没等我说上两句，

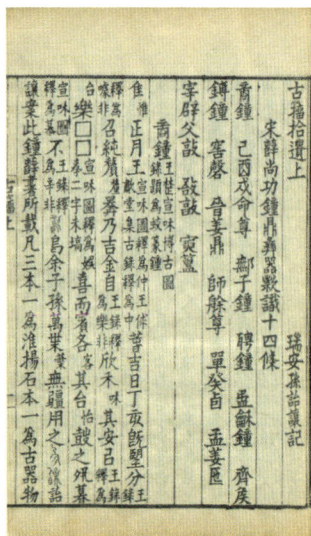

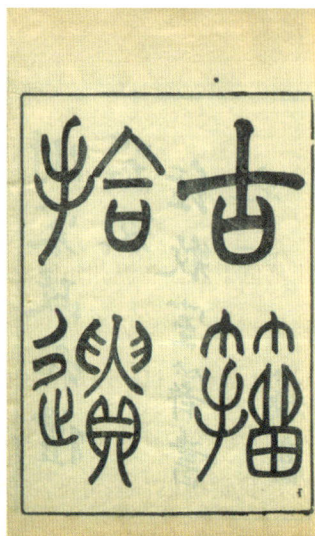

孙诒让撰《古籀拾遗》，清光绪十六年　　《古籀拾遗》书牌页
永嘉戴钟毓刻本

他看都不看就打开铁门挥手让我入内，我飞快地跑到第二站台，又飞奔过天桥，看到火车正停在站台上，又冲下天桥，从最近的车厢冲进车内，刚刚站稳，车就缓缓开动了，我这才长舒一口气，这趟赶车经历，算是我乘火车史上迄今为止最为紧张的一次，这趟经历还让我记住一个深刻的教训，那就是不好吃的面一定不要吃。

总算从福州到温州的路程还比较顺利，略事休息之后，我前往寻访孙诒让之墓。孙诒让（1848-1908）字仲容，号籀庼，清同治六年（1867）举人，曾任学部咨议官、浙江学务议绅和浙江教育会长，是清末朴学大师，所著有《墨子间诂》《札迻》《周礼正义》《古籀拾遗》及《契文举例》等数十种。就学问而言，孙诒让堪称清代的大儒，我对他自然崇拜有加，可以说他的这些著作，每一部都算得上名著，这么多年来，我总算收齐了他这些著作的初版本。章太炎曾评价《周礼正义》称"古今言《周礼》者莫能先也"，梁启超则称："清代唯一的《周礼》专家就是孙诒让，他费二十年工夫成《周礼正义》八十六卷，这部书可算是清代经学家最后的一部书，也是最好的一部。"《契文举例》为孙诒让晚年所著，是国人破译甲骨文字的

第一部专著，郭沫若 1964 年参观孙诒让的藏书楼之后，为之题词："甲骨文字之学，创始于孙诒让，继之者为王国维。饮水思源，二君殊可纪念。"孙诒让在学问上有着如此大的成就，除了蒙师之外，却从未正式拜过老师，一来他不喜欢流于互相夸耀的师承关系，二来他相信"有四部古籍在，善学者能自得师"，这种观念自始至终贯穿在孙诒让的治学生涯中，搜求古籍自然也成为他生活中极为重要的一部分。

孙家藏书素有渊源，延绵五代之久。自孙诒让的曾祖父孙祖铎起，即有诒善堂藏书，其父孙衣言则有诒善词塾，至孙诒让则有玉海楼。孙衣言曾记："予家自先大父资政府君，隐居种学，好聚图籍。儿时见先世旧藏，多前朝善本，丹黄殆遍，经乱无复存者。予初官翰林，稍益购书，以禄薄不能尽如所欲。同治戊辰，复为监司金陵，东南寇乱之余，故家遗书往往散出，而海东舶来，且有中土所未见者。次儿诒让亦颇知好书，乃令恣意购求。十余年间，致书约八九万卷。"短短百余字，可知孙氏四代人皆喜聚书，至孙诒让时，藏书已有八九万卷之多。孙诒让之后，其子孙延钊继守玉海楼藏书，直到后来时代变更，始将家藏图籍分为数次捐为国有。

玉海楼是孙衣言光绪十四年（1888）为次子孙诒让读书而建，其址位于瑞安古城东北隅的道院前街，与南浔嘉业堂、湖州皕宋楼、宁波天一阁并称为"浙江四大藏书楼"，因仰慕宋代王应麟，故延王应麟巨著《玉海》之名而颜其楼，称

孙衣言手书对联：
大翼垂天九万里，高松拔地三千年

孙衣言、孙诒让故居

为"玉海楼"。孙衣言《玉海楼藏书记》曾述缘由:"旧居褊隘,苦不能容。今年春,为次儿卜筑河上,乃于金带桥北,别筑大楼,南北相向各五楹,专为藏书读书之所,尽徙旧藏,庋之楼上;而所刊《永嘉丛书》四千余版,列置楼下,以便摹印。因取深宁叟所以名书者,以名斯楼,手书榜以表之。"

为了搜求古书,孙诒让除了亲自到各地访书收购之外,还通过友人多方寻找,并以公告的方式征求善本。光绪三年,孙诒让侍父江宁,为征集乡哲遗书,特作《征访温州遗书约》,刊告郡邑,并指定专人于多个地方分管搜访遗书之事,此举先后为之收得乡邦文献 260 余种。这些文献为他撰写《温州经籍志》给予了极大的帮助,该书后来被学界视为地方艺文志之冠,有"一郡文献之帜志"之美誉。

光绪三十四年,孙诒让写完《尚书骈枝》,校定《契文举例》,随即患上春咳,至三月二十二日猝患中风,月余病剧,延至五月二十二日巳时去世。六月初七日，温州师范学堂为之开追悼会，前来凭吊者有八千多人，多为文化界人士，为之撰写的挽联极多，时人特意辑出佳句编辑成《孙仲容征君哀挽录》，其中有章梫所撰："前廿余载从沪渎相过，独发山岩石室之书，绵三郑绝学；后二百年溯永嘉遗派，乃览循吏儒林列传，有二仲齐名。"当时身在日本的章太炎闻讯后十分震惊，主动为之撰写祭文，请人带回中国，祭文最后极为伤感："内之頡籀儒墨之文，外之玄奘义净之术，凑于一身。世道交丧，求良友且不得一二，学术既亡，华实薧剥，而中国亦将殄绝矣。呜呼，哀哉！辞曰：四维丧，国灭亡。颓栋梁，民安乡？生不遭尧与舜让，汤汤大海不可望，灵尚安留吟青黄。"之后家人将孙诒让安葬于温州慈湖南村的南面山麓，即今天的梧田街道南村，经过多次盗挖，其墓一度仅剩墓穴及封土，至1986年当地政府重新拨款修缮，始有今日所见之模样。

这一天进入南村之后，我向多位老人打听孙诒让墓，他们都表示知道孙诒让墓在哪里，却都只能指个大概方位，结果我在村内转了好几圈，仍然没能找到。村中有条大路名叫荣昌路，按着老人们

孙诒让墓文保牌

的指示，我由荣昌路转向湾底路，走到尽头，却是一个小化工厂的侧墙，无奈回到村中继续打听，终于找到一位肯带路的村民，让我跟着他又回到化工厂的侧墙，转过侧墙再往前走不到50米，是一片开阔的田野，终于在田边的坡上看到了孙诒让的墓冢。后来我才明白为什么自己找得如此辛苦，因为来之前查得资料称，孙诒让墓在山上，南村后的山上的确有大片墓地，结果导致我到山上的墓地里去转了好几圈，都没有发现孙诒让墓，事实上孙诒让墓并不在山上，而是在村后平地与后山之间的山脚下。

相对孙诒让的成就而言，其墓冢并不显眼，没有墓道，也没有牌坊、神兽等，外形像一个20英尺的集装箱，呈半圆形，长约十米，墓室外围墙以石块垒砌，高约一米，供坛以鹅卵石铺成，四周有青石围成栏杆，墓冢正前方的墓碑上写着"清儒孙诒让之墓"，没有生卒年，也没有上下款，墓冢连同前后的护栏等大约占地百十平方米，墓冢后面以半圆的形式围种着十余棵小小的柏树，应当是近年新种下不久。墓前的平台分为三级，第一级平台上立着两块文保牌，表明此墓为温州市级文物保护单位，第二级平台有着新做的石护栏，看上去简朴而凝重。在墓冢与村子中间，是一片片的菜地，早春时节，最近的几块菜地里种着嫩绿的蚕豆，淡紫色的蚕豆花静静开着，也许孙诒让喜欢的，就是这种淡淡的宁静与乡情。

孙诒让墓园

李盛铎墓

立碑者名字如此清晰，墓主名讳却任其模糊，我猜测这可能是其后人不愿彰显之意。也许历史已经让人们承载太多，李氏后人不愿意因为种种往事，再次站到历史的舞台前吧。

李盛铎（1858—1937），江西德化县人（今属九江），字椒微，号木斋，幼时号溪晴小隐，晚号麐嘉居士，别署师子庵旧主人，虎溪居士等。

　　李盛铎与夫人合葬墓位于北京市石景山区福田公墓西五区内侧，几乎是整个福田公墓里最大的一座，但也是其中最难辨识的一座。从此墓前经过数番，我都没有意识到这就是自己要寻访的李盛铎墓，因为这座墓的墓碑早年被人砸断后，又拼起来，正中间被人敲掉的墓主名讳并没有修复，如果不有心地仔细辨认，根本猜不到这是谁的墓。与墓主名讳模糊不清相对应的是，立碑人的名字与正中间墓主名讳下的"墓"字，却用墨笔描得极为清晰，这种主次颠倒的做法，让我无法将眼前的大墓与李盛铎联系起来。跑了几圈冤枉路后，我回到公墓大门口向工作人员请教，工作人员一听是民国年间的人物，马上说这么老的墓可能找不到了。我无计可施，几乎要放弃时，又遇到另一位工作人员，忍不住再次打问。他听我说出李盛铎的名字后，想了想，反问我："是不是那个藏书家？"这让我大为惊喜，在所有的寻访中，能够主动并清楚地说出墓主是藏书家的并不多见。

李盛铎墓

慈母侯国芝之

男 家濤
　家滩
　蒲滂

李盛锋墓碑

我连连称是。他告诉我说，西五区中最大的那座就是："我们都叫它李家大坟。"我说最大的那座墓看到过，但上面的字迹看不清，能够确定是李盛铎吗？他肯定地告诉我，就是那个。我向他道谢后，马上重新回到墓区，再一次来到李盛铎墓前。

相对于周围密密麻麻的小墓而言，李家大坟的确算得上"傲然独立"。整块墓台高出地面一米有余，占地约百十平方米，近似正方形，正中间立着墓碑，四周用水泥及花岗岩围起，看得出是经过精心修整，而且不久前曾经有人来过，墓碑一角挂着串塑料花，花上干干净净，不见灰尘，显示挂上去的时间并不久。再一次端详墓碑，才注意到墓碑被拼起来后，四周用角钢包起，然后又在角钢外面浇了一圈水泥。仔细辨认，原来墓碑上曾经刻的是"德化李氏显考木斋府君妣欧阳夫人墓"，左下角是六位立碑者的名字，皆从"水"旁。

立碑者名字如此清晰，墓主名讳却任其模糊，我猜测这可能是其后人不愿彰显之意。也许历史已经让人们承载太多，李氏后人不愿意因为种种往事，再次站到历史的舞台前吧。李盛铎出生于清咸丰九年（1858），殁于民国二十六年（1937），其字椒微，号木斋，幼时号溪晴小隐，晚号麐嘉居士，别署师子庵旧主人、虎溪居士等，江西德化县（今属九江人）。李盛铎一生官运亨通，自光绪十五年（1889）得中进士后，历任江南道监察御史、京师大学堂总办、出使日本及比利时大臣、太常寺卿、山西巡抚等。入民国后曾任山西民政长、农商总长、参议院议长等职。民国九年退隐归田后，不复过问政治，惟往来于京津书肆，一意收书。

身处那个时代，即便不再过问政治，也不可能与政治彻底断绝关系，即便当事人已经过世，后人之月旦，也绕不开"政治"二字。李盛铎墓碑被人拦腰砸成两截，其名字又被人敲去，虽然是半个世纪前那场运动里的常见之事，但我觉得也许和袁世凯及日本逃不开关系。袁世凯是著名的"窃国贼"，尽管以我的愚见，这个定论值得商榷。李盛铎与袁世凯同出荣禄之门，袁世凯出任大总统后，李盛

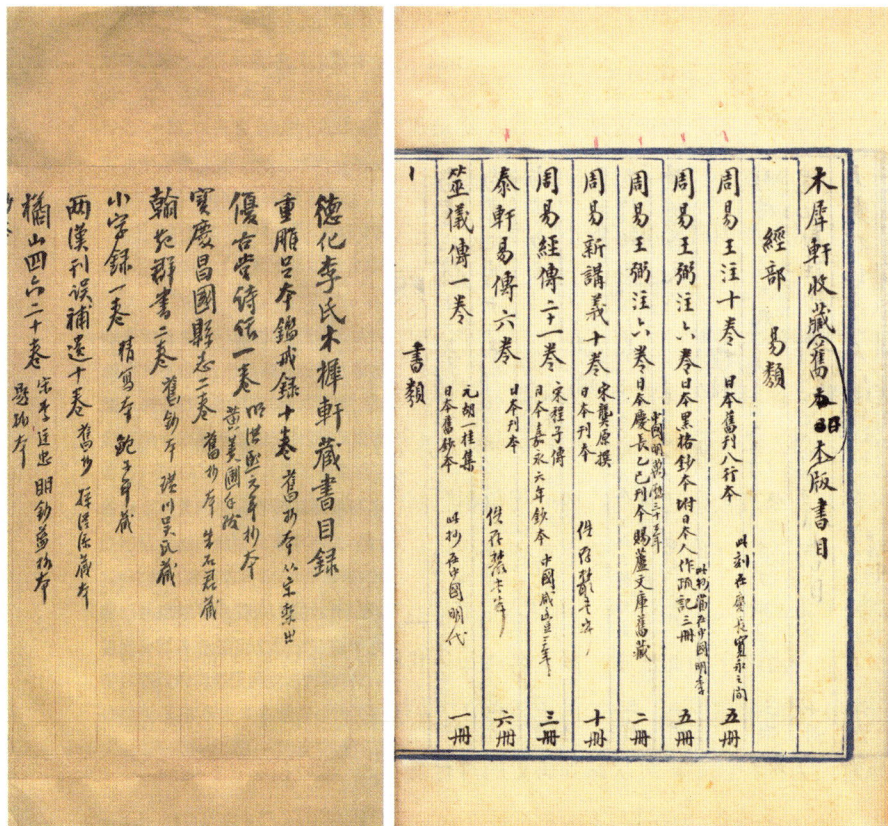

傅增湘手稿《德化李氏木樨轩藏书目录》　　《木犀轩收藏日本旧版书目》民国间稿本

铎紧跟袁世凯，先是出任大总统顾问，后任参政院参政、参议院院长、国政商榷会会长等职，他第二次出访日本，也是奉了袁世凯之命。"文革"期间，这些经历也许让李氏后人遭受了更多磨难。我知道自己的种种揣测极有可能都是一厢情愿，但仍然忍不住自作多情。

李盛铎的木犀轩藏书之富，由傅增湘《审阅德化李氏藏书说帖》可窥一斑："统观藏书全部，量数之丰，部帙之富，门类之赅广，为近来国内藏书家所罕有。宋、元版本合残帙计约二百余种，精秘者居其半，价值固当不赀。然其可贵，要以旧钞、名刻之名品丰富，包罗万象为最。盖李氏藏书重在博取，故一书常采数本，一本或兼存众校，尤喜网罗杂书，人弃独取，如野乘、笔记、杂说、丛考之属，旁及方技、数术、天历、杂占、壬遁恢奇庞杂之书，范围既广，蕴蓄遂闳。"傅增湘此文撰于民国二十六年五月二十九日，正是李盛铎刚刚去世三个多月，木犀轩藏书存于天津盐业银行待售，当时的教育部为防藏书外流，派北平图书馆馆长袁同礼负责洽谈收购，袁同礼又邀请傅增湘、胡适等前往共同商议，这篇说帖正是傅增湘看过全部藏书之后，为北平图书馆所写的经眼报告。

傅增湘在说帖中，还将木犀轩与海源阁进行了对比："如前年山东海源阁杨氏遗书，凡宋、元本以逮钞校不及百部，已索价至四十万元，抵质于银行，犹及三十万，此尽人所知也。今李氏之书较杨氏增加数十倍，且苞含鸿博，多属考览有用之书，两相衡量，是李氏家属五十万金之愿望，尚非过奢。"当时木犀轩藏书待售的消息传出后，教育部本来计划出资 30 万元购书归公，然李家开价 60 万元，经人协调后，李家降至 50 万元，教育部增至 40 万元，仍然没有谈拢。不久抗战爆发，售书之事就暂停了下来。直至两年后，李盛铎之子李滂到天津做官，旧事重提，最终于民国二十八年底由临时政府以 40 万元整批买下，交由北京大学保管。

木犀轩历经四代庋藏，始于清道光元年（1821），递续百余年，邺架之富甚至盖过海源阁藏书，没想到李盛铎身后仅两年，即全部售出，真是"世间何时不昙花"。寒斋有幸，早年收得《木犀轩书目》稿本三册，其中一册夹有两页信笺，信笺上录有约二十部古籍名称，除几部名家旧钞如钱谦益校《皇明同姓诸王表》、叶林宗钞本《陶贞白集》、吴骞稿本《子夏易传义疏》等，以及一部元本外，剩下十余部全部为宋本，望之光彩夺目，尤其在我等嗜书者看来，几乎要用"心惊肉跳"来形容了。邓邦述曾跋《前汉书》称："《前后汉》宋刻本，余所见推李木斋师藏本为最美。"这两页素笺上，宋庆元刊《前汉书》《后汉书》赫然在目，余者尚有北宋刊《尚书孔传》、宋八行本《周礼注疏》、宋天香书院刊《纂图互注论语》、宋刊大字本《晋书》、宋版《黄山谷大全集》等等。

值得注意的是，这两页素笺为蓝框暗栏，左下角印有蓝色"李木斋先生治丧处用笺"十字，说明书单抄于李盛铎去世之后不久。看见这两页信笺时，我的第一感觉就是：这可能是李盛铎去世之后，其家人抄录出来，用作售书之用。检《中国古籍善本总目》，素笺上所列书名，有些在《总目》中，有些已经不见著录，在《总目》中的，说明书仍在北京大学图书馆，而不在《总目》中的，则已经不知去向何方。看着素笺上抄录的古书名称，我非常沮丧，从未有过的觉得自己赤贫如洗——这些书，我一部都没有，除了羡慕，还是羡慕。羡慕之后我又安慰自己，人间何事不昙花，我的赤贫也是昙花吧，说不定哪部宋版就在等着我。

清初抄本明李清撰南北史合註全帙

北宋刊單疏本孔傳

宋北行本周禮註疏五十卷

宋慶元刊前漢書後漢書

宋天香書院刊算學圖百種編註

宋建刻神記鄭註

宋耿秉刻史記

宋刊大字本李吾本

李木斋先生治丧处笺纸

罗振玉墓

棺材变成了长条板凳，这多少有些戏剧性，但是我找不到看戏的感觉，只觉得有些悲凉，又有些荒唐。

罗振玉（1866~1940）字叔言、叔蕴，号雪堂、贞松、别署永丰乡人、贞松老人、岁寒退叟等，曾任学部参事官、京师大学堂农科监督等职。

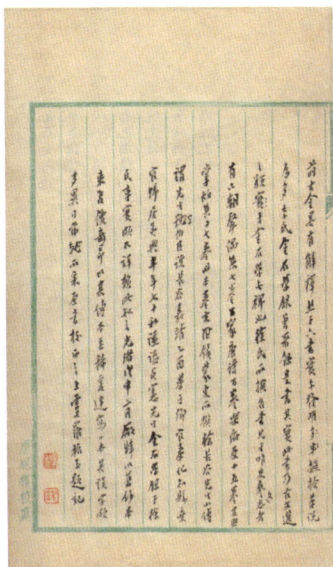

民国唐风楼钞本
《金石文》罗振玉跋语

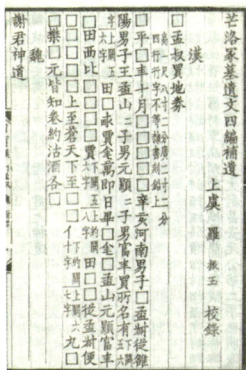

罗振玉撰《芒洛冢墓遗文》,
民国罗氏自刻本

　　罗振玉墓位于辽宁省大连市旅顺水师营镇西沟村乔家岭西南山,
一位侯姓人家的桃园里,当地人称之为"罗茔"。从大连机场前往旅
顺的公交车正好路过水师营,于是我在水师营下车,开始本程寻访
之旅。水师营历史悠久,早在明朝万历年间,朝廷即在此设置水军,
清代改称水师,水师营之地名遂沿用至今。中国的许多老地名都系
载着一段历史或者传说,比如河南灰堆村,就是当年秦始皇焚书遗
址。真希望这些老地名能够一直保存下去,成为历史的脚注。

　　罗振玉(1866-1940)字叔言、叔蕴,号雪堂、贞松,别署永
丰乡人、贞松老人、岁寒退叟等,曾任学部参事官、京师大学堂农
科监督等职,鼎革后以清朝遗民自居,一度侨居日本。1919年归国
后参与清室复辟,被溥仪任为南书房行走,还曾担任伪满洲国"监
察院"院长及满日文化协会会长等职。罗振玉一生都喜欢金石铭
刻,是最早研究甲骨文的几位学者之一,与彦堂董作宾、观堂王国
维、鼎堂郭沫若并称为"甲骨四堂"。罗继祖在为祖父撰写的《永丰
乡人行年录》中,曾略述罗振玉收藏各种器物的起始之年:十五岁

大云书库

买汉印为有印癖之始；十六岁摩挲西湖诸山铭刻不肯去，为癖金石铭刻之始；十八岁买淮安钦工镇出土的古镜为搜集文物之始；二十岁著《读碑小笺》为著书之始；三十八岁到广东收买南海孔氏岳雪楼藏书为藏书之始。罗振玉的藏书处名叫大云书库，源自其收藏的北朝写本《大云无想经》，其他还有永慕园、宸翰楼、贞松堂、唐风楼、玉简斋、吉石庵等等。而大云书库又有两个，一个在日本，一个在旅顺，日本那个太过遥远，旅顺的这个，在拜访完罗振玉墓之后，也前往凭吊了一番。

　　来到水师营之前，从网上查得罗振玉墓在该镇西沟村，来到始知西沟村范围颇大，进入西沟村再向人打听罗振玉墓，发现中年以下的人都不知道罗振玉是谁，只有几位老人家反应过来，说："那个搞甲骨的，很有学问。"但是几位老人家也不太清楚罗茔的具体位置，再问下去，发觉问"罗振玉"，村民们大都一脸茫然，说到"罗茔"，连坐在屋里打麻将的妇女们都知道，但是她们都异口同声说："早就平了，什么都没有了。"甚至告诉我，上面早已经种上了庄稼，一点影子都没有了："你还找什么找？"我很奇怪，这么有名的人物，而且并不太遥远，为什么会一点痕迹都没有，即便是墓冢已毁，当地政府也应该在原址上立一块遗址纪念碑吧。然而上帝与我同在，我终于辗转找到一位知道确切地址的老人家。他带我穿过田野，来到一片桃林，站在其中一棵桃树后，垂手立定，说了一句让我大吃一惊的话："罗振玉的坟就在我现在站的地方，这是没有错的，当年就是我来挖的。"

老人家姓乔，今年七十四岁，土生土长的西沟村人，听到这句话我极为吃惊，却又不敢直接发问，在中国人的传统观念里，挖人祖坟是一件非常伤阴德的事，他怎么能够如此坦然地说出来？后来他在讲述过往时，说出了个中原因："我们家成份不好，所以这种事情指定让我们来干，那个时候，组长让我干什么，我就得干啊。那时一共平了五六十座坟，这里的就这一个，其他的都在别处。"他说的"这里的"指的就是罗振玉之墓。

老人家记性很好，当年的事记得非常清楚，所有参与人的姓名都一一写给我看，谁还活着，谁已经过世，哪一年过的世。在他的讲述过程中，我始终吃惊于他的坦然，似乎所讲的并不是一件挖人祖坟的事，而是昨日的某个集会，一场电影。但同时又看得出来，老人家并不经常给人讲起这段往事，似乎前来寻访罗振玉的人也极少有找到他的。据老人家所言，平坟是1967年的事，当时的邹组长带着他和另一名组员，一起平掉了这座罗茔，但是在他们平坟之前，罗茔已经被盗过两次。因为罗振玉是有名的文物收藏大家，当地一直传说罗茔里埋藏着大量宝贝，等到他们去平坟时，里面只剩下了一些丝绸，尸体被挖出来时，一点都没有腐烂，当时坟前还有一个鱼塘，两个石狮子。我想，老人家所说的"鱼塘"应该是泮池才对。

问起罗振玉的后人是否来过这里，老人说："他的后人听说现在都过得很好，但是不怎么来这里，我也不知道（为什么），来了也都是找姓方的那家。他们不找我的。"再问为什么找姓方的那家，原来方家有个姑父叫苏君德，曾经是专门为罗振玉看墓的人，如今也早已去世了。站在一片桃林中间，如果没有人告诉我，我无法想象当

罗振玉墓

老人立足的位置就是当年姜振老墓所在地

年这里曾经有过一个极其壮观的坟墓。如今地面上一丝遗迹都没有，一大片密密的桃林在阳光下生长，墓冢、墓道、泮池、石桌与狮子，都消失得无影无踪。当年的泮池所在地，现在只是一片地势较低的草地。我有些庆幸，幸亏找到这位当年的亲历者，能够带我来到这里，如果再过些年，曾经亲历这场历史事件的老人家们全都过世，恐怕再想找到罗振玉墓冢原址，就不那么容易了。当地政府真应该在这里立上一块遗址碑，就像湖北的郝敬墓、绍兴的祁彪佳墓一样。

我略有些不甘心，问老人家，如今与罗振玉相关的遗迹或者物件一点都没有了吗？老人家马上说："有！当年的棺材很厚，那个木材很特殊的，气味很大，手摸一下气味要留很久，邹组长家拿棺材板做了一个长条板凳，这大概就是现在能够找到的唯一的物证了吧。我估计那板凳坏不了，应该还在。"棺材变成了长条板凳，这多少有些戏剧性，但是我找不到看戏的感觉，只觉得有些悲凉，又有些荒唐。

从罗振玉墓所在的桃林出来，我们往大路上走去，老人家边走边回忆往事，反复说村里还有一本他们家的家谱，就在某某人家里，每一代有什么人，做了什么事都写在上面，里面还记着当年平坟的事。我大为意外，为什么乔家的家谱会记载罗家的事呢？乔大爷说他也不知道，可能这件事比较特殊吧，所以要记下来，村子里还有其他的一些大事，也都写在上面。我这才反应过来，乔大爷说的应该是村史或者县志，他大概分不清家谱与县志之间的区别。

走出桃林之后，乔大爷向我指明出村方向，然后往另一边走去，走了两步又回头说："我去邹家看看那个板凳还在不在，我也很想知道呢。你要不要也去看看？"我闻言立刻跟上去，既然是罗振玉墓唯一的物证，去看一看也好。我跟着老大爷来到村里一户民居门前，还没等进入小院，几条狗吠起来，屋内坐在窗前炕上的主人已经开始招呼我们进去了。屋内一位胖胖的老大娘坐在炕上和孙子看电视，我有些尴尬，不知道怎么开口，心里总觉得这毕竟是一件令人尴尬的事。乔大爷打完招呼直接问老大娘那条板凳还在不在，老大娘说

用罗振玉棺木所制的条凳

在呢。干什么呢？大爷说想看看，于是大娘带着我们走出正屋。原来就在我们刚才进来时的大门旁边一间杂物间里，里面堆满了竹筐、簸箕和一些农具，一条灰蒙蒙的长板凳压在几个簸箕和塑料桶下面。

乔大爷将杂物一样一样搬到旁边，好在都是一些不重的物件，然后将板凳拖出来放在小院中间让我细看，我正拍着照，乔大爷不知从哪里摸出一把柴刀，扬起来往板凳上劈去，我赶紧拦住问为什么，原来老人家想砍一块下来让我闻一闻，以证明真的有很大气味。我忙说不用，我已经知道了，这可是罗振玉墓尚存的唯一物证啊。一直站在旁边的老大娘这时开口了："这是樟木的，棺材板做的。"这句话也说得极为自然，和刚才乔大爷站在桃树后说"当年就是我来挖的"一样自然，都不觉得平坟是一件多么特别的事。组织上命令他们做的事，就该让组织上负责，与他们是无关的，而罗振玉也只是我们心目中的罗振玉，在他们看来，罗茔不过是一座比别人要大得多的一座坟而已。两位老人家的坦然让我感觉有些羞愧，他们没有什么文化，也没有太多的概念，只是本真地活着，他们自始至终没有问过我是谁，从哪里来，来干什么，为什么要看罗振玉的坟，只是因为我想看，就带我来看了。

313

张钧衡墓

陵园中长眠着这么多人，属鸡的一定不在少数，他们听见狗吠会不会也像郑兄这么不安呢？还好，张钧衡属羊。

张钧衡（1871-1928）字石铭，号适园主人。清末民国时期吴兴三大藏书家之一，另两位是刘承幹与蒋汝藻。张家以盐业致富，世代经商。

　　张钧衡墓位于浙江省湖州市南浔镇南浔陵园内，旁边是他的堂弟张增熙，两座墓占地面积相差无几，但是墓碑与底座的造型明显不同。张钧衡的墓碑只是普普通通的黑色墓碑，上面正中间写着张钧衡的名字，两侧分别是他的两位夫人徐咸安与徐清卿，墓碑底座以三种颜色的花岗岩组成，前面是一个扇面的造型，乍看上去，感觉他与藏书没有半点关系，但是墓碑后面的简介里，清楚地写着他是实业家、收藏家、版本目录学家和出版家。张增熙的墓碑为一块故意凿得凹凸不平的花岗石，朝上的一面做成被砸断的模样，正中间凹进去一块平面，上面写着"张公弁群之墓"，基座的左边有三部极厚的书，以石头雕成，右边为一个传统的笔筒，有意思的是墓碑的基座，为两本摊开的书籍，一本较薄的铺在前面的地上，类似拜坛，另一本较厚的以红色石头雕成，摊开在墓碑的正前方。

张钧衡墓

张钧衡墓碑后的介绍文字

　　我怀疑施工方将两座墓碑的底座弄错了，书籍造型的基座应该是在张钧衡墓前。

　　张钧衡（1871-1928）字石铭，号适园主人，是清末民国时期吴兴三大藏书家之一，另两位是刘承幹与蒋汝藻。张家以盐业致富，世代经商。唯一有过功名的就是张钧衡，为光绪二十年（1894）乡试举人，曾经捐赀纳过一个小官，之后便往上海经商，其业务涉及盐务、典当、酱园、房地产及钱庄等等。生意之余，他一生中的大部分时间都用在了藏书与刻书上。刘承幹与蒋汝藻两家都是自先世即有藏书，唯有张钧衡是从自己这一代才开始藏书，但刘、蒋两家自刘承幹、蒋汝藻之后，都没有后人继续藏书，唯有张钧衡至子辈、孙辈，代代皆有人喜欢藏书。

　　张钧衡藏书处名叫适园，堂号取自《史记》中"季鹰适志"的典故。园址在南浔浔溪支流鹧鸪溪畔，与刘家小莲庄相毗邻，据说是明末遗民董说"丰草庵"的遗址。整个适园占地二十余亩，中有"六宜阁"，上下两层，三面临荷，一面通向梅林鹤笼，十分雅静，是张钧衡藏书的具体所在。适园藏书中有着大量的宋元珍籍，曾请缪荃孙负责为之编目，成《适园藏书志》13卷，其中著录善本 700 余部、宋元本百余部、黄丕烈校跋本 26 部，其他尚有大量名人手稿等。但是《适园藏书志》并不能代表张钧衡的全部藏书。《适园藏书志》撰成之后，张钧衡仍然不断访求珍籍，待到他将藏书交给其长子张乃熊时，已有黄跋 30 部。张乃熊继续多方搜求，又收得黄跋 82 部。在民国初年，黄跋已十分难求，当时蒋汝藻曾藏 44 部，松江韩氏曾藏 65 部，海源阁曾藏 99 部，然而都不及张家的 112 部。藏书同时，张钧衡还刻过《张氏适园丛书初集》《适园丛书》和《择是居丛书》，"择是居"也是张钧衡的堂号，凡是他认为比较重要的书上，都会在书的第一页上端钤上"择是居"朱文椭圆印。

张家是一个极富足的大家族，位列"南浔四象"第二位，仅次于刘家，其财富积累自张颂贤开始。张颂贤有两个儿子，其长子张宝庆就是张钧衡的父亲，次子名叫张宝善，张宝善又育孙辈男丁七人，长孙即张增熙，被孙中山称为"革命圣人"的张静江排行第二。张增熙（1875-1922）字弁群，号查客，曾漫游欧洲各国，归国后创办正蒙学塾，提倡男女平等，并办起浔溪女校，曾经请来秋瑾执教鞭。张增熙的兴趣并不在藏书，而是金石书画，尤其擅长书法。一

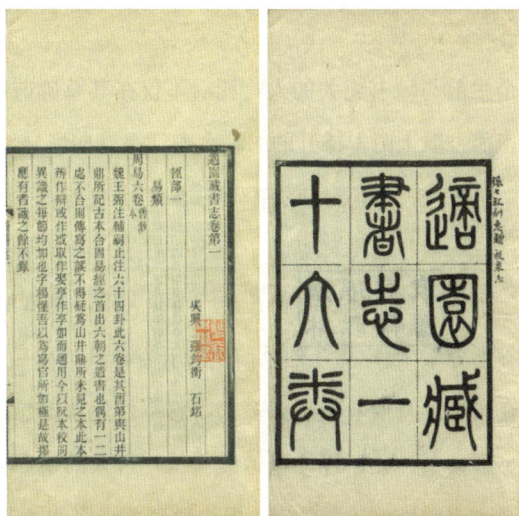

《适园藏书志》，民国南浔张氏家塾刻本（左图）

《适园藏书志》书牌页（右图）

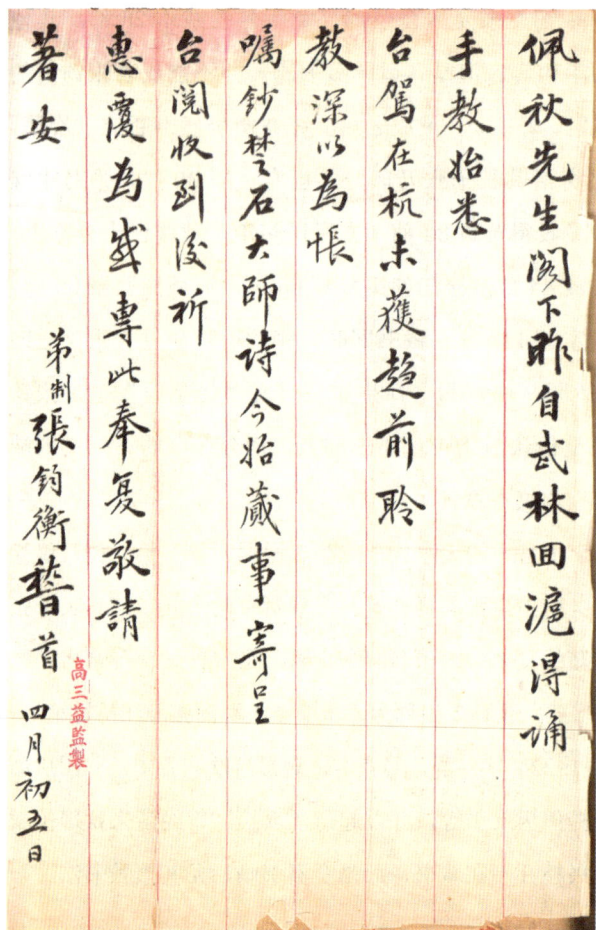

佩秋先生阁下 那自武林回沪得诵

手教怡卷

台驾在杭未获趋前聆

教深以为帐

嘱钞梦窗石大师诗今始藏事寄呈

台阅收到後祈

惠覆为荷专此奉复敬请

著安

弟制 张钧衡誓首

四月初五日

张钧衡手札

个生前与藏书无关的人，死后不仅在其墓碑前放上一堆书，还在其正前方雕上两本摊开的书，令人觉得有些怪异。

　　看见如此奇怪的墓碑，不禁让我想起整个寻访之旅的第一站——前往曲阜拜见孔子。当时在孔子墓前看见非常正式地摆着五色小碗，里面分别放着五谷，当即大乐，难道是因为有人说孔子"五谷不分"，而特意在他墓前摆上五谷，让他死后好好分一分吗？如今在张增熙墓前看见这么多书，忍不住促狭地想，难道是因为他生前不喜读书，死后好让他饱读一番？古人的扇面多数用来挥毫，或绘画，或题诗，一直以来，极少读到关于张钧衡书法绘画方面的资料，在他墓前陈设的东西，应该除了书，还是书。因此我觉得张钧衡、张增熙两位前贤墓前的造型一定是弄错了，不知道这样的错误，除了我，还会有什么人注意到。

张钧衡去世是在上海，据说当时有两百多人送来挽联、挽词及祭幛等。家人依照习俗停柩三载后再行出丧，将其遗体运回南浔，葬在浔溪边上。可惜原墓毁于"文革"期间，如今看见的张钧衡墓是其后人寻回骨灰后，于近年重新安葬。

拜访张钧衡的这一天又阴又冷，在嘉业堂守护者郑宗男兄的陪同下，我们来到南浔陵园。湖州已经连续下了两天的雨，进入南浔陵园时大雨浇下来，地上的枯草和泥土吸满了水分，踏在上面深一脚浅一脚，很快鞋子就湿透了，走起路来似乎趟在水里，发出叽叽咕咕的声音。刚开始时，我还尽量挑积水少的地方走，后来见反正湿透了，索性也不顾了，哪里方便就走哪里。在陵园中寻访着张钧衡墓。正寻访间，忽然听到有狗吠，郑兄马上警惕地问我："关着没有？"我定神往狗吠声传来的方向看了看，大概在 30 米外的小路边上有个铁笼子，里面关着一条体形硕大的狗，正躁动不安地朝我们狂吠。陵园中怎么会有这么一条大狗呢？郑兄也称不明白，但紧张之情并未松弛下来。我非常好奇，问他为什么听见狗吠就这么紧张，郑兄说："我属鸡，所以特别怕狗。"我还是不解，属鸡的为什么要怕狗呢？郑兄说："我们当地的俗话说，'鸡狗不到头'，还有'鸡犬不宁'，总之，鸡就是要怕狗。"我想了想，好像有道理，但是一转念，陵园中长眠着这么多人，属鸡的一定不在少数，他们听见狗吠会不会也像郑兄这么不安呢？还好，张钧衡属羊。

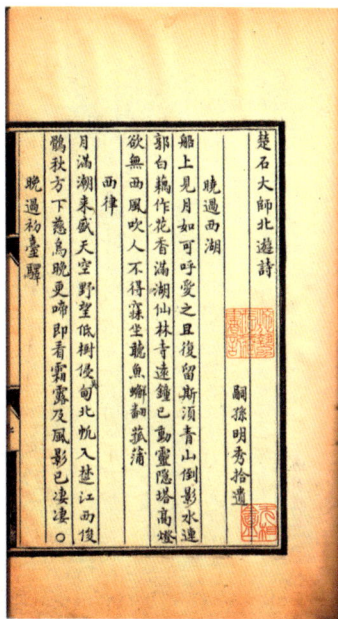

张氏适园钞本《楚石大师北游诗》

傅增湘墓

我觉得，藏园老人有子如傅忠谟，有友如张元济，是幸福的。

傅增湘（1872—1949）字润叔、沅叔，号藏园主人，曾担任民国教育总长及故宫博物院图书馆馆长等职。

傅增湘墓就在北京福田公墓内，壬辰年秋前往寻访，福田公墓位于西五环内侧马路边上，当日墓园门口停着几辆车，其中一辆是专门售卖鲜切白菊花的，生意不错，看来做生意找到好的时间和地点的确是关键。除傅增湘外，福田公墓内还长眠着王国维、陈叔通、俞平伯、钱玄同、李盛铎等人，傅增湘生前每年在东坡生日时举办祭苏会，故后有这么多朋友聚在一起，看来祭苏之举仍能照办如仪，说不定还能请来东坡本人，再来一场篷山话旧，也是乐事。

墓园极大，于是先到接待处去询问，里面空无一人，喊了数声才有一位妇女姗姗而来，问我有什么事，再看我递上去的名单，却仅知王国维之墓在哪里，其他的还是要靠我自己逐一去找，最后终于找到了傅增湘墓。在寻找过程中，还无意间看到了许多其他的名人，其中包括顾学颉先生，顾先生曾任国家古籍整理出版规划小组顾问，是我颇为尊敬的前辈。

傅增湘（1872-1949）字润叔、沅叔，号藏园主人，别署双鉴楼主人、书潜、长春室主人等，光绪十四年（1888）举人，二十四年进士，选翰林院庶吉士，曾经担任民国教育总长及故宫博物院图书馆馆长等职。傅氏家族中世代都有许多嗜书人，傅增湘是其中嗜书最深的一个，曾经有过著名的"买书失舟"的故事。民国二年（1912），傅增湘已经登舟准备回到天津，有书友来到船上告知，新近得了不少好书，当时离开船尚有三四个小时，傅增湘认为时间足够，于是随书友前往购书，没想到好书留人，忘记了时间，待到他抱着书回到码头时，船早就开了。他曾形容自己买书如"蚁之集膻，蛾之赴火"，当时世道变幻，许多藏书大家的旧藏纷纷散出，傅增湘皆尽力购求，积数十年，藏书达20余万卷，孤本秘本多不胜数，再加上他勤于著述，遂于藏书界堪称宗主。

雙鑑樓善本書目卷一

經部

周易兼義九卷略例一卷音義一卷

宋刊本半頁十行每行十八字注雙行二十四字白口
左右雙闌補版黑口版心上記大小字數下記人名

周易兼義九卷

汲古閣本金鳳翔依宋相臺岳氏本手校

周易注十卷

日本五山活字本七行十七字

周易本義十二卷

宋刊大字本六行十五字白口雙闌有禮部官書朱文

大印象上下四卷鈔補

《双鉴楼善本书目》民国间傅氏家刻本

傅增湘藏书处最著名的是双鉴楼，其出处仍然离不开藏书。傅增湘的祖父曾得元刊《资治通鉴》，他自己则买得宋百衲本《资治通鉴》，于是他将书楼起名为"双鉴楼"。后来他又得到南宋内府写本《洪范政鉴》，将它取代了元刊的《资治通鉴》，因此仍然是"双鉴楼"。其他的藏书处还有长春室、食字斋、池北书堂、龙龛精舍等等。藏书印就更多了，寒斋藏有多部双鉴楼旧藏，从他钤印的多寡，可以看出他对某书的喜欢程度，喜欢的书上，往往钤有多方藏章，有时一方藏章还会打于同一部书上的不同位置，以示珍爱。

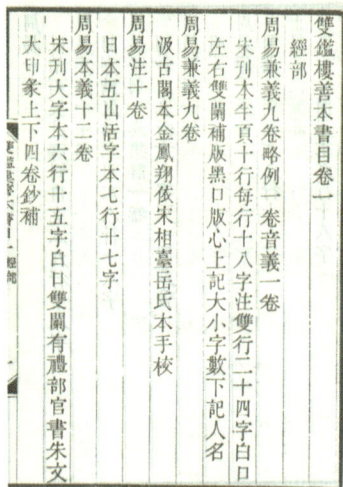

在当时，海内谈及版本目录之学，无不以藏园为宗。傅增湘不仅藏书宏富，还勤于著述，前后研究目录、版本、校勘近五十年，传世著述有《双鉴楼善本书目》《藏园群书经眼录》及《藏园群书题记》等等，其中《藏园群书题记》是我案头常备之物，因为要时时翻阅，从中查找资料，所以书房、卧室、公司每个地方都放有一部。民国十九年，他在写给张元济的信中提到："近时又料理书籍题跋，付大公报《国闻周刊》，每月约写十余篇，兹奉呈三册，教正为幸。侍校勘从事已十九年，各书散置各处，亦正事检查，写成目录一册。昔年气盛，欲校书一万卷，以贻后人。连日董理，已写入册者约九百余种，卷数尚待统计，然恐只八千耳。粗写初稿，再以四部类次之，欲印为小册，以贻同好……至群书题记俟周刊一年登完（恐不能全登），亦拟汇刊数卷，此亦欲冀公之助我耳。"这就是后来的《藏园群书题记》。

傅增湘藏书并非死守以贻子孙，而是不断流传，遇到善本宁肯举债也要买下，但家中用度不够时，也老老实实卖书度日。在写给张元济的信中，他多次讲到经济拮据，民国元年有"敝处经济亦殊不裕，看好书不能多取，亦可恨事"，及"前日因买上数种书，已向伯恒暂借四百元，回津即付还。仆拟略筹千元，以资周转，公处能多否？"民国二年借新债还旧债，新债亦难还，唯有卖书还债："年来因筑屋负债六千，又加以楚生来索宿逋，临时又举急债应之。转眴到期，无以应付。思将此种集部廉价售出，以凑还债项。"当时日本书商田中庆太郎有意购买这批集部古籍，向他索要书目，但傅增湘宁愿减价至六七折，希望商务图书馆买下，也不希望古籍流落海外，在给张元济的信中，他还坦言私心："若公能商之同人收入，侍尚可随时到馆借阅，较弃之海外，踵松山之后尘者，为计良胜。"倘若这些古籍能够归在好友架上，即便不能自己拥有，但仍然能够得以借阅，也算安慰。这种心思在民国十六年的信札里再次表明："近来极窘，一书不敢收，且时有去者。然见好书窃欲同好中收之，或者通假为便。书痴结习，良可失笑。"看到傅增湘这话时，我心里感

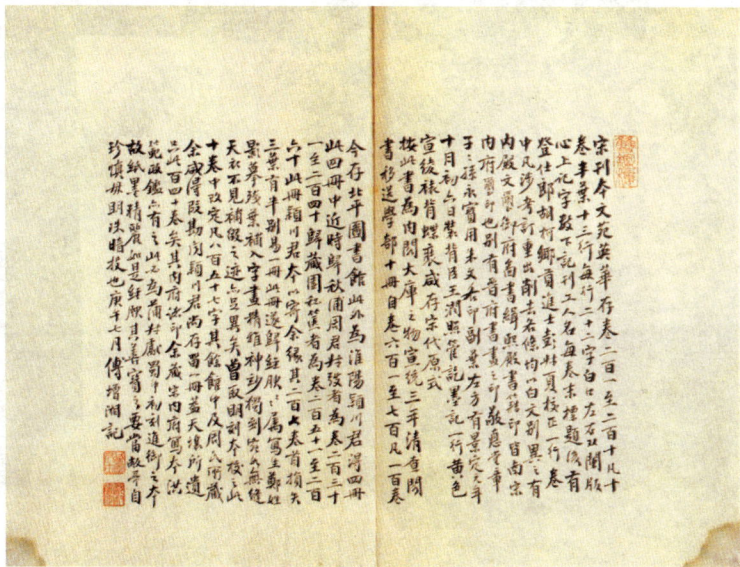

傅增湘跋语

觉颇为奇妙，因为我就曾经多次扮演他笔下"同好"的角色。

到了民国十八年，这种拮据变得更加厉害，给张元济的信读来令我心酸："然精力赀用，实已竭尽无余，此后更当从事省啬，并专心卖书，以弥债窟。但此一年中非得三万元不能济事，故无论宋元抄校精善普通各本，苟能得价，即陆续去之，更无余力收入矣。"聚书散书的故事，我读得也算不少，多数是身故后由子辈发售，由自己亲手聚来，再亲手散去的，虽然也有，但多少有些令人难受，毕竟像缪荃孙那样的人并不多见。看到傅增湘如此，我也暗暗希望自己在经济方面不要出状况，不过外人可能不这么想。有一次在外地做讲座时，一位来自公馆的同好问到某一本书，我告诉她说在芷兰斋，她当即表示，希望我能够把这部书卖给他们公馆，众目睽睽之下，我只好说："如果有一天我落魄了，当然也会卖，那样的话，我第一个就考虑你们馆。"没想到她马上极认真地说："那我希望你现在就落魄"，一下令我愣在那里，非常尴尬。

傅增湘墓在福田公墓北四区的中部，墓身与墓碑均以汉白玉制

傅增湘墓

傅忠谟墓在其父墓旁

成，墓碑立于墓冢之后，上书"先祖藏园公讳增湘之墓"，立碑者为其孙辈九人，看上去年代并不久，周围有几棵杏树与桃树环绕。与傅增湘墓相伴的是其子傅忠谟与夫人胡素荇合葬墓，立碑者为傅熹年等五位子女。两座墓冢建在同一座墓基上面，傅忠谟墓明显要小许多，以示对父亲的尊重。傅忠谟是傅增湘子女中最心爱的一个，民国十六年由北京至上海求学，傅增湘还托张元济代为照顾。到沪不久后，傅忠谟患上淋巴腺炎，张元济专门为他请来丁福保看病。丁福保也是藏书家，同时擅长医术，医书及佛典是他藏书的两大特色，著述也极多，最负盛名的是《佛学大辞典》和《古钱大辞典》。丁福保还是极会赚钱的人，曾经指点陈存仁买房置地，教他以钱赚钱。傅增湘爱子之深，连发几札询问病情，甚至担心时局不稳，有意让他放弃学业回到北京。傅忠谟这场病持续了一个多月，由中医而西医，又换回中医，让傅增湘担心不已，病愈之后，还是让他回到了北平，从此跟随傅增湘学习版本目录之学。藏园老人晚年重订《藏园群书题记》等书时，体力不济，书写艰难，皆由儿子协助完成，傅忠谟一生都跟随着父亲，死后亦长侍在藏园老人身边。

我觉得，藏园老人有子如傅忠谟，有友如张元济，是幸福的。

周子美墓

南浔陵园里的周子美先生并不寂寞，因为不远处就是张钧衡，两人同为南浔世家，当年的书事往来应该不少，如今莽在同一个陵园，地下相逢应该也会讨论一下版本。

周子美（1896-1998）名延年，名默，字君实，号子美，自署万浩斋主，以号行。周子美从小熟读经书，兼擅诗词书画，素有『江南才子』之称。

　　周子美墓位于浙江省湖州市南浔镇南浔陵园内，同在这个墓园的还有张钧衡墓。墓碑并无特别，也不像张钧衡与张增熙的墓碑有所设计，只是简简单单一块黑色大理石，上面并列着周子美与其妻罗孟康的名字，立碑者为其子女及孙辈十余人，立碑时间为 1999 年清明，墓碑的后面以他儿子的口吻刻着其简介"先父原名延年，号君实，字子美……南社早期社员，著名古籍版本目录专家。曾任嘉业藏书楼首届主任……"，基座则是黑、红两色大理石拼成的一个半圆形，看不出有什么特别含义。

　　南浔周家虽然财富不及"四象"，但亦颇有声望，亦商亦儒，代代书香。周子美（1896-1998）名延年，一名默，字君实，号子美，自署万洁斋主，以号行。周子美从小熟读经书，兼擅诗词书画，素有"江南才子"之称，1913 年毕业于沈钧儒创办的浙江法政专门学

民国旧照片中的嘉业堂员工

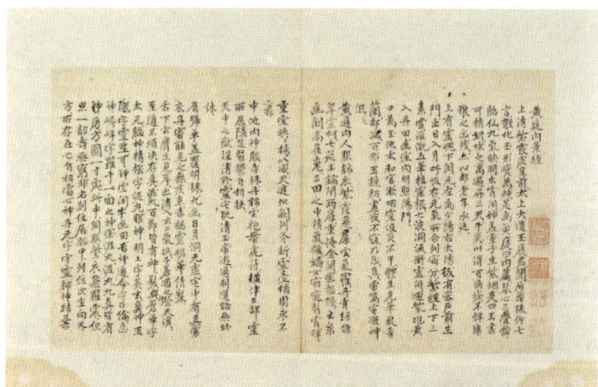

周子美旧藏
钱毅手书三经

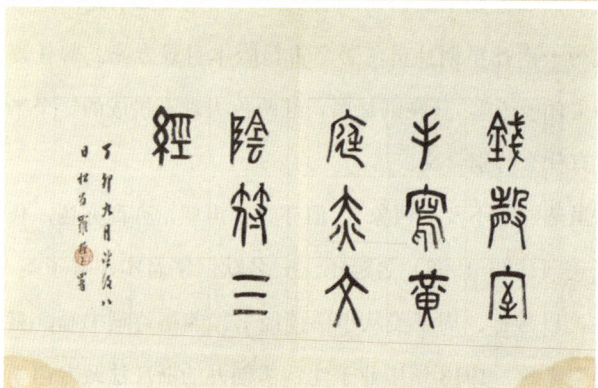

钱毅手书三经
前有罗振玉题
引首

校，1917年加入南社，嗣后回到南浔执教鞭数年，1924年出任嘉业堂藏书楼编目主任，长达八年之久，同时也是嘉业堂的第一位主任。1932年，周子美受邀至上海圣约翰大学任教，同时兼任震旦大学、法政大学教授，中间一度离开，至1946年又重新回到圣约翰大学任教，1952年院系调整，被调至华东师范大学执教，并于该校古籍研究所退休。

周子美一生都在与书打交道，最为人称道的就是他在嘉业堂的八年期间，将嘉业堂60万卷古籍逐一翻阅，按四库分类编排，加以变通，编成《嘉业堂藏书目录》《嘉业堂善本书目录》等十几种书目。嘉业堂藏书中的精品部分后来流散，后人多赖周子美先生编的书目，始得以更多地了解嘉业堂。胡道静先生曾记兹事："吴兴周丈子美韶岁司同郡刘氏嘉业堂藏书楼管钥，八易寒暑，日理缥缃，含精茹英，

钱罄室在有明以藏书著多蓄人间罕见之本家贫力
不能购置乃多出手写余尝于某氏见所写敦煌南唐
书至数百卷皆汲古阁旧藏岁丁巳乃得其手迹一种
杂录前贤语录及历朝故实而尤喜书名孟自备浏览
者惟中有苏子由老子解以校明本甚多异同知其所
据必为宋刻此阴符黄庭赤文三经亦此中一种即昔罄
室子功甫以其文所绘吴中先贤像归文氏者时视之
其家藏宋椠史记酬之才知罄室手迹在当时视之
已迫宋椠书籍犹在今日可不宝诸装华附述
此册有文彦可谓江州藏印章罄室早岁卧游文待语之
内日取架上书读之此本盖即其时所书故归文氏江州以
鉴赏著心贯真迹不溢加章二家印记均为此书
生色不知何物倌又妄加教章刻又极为令
而摸除之延後付装心师居韬吴扬昌又记

穷其奥。嘉业典籍宏富，版本精良，誉称东南璆琳。清季浙江三大藏家以还，其后劲而又度越其前修者也。周丈弘通淹贯，勤慎奋发，嘉业所藏，盛日超五十七万余卷，数十万册强，悉加稽检，辑成总目，存在书楼；别录《嘉业堂钞校本目录》四卷，以随行箧。"

在上海圣约翰大学任教期间，周子美有一位极为相契的朋友，那就是同为版本目录学家的王欣夫先生。周子美晚年回忆王欣夫时曾说："与王大隆欣夫先生最契合。王先生长于校勘之学，造诣极深，著作甚多，乃余之挚友也。教学之余，相与切磋，受益匪浅。"两人因感慨学生们对于古籍了解不多，难以迅速抓住要领，于是合写《文献学要略》，其中目录部分由周子美撰写，版本部分由两人合写，校勘部分由王欣夫撰写，可惜著作完成后，因资金有限，一直未能出版，直到1980年才以油印的形式出版，而王欣夫先生已经去世十余年。

王欣夫也与嘉业堂有着极深的渊源，曾经为嘉业堂鉴定版本，在1954年至1956年期间，刘承幹因经济拮据打算售书，就是委托周子美与王欣夫寻找买主，两人介绍复旦大学分三次购入嘉业堂古籍，其中包括刘承幹民国初年花巨资从国史馆中抄出的《清实录》和《清史列传》。在圣约翰大学任教期间，两人还曾经先后住进同一间教工宿舍，寻访周子美墓的前几个月里我还特意前去圣约翰大学旧址看过。破旧的红砖楼已经很久没人居住，门和窗都被木条钉死，很难想象当年里面弥漫的书香和油墨香。我还曾下功夫打听过王欣夫先生的墓址，可惜一无所获。但是南浔陵园里的周子美先生并不寂寞，因为不远处就是张钧衡，两人同为南浔世家，当年的书事往来应该不少，如今葬在同一个陵园，地下相逢应该也会讨论一下版本。

关于周子美，近日我还与他发生了段小因缘。数日前刚刚结束的保利春拍古籍专场上，有一件经文彦可、罗振玉递藏的明代钱穀钞本，大约二十多开，前有罗振玉题引首，后有罗振常两则长跋，极言此钞本之珍贵，称在明代就有人用宋本来换取钱穀的书法。这部书底价标得极其便宜，仅 5000 元，而我对它的心理价位是 150 万元，没有想到拍到 50 万即落槌，令我暗自庆幸，居然能以这个价格拍到钱穀钞本。当晚张宗祥兄来电话，问该书是否为我所得，并让我感谢他，是他令我得了这个便宜。我大惑不解，他继而告诉我说，有朋友委托他竞拍此书，所出的上限远远高于我的心理价位，因为他有急事前往南京，所以只能通过电话委托，可是在高铁上手机信号时有时无，刚好拍到与钱穀相连的几个号时，手机没有了信号，只好让我捡了便宜。张兄同时告诉我，这部书就是来自周子美家，由周子美的后人送拍，这让我在得书的同时，又有了一个小惊喜。

前往寻访周子美与张钧衡墓那天，有幸郑宗男兄相陪指引，十分顺利就找到了南浔陵园。郑兄从小在嘉业堂长大，其父为当年嘉业堂的看守者，因此对于嘉业堂的过往今来十分熟悉，许多掌故都是由他转述给我听。记得有次见郑兄泡茶，茶叶是一早分成小份，

周子美墓位于南浔陵园内

装在医院包药片用的小纸袋里，上面印着姓名、用量，极为有趣。前往南浔陵园的路上，郑兄告诉我刚在杭州省馆参加了乒乓球赛，问他战况如何，他告诉我说打赢了，进入了复赛，再问为什么不接着打下去，他却说一来嘉业堂事务多，要急着回去安排，二来"打赢了就走，再接着打下去可能就输了"。能够见好就收，真令人佩服。

雨一直在下，我开始抱怨鞋子又湿透了，湿漉漉的脚裹在湿答答的袜子里极为难受。这次寻访已经遇着好多天都是雨天了，每天晚上回到酒店的第一件就是将鞋子擦一擦，然后拿着吹风机对准它猛吹，否则第二天根本无法出门。但是郑兄心情极好，说自己很喜欢下雨天，大概他的鞋子比较结实，或者并不觉得湿鞋子是个问题吧。总之，郑兄毫不理会我要买雨鞋的强烈要求，说先带我去南浔陵园内，找到藏书家墓之后，再带我去买雨鞋。我一向自认为着迷于斯道，看来郑兄才是真正的痴迷者，风雨无阻，其情可鉴。

南浔陵园颇大，门口有着极大的停车场，停几百辆车都不是问题。也许是大雨的原因，这一天巨大的停车场上只有我们这一辆孤零零的小车。陵园的大门敞开着，里面同样是空无一人，沿着一座石桥穿过，石桥对面的桥堍上有三开间的仿古石牌坊，上面写着"南浔陵园"。穿过这个石牌坊，右手边的第一座墓就是周子美和罗孟康合葬墓。罗孟康是罗振常先生的长女，少好诗文，尤喜填词，其作气、韵俱佳，朱祖谋、郑孝胥等都对她极为赞赏，王国维还为她发过"闺秀安得如许笔力"的赞叹。名列晚清四大词人之首的况周颐读过她的词后，激赏不已，欲收为女弟子，结果被罗振常因为担心盛名损清福而婉拒。周子美与罗孟康夫妻情深，曾自筹资金为妻子刊成词集《初日楼稿》，罗孟康去世三周年时，周子美又专门为之绘《簟纹帘影图》，以兹纪念。

在陵园里转了一圈之后，我问郑兄，为什么周子美的墓被安排在陵园的最前方，张钧衡等人反而在后面。郑兄告诉我说，这个墓园虽然是公墓，但政府规定前面的这块空地，是专门安葬南浔名人

周子美墓

的，周子美在嘉业堂编目八年，而且很可能是当时嘉业堂的实际管理者，因为主人刘承幹长住上海，每年仅在嘉业堂住上一个月而已。我又问既然南浔如此看重嘉业堂，那为什么不将刘承幹的墓也迁过来呢？因为据眼前所见，大多数名人墓都是近年迁过来的。郑兄说，嘉业堂虽然地处南浔，但在管理上属于浙江省图书馆，与当地没有什么来往，换句话说，并不能将之算入当地的政绩，因此刘承幹反而不被当地政府部门看重，再说，刘承幹的墓至今也没有找到任何遗迹，迁无可迁。

这个答案让我略有些遗憾，但是郑兄终于肯带我去买雨鞋了，我的心情马上又为之好转起来。

后记

书魂寻踪

　　寻找藏书家之墓，是我文化寻踪之旅的一小部分。原计划用五年时间，跑遍我所列出的3000多个寻访之点。从三年前开始，我几乎每月一程，每程20天左右，在全国范围内到处奔走。在每天的寻访过程中，一路上用小卡片记录着寻访过程的点点滴滴，晚上回到住宿之所时，再将白天的寻访笔记记录下来，同时筹划第二天的寻访路径，每程回来后，将寻访过程写成草稿，之后再跑下一程。到了第三年，因为自己的受伤，寻访之旅被迫中辍。在这段休养过程中，开始写这些寻访之文，先期将藏书家之墓这部分编成这本小书，余外未访之点，以及未写完之文，只能慢慢图之，希望着这本书还能够再出续集。

　　寻访的过程确实有着我未曾估计到的艰辛。当今的交通已称得上极其便利，这远比古人的条件要好太多，然而我所筹划的寻访之点，大多不在城镇之内，也不在通衢大道之旁，基本上处在荒山野岭之中，虽然大多是乘出租车出行，但只可走到近旁，剩下的难以车行的路还是要靠自己的双脚。这不仅仅是体力的考验，更大的心理负担是对自身安全的考量。在这荒无人烟之处，能够让自己的生命得到安全保障，当然是首先考虑的问题。虽然准备了各种措施，但自己心里也清楚，这些措施只不过是给自己壮胆，真遇到危险情况，这些措施难能起到多大的作用，在两年多的时间里，我跑完了2000个左右的目的地，这个结果让我自己觉得挺满意。虽然经历了几次意外，最后一次的受伤，情况还十分严重，但毕竟活着回来了，应当感谢上苍的眷顾。

寻访之中，也有着许多的温暖。我在制定寻访计划时，就给自己定下一条原则：尽量不去麻烦当地朋友。这么做倒不是故意不与友朋们亲近，原意是为了增加寻访的曲折感，以使得小文更加耐读，同时也有着发现的快乐。然而有些地点虽然已查得具体方位，并且有资料记载这个寻访点今天还存在，但仍然踪迹难觅，我也就不再坚持自己的原则，毕竟能够找到自己的寻访目的地才是硬道理，于是就请当地的朋友们帮忙，毕竟是地主，只要找到朋友，基本上都能让我如愿。

今日写此后记，眼前不断闪现给我提供帮助和便利的友朋们的形象，想到他们就让我感到吾道不孤的温暖，因此有必要在这后记中向他们表示我真诚的谢意，除了在序言中提到的马骥先生及范笑我先生，还有苏州的江澄波先生、黄舰先生，太原的刘雄信先生、苑俊生先生，运城的陈水朝先生，上海的朱旗先生，南浔的郑宗男先生，西安的陈振远先生和李新宇先生等等，还有太多给我提供过帮助的友朋，恕我无法在此一一鸣谢，但朋友们给予我的帮助，我将永远铭记在心。因为没有大家的帮助，我的寻访之旅就不可能以这么快的速度，得到现在的结果。

此书稿原交给一家出版社，但因各种原因，致使该稿久拖未出，而自己心态的转变，有着时不待我的紧迫，故而将该稿又转给了国家图书馆出版社。在王燕来先生的努力下，国图社的几位领导给予了大力的支持，使得这本小书在三个月内得以面世，创造了我个人出书的最快纪录。在此我向国图社各位领导表示诚挚的感谢，同时也慎重声明，因为我的催促而产生的文中错误，均由作者本人负责，也请读者们予以谅解。

韦力

2016 年 4 月

图书在版编目（CIP）数据

书魂寻踪：寻访藏书家之墓 / 韦力撰 . 北京：国家图书馆出版社，2016.7
（2017.3 重印）

ISNB 978–7–5013–5857–1

Ⅰ.①书… Ⅱ.①韦… Ⅲ.①藏书家 – 介绍 – 中国 Ⅳ.① G259.29

中国版本图书馆 CIP 数据核字 (2016) 第 126813 号

国家图书馆出版社
官方微信

书　　名	书魂寻踪：寻访藏书家之墓
著　　者	韦力　撰
责任编辑	王燕来
助理编辑	黄鑫
装帧设计	文化·邱特聪 [010-87896477]

出　　版　国家图书馆出版社（100034　北京市西城区文津街 7 号）

　　　　　　（原书目文献出版社　北京图书馆出版社）

发　　行　010–661145 36　66126153　66151313　66175620

　　　　　　66121706（传真）　66126156（门市部）

E-mail　　nlcpress@nlc.cn（邮购）

Website　　www.nlcpress.com →投稿中心

经　　销　新华书店

印　　装　北京图文天地制版印刷有限公司

版　　次　2016 年 7 月第 1 版　2017 年 3 月第 2 次印刷

开　　本　787 × 1092（毫米）　1 / 16

印　　张　21.5

字　　数　280 千字

书　　号　ISBN 978–7–5013–5857–1

定　　价　68.00 元